| 한 권에 담은 | **음주운전**
사고·사건처리

| 한 권에 담은 |

음주운전
사고 · 사건처리

저자 **이희범 변호사**

★ ★ ★

2022년
음주운전 관련
최신 판례와 면허구제
최신 재결례 모음

★ ★ ★

일반인도 쉽게 이해하는 음주운전 사건의 완전 정복!

현직 형사전문 변호사가 쓴
음주운전 사건처리 노하우

바른북스

　저는 형사전문변호사로서 많은 음주운전 사건들을 경험해 왔고 이로 인하여 발생하는 수사, 구속, 공판 등의 절차들을 누구보다 가까이서 지켜봐 왔습니다. 예전에는 음주운전은 누구나 살면서 한 번쯤 저지를 수 있는 가벼운 범죄라는 생각이 많았으나 시간이 지날수록 음주운전에 관한 사회적 인식이 많이 바뀌고 있는 것을 느낍니다. 최근에는 음주운전으로 인해 사회적 피해를 입힌 가해자에 대한 사회적 비판의 정도가 심해지고 있고, 연예인, 국회의원 등 공인뿐만 아니라 일반인들의 음주운전 사고에 대하여도 국민들이 같이 공분하는 등 사회 전체가 음주운전으로 인한 폐해에 대하여 깊이 공감하는 것 같습니다. 하지만 안타깝게도 사회적 인식이 이렇게 많이 바뀌었음에도 아직까지 형사재판에서 가장 많은 사건 수를 차지하는 것은 음주 관련 교통사건이고 지난 몇 년간의 발생 수치를 보아도 전혀 줄지 못하고 있는 것이 사실입니다.

　2022. 3. 의 어느 날 재판에 출석해서 공판을 기다리던 중 문득 '왜

대한민국에서 음주사건은 끊이지 않을까'라는 생각을 해 봤습니다. 지난 정부는 윤창호법을 시행하여 음주운전 운전자에 대한 처벌의 수위를 높였음에도 그리 큰 실효성을 거두지 못하였습니다. 현재도 검찰 및 법원은 음주운전자에 대한 무관용의 원칙으로 음주사건을 강경하게 처리하고 있고 이에 따른 무거운 형벌이 내려지고 있음에도 음주사고 숫자는 전혀 줄지 못하고 있는 것이 현실입니다. 새로운 정부도 음주운전 관련 정책을 공약으로 내세우며 음주운전 관리에 힘을 쓰겠다고 하고 있지만 과연 음주운전 및 관련 사고 발생을 효과적으로 관리할 수 있을지는 의문입니다.

이러한 고민 속에서도 음주운전 사건은 발생하기 마련이고 뜻하지 않은 음주운전으로 인한 형사절차를 마주하게 된 분들이 수사 및 재판 절차를 잘 이해하고 수사기관, 법원과 소통할 수 있도록 본서를 집필하였습니다. 많이 미흡하고 부족하지만 음주운전에 대한 저의 사건 경험들을 바탕으로 최선을 다해 집필하였고 음주사건에 관한 최신판례와 재결례들을 다수 수록하여 검찰, 법원의 최근 처벌 경향 및 면허 구제 가능성까지 파악할 수 있도록 하였습니다.

마지막으로 바쁜 와중에도 책의 발간을 도와준 재으니, 드카니, 사랑하는 가족, 출판사 분들에게 무한한 감사를 드립니다.

2022. 3. 변호사 이희범

○ **차 례**

머리말

※※※ **제1장** ※※※

음주운전과
그 관련 쟁점

음주운전과 관련된 범죄 및 법률

✕✕✕✕ 제3장 ✕✕✕✕

음주운전과
수사

✕✕✕✕ 제4장 ✕✕✕✕

음주운전과
형사재판

✕ ✕ ✕

개인마다 선호하는 술의 종류는 다르고 이런 취향에 따라 개인별로 취하는 기준 역시 다를 수밖에 없습니다. 어떤 사람은 소주 한 병을 먹고도 정신이 멀쩡한 반면에 어떤 사람에게 소주 한 병은 기억을 잃을 정도의 치사량입니다. 음주운전 사건의 재판에서 피고인들이 가장 많이 하는 핑계 중 하나는 자신은 술을 조금만 먹었고 전혀 취하지 않았기에 운전이 가능할 줄 알았다는 것입니다. 물론 그분들이 실제로 술을 조금만 먹었을 가능성이 매우 낮긴 하지만 만약 실제로 정말 술을 딱 한 잔만 먹었다 하더라도 그 한 잔으로 인해 운전자가 주취 상태에 있었다면 운전에 현저한 지장이 생길 수밖에 없습니다. 만약 이렇게 음주운전자들의 핑계대로 주관적 기준으로 음주운전을 구분하게 되면 어떻게 될까요? 사회는 매우 혼란에 빠지게 될 것입니다. 그러기에 도로교통법에서는 음주운전에 정의에 대하여 객관적으로 명확하게 규정하고 있습니다. 도로교통법에서는 '사람이 취한 상태의 기준'을 '혈중알코올농도가 0.03% 이상'에 해당하는 경우로 정하고 있고 이 기준치를 넘는다면 술에 취한 상태로 판단하게 됩니다. 즉 운전자가 운전을 한 시점을 기준으로 혈중알코올농도가 0.03%을 넘었다면 실제 취했는지를 따지지 않으며 설령 취하지 않아 정상 운전이 가능했어도 사회 질서를 유지하기 위해 처벌받게 됩니다. 이 장에서는 음주운전의 의미와 그 처벌기준에 대하여 알아보고 현업에서 느낀 음주운전과 관련된 주요 쟁점들에 대하여 알아보도록 하겠습니다.

제1장

음주운전과
그 관련 쟁점

01 음주운전과 그 처벌기준

　운전자가 '술에 취한 상태'에서 자동차, 원동기 장치 자전거, 노면전차 또는 자전거를 운전하게 되면 처벌받게 됩니다(도로교통법 제44조 및 제148조의 2). 현행 도로교통법에서는 운전자의 혈중알코올농도가 0.03% 이상이면 이를 술에 취한 상태로 보아 음주운전으로 규정하고 있으며 이후 이를 초과하는 정도에 따라 그 처벌의 법정형을 달리하고 있습니다. 우리나라는 예전부터 운전자의 술에 취한 기준을 혈중알코올농도 0.05%로 정하고 그 기준을 수십 년간 유지해 왔으나 2018년경 음주운전 교통사고를 감소시키려는 목적으로 단속기준을 혈중알코올농도 0.03 %로 높여 범죄를 예방하고자 하였습니다. 현재 일본의 경우 혈중알코올농도 0.03%, 스웨덴의 경우 혈중알코올농도 0.02%를 술에 취한 기준으로 삼는 등 다른 나라 역시 음주에 관한 엄격한 잣대를 통하여 음주운전자를 처벌하고 있기에 우리나라도 그에 준하는 처벌기준을 마련한 것입니다.

우리나라에서는 2018년 이후부터 혈중알코올농도 0.03% 측정 수치를 기준으로 개인의 음주 상태를 판단하며 이 수치는 모든 음주 관련 교통사고에서 피고인을 처벌하는 그 '기준'이 되고 이 기준을 넘으면 실제 술에 취해서 운전이 불가능했는지와 상관없이 음주운전으로 처벌받게 됩니다. 그렇기에 경찰공무원은 교통의 안전과 위험방지를 위하여 필요하다고 인정되거나 '술에 취했다고 인정할만한 상당한 사유'가 있는 경우 운전자가 위의 기준을 넘었는지를 판단하기 위해 음주측정을 요구할 수 있고, 만약 운전자가 경찰공무원의 정당한 측정 요구에도 이에 불응하여 부작위로 대응하는 경우 이를 처벌하는 규정(도로교통법 제44조 제2항 및 제148조의 2)을 두고 있습니다.

	혈중알코올농도 혹은 금지행위	처벌	비고
1	2회 이상의 음주운전	2년 이상 5년 이하의 징역 or 1천만 원 이상 2천만 원 이하 벌금	도로교통법 제148조의 2
2	경찰공무원의 음주측정에 불응	1년 이상 5년 이하의 징역 or 500만 원 이상 2천만 원 이하 벌금	도로교통법 제148조의 2
3	혈중알코올농도 0.2% 이상	2년 이상 5년 이하의 징역 or 1천만 원 이상 2천만 원 이하 벌금	도로교통법 제148조의 2
4	혈중알코올농도 0.08% 이상 0.2% 미만	1년 이상 2년 이하의 징역 or 500만 원 이상 1천만 원 이하 벌금	도로교통법 제148조의 2
5	혈중알코올농도 0.03% 이상 0.08% 미만	1년 이하의 징역 or 500만 원 이하의 벌금	도로교통법 제148조의 2

도로교통법상의 음주 관련 처벌규정

도로교통법

제44조(술에 취한 상태에서의 운전 금지)

① 누구든지 술에 취한 상태에서 자동차등(「건설기계관리법」 제26조 제1항 단서에 따른 건설기계 외의 건설기계를 포함한다. 이하 이 조, 제45조, 제47조, 제93조제1항제1호부터 제4호까지 및 제148조 의2에서 같다), 노면전차 또는 자전거를 운전하여서는 아니 된다. 〈개정 2018. 3. 27.〉

② 경찰공무원은 교통의 안전과 위험방지를 위하여 필요하다고 인정 하거나 제1항을 위반하여 술에 취한 상태에서 자동차등, 노면전 차 또는 자전거를 운전하였다고 인정할 만한 상당한 이유가 있는 경우에는 운전자가 술에 취하였는지를 호흡조사로 측정할 수 있 다. 이 경우 운전자는 경찰공무원의 측정에 응하여야 한다. 〈개정 2014. 12. 30., 2018. 3. 27.〉

③ 제2항에 따른 측정 결과에 불복하는 운전자에 대하여는 그 운전 자의 동의를 받아 혈액 채취 등의 방법으로 다시 측정할 수 있다.

④ 제1항에 따라 운전이 금지되는 술에 취한 상태의 기준은 운전 자의 혈중알코올농도가 0.03퍼센트 이상인 경우로 한다. 〈개정 2018. 12. 24.〉

제148조의2(벌칙)

① 제44조제1항 또는 제2항을 2회 이상 위반한 사람(자동차등 또는 노면전차를 운전한 사람으로 한정한다. 다만, 개인형 이동장치를 운전하는 경우는 제외한다. 이하 이 조에서 같다)은 2년 이상 5년 이하의 징역이나 1천만 원 이상 2천만 원 이하의 벌금에 처한다. 〈개정 2020. 6. 9.〉

② 술에 취한 상태에 있다고 인정할 만한 상당한 이유가 있는 사람으 로서 제44조제2항에 따른 경찰공무원의 측정에 응하지 아니하는 사람(자동차등 또는 노면전차를 운전하는 사람으로 한정한다)은 1년 이상 5년 이하의 징역이나 500만 원 이상 2천만 원 이하의 벌

금에 처한다.
③ 제44조제1항을 위반하여 술에 취한 상태에서 자동차등 또는 노면
전차를 운전한 사람은 다음 각 호의 구분에 따라 처벌한다.
    1. 혈중알코올농도가 0.2퍼센트 이상인 사람은 2년 이상 5년 이
       하의 징역이나 1천만 원 이상 2천만 원 이하의 벌금
    2. 혈중알코올농도가 0.08퍼센트 이상 0.2퍼센트 미만인 사람은
       1년 이상 2년 이하의 징역이나 500만원 이상 1천만원 이하의
       벌금
    3. 혈중알코올농도가 0.03퍼센트 이상 0.08퍼센트 미만인 사람은
       1년 이하의 징역이나 500만원 이하의 벌금
④ 제45조를 위반하여 약물로 인하여 정상적으로 운전하지 못할 우
   려가 있는 상태에서 자동차등 또는 노면전차를 운전한 사람은 3
   년 이하의 징역이나 1천만 원 이하의 벌금에 처한다.

음주 후 킥보드, 자전거를 운행하는 경우도 음주운전에 해당할까?

    자전거 공공대여 서비스를 시작한 서울시의 성공에 따라 많은 지방 자치단체들이 자전거 대여 및 킥보드 대여 서비스를 진행하고 있고, 이런 대여산업이 많이 대중화됨에 따라 국민 누구나 일상생활에서 쉽게 자전거나 킥보드를 즐길 수 있게 되었습니다. 하지만 안타깝게도 이렇게 간이 이동수단에 대한 접근성이 높아지긴 했지만 그에 따른 안전 교육 및 교통 관련 교육은 충실히 이루어지지 못했습니다. 그러다 보니 음주 후에 자동차의 대용으로 자전거나 킥보드를 운행하다가 사고를 일으키는 음주 교통사고가 증가하게 되었습니다. 문제는 사람들의 인식 속에서 음주 후에 자동차를 운행하는 것은 심각한 범죄라 여기면서 킥보드나 자전거의 운행은 심각하게 생각하지 않는다는 것입니다. 그렇다면 음주 후에 킥보드나 자전거를 운행하는 경우도 차량 음주운전과 같은 형으로 처벌받게 될까요?

    개정된 도로교통법에서는 자전거 및 개인형 이동장치를 취한 상태에서 운전한 경우에도 '음주운전'으로 규정하고 있습니다. 즉 술에 취한 상태에서 자동차 등이 아닌 '개인형 이동장치'나 '자전거', '전기자전거 등'을 운전하였더라도 이는 처벌받게 됩니다. 다만 도로교통법에서는 자전거 등을 운전한 음주운전자에 대하여는 자동차 등을 운전한 음주운전자와 다르게 처벌하는 규정을 두고 있습니다. 도로교통법에서는 자전거 혹은 개인형 이동장치(킥보드)의 음주운전의 경우 자동차 등의 음주운전과 구분하여 '20만 원 이하의 벌금이나 구류 또는 과료'에 처한다고 규정하고 있습니다.

	자동차 등의 음주운전	오토바이, 원동기장치 자전거의 음주운전	자전거, 전기자전거의 음주운전	개인형 이동장치 (킥보드)의 음주운전
구분 근거	도로교통법 제2조 제18호	도로교통법 제2조 제18호 및 19호	도로교통법 제2조 제20호	도로교통법 제2조 제19의 2호
처벌 조항	도로교통법 제148조의 2	도로교통법 제148조의 2	도로교통법 제156조	도로교통법 제156조
처벌 범위	혈중알코올농도에 따라 최대 5년 이하 징역 2천만 원 이하의 벌금	혈중알코올농도에 따라 최대 5년 이하 징역 2천만 원 이하의 벌금	20만 원 이하의 벌금이나 구류 또는 과료(科料)	20만 원 이하의 벌금이나 구류 또는 과료(科料)

운전 장치에 따른 음주운전 처벌 비교

도로교통법

제2조(정의) 이 법에서 사용하는 용어의 뜻은 다음과 같다.

19의 2. "개인형 이동장치"란 제19호 나목의 원동기장치자전거 중 시속 25킬로미터 이상으로 운행할 경우 전동기가 작동하지 아니하고 차체 중량이 30킬로그램 미만인 것으로서 행정안전부령으로 정하는 것을 말한다.

20. "자전거"란 「자전거 이용 활성화에 관한 법률」 제2조제1호 및 제1호의2에 따른 자전거 및 전기자전거를 말한다.

21. "자동차등"이란 자동차와 원동기장치자전거를 말한다.

21의2. "자전거등"이란 자전거와 개인형 이동장치를 말한다.

제156조(벌칙) 다음 각 호의 어느 하나에 해당하는 사람은 20만 원 이하의 벌금이나 구류 또는 과료(科料)에 처한다.

11. 제44조제1항을 위반하여 술에 취한 상태에서 자전거 등을 운전한 사람

03 주차장에서의 음주운전도 처벌받을까?

아파트 주차장이나 공영주차장 혹은 대학교 내 도로 등 일반 공용에 공개된 도로가 아닌 사유지 장소에서 음주 후 운전을 하는 경우에는 음주운전으로 처벌받지 않는다는 속설이 있습니다. 이는 사실일까요? 원래 도로교통법에서 규정하고 있는 음주운전에서의 '운전'의 의미는 원칙적으로 '도로'에서 차마 또는 노면전차를 그 본래의 사용방법에 따라 사용하는 것입니다. 그렇기 때문에 예전에는 '도로가 아닌 곳'에서의 운전은 이 법에서 말하는 운전의 개념에 포함되지 않았습니다. 그렇기에 2010년 이전에는 도로가 아닌 곳에서 음주단속에 걸렸더라도 이를 처벌할 수가 없었습니다. 하지만 도로가 아닌 곳에서 한 음주운전을 처벌하지 못하는 것은 부당하다는 비판이 지속적으로 제기되어 왔고 도로 아닌 곳에서의 음주운전도 처벌하자는 주장이 설득력을 얻어 2010. 도로교통법이 개정되면서 음주운전의 경우 '도로 이외의 곳'에서의 운전도 처벌받게 되었습니다.

	죄명	도로가 아닌 곳에서 위반 시 (사유지, 주차장 등) 처벌 가능 여부	비고
1	음주운전죄	처벌 가능	도로교통법 제148조의2, 제44조(벌칙)
2	음주측정 거부죄	처벌 가능	도로교통법 제148조의2, 제44조
3	약물 운전죄	처벌 가능	도로교통법 제148조의 2 제4항, 제45조
4	사고후미조치죄	처벌 가능	도로교통법 제148조, 제54조
5	무면허 운전	처벌 불가능	도로교통법 제152조 제1호, 제43조

도로 아닌 곳에서의 운전 시 처벌 여부

현재에는 도로가 아닌 곳이라도 음주운전이나 음주측정 거부, 사고 후 미조치 등의 범죄는 처벌받게 됩니다. 즉 개정법에 따라 주차장이나 사유지 등 도로가 아닌 곳이라도 하더라도 음주운전으로 단속되어 혈중알코올농도 처벌 대상의 범위를 넘었다면 처벌을 피할 수 없습니다.

다만 이와는 별개로 아직까지도 도로가 아닌 곳에서 면허가 없는 자가 운전을 한 경우에는 이를 무면허 운전죄로 처벌할 순 없고, 도로가 아닌곳에서 음주운전을 하더라도 행정처분(면허제한)의 대상이 되지는 않습니다.

도로교통법 제2조 제1호

1. "도로"란 다음 각 목에 해당하는 곳을 말한다.

가. 「도로법」에 따른 도로

나. 「유료도로법」에 따른 유료도로

다. 「농어촌도로 정비법」에 따른 농어촌도로

라. 그 밖에 현실적으로 불특정 다수의 사람 또는 차마(車馬)가 통행할 수 있도록 공개된 장소로서 안전하고 원활한 교통을 확보할 필요가 있는 장소

26. "운전"이란 도로(제44조 · 제45조 · 제54조제1항 · 제148조 · 제148조의2 및 제156조제10호의 경우에는 도로 외의 곳을 포함한다)에서 차마 또는 노면전차를 그 본래의 사용방법에 따라 사용하는 것(조종을 포함한다)을 말한다.

음주 후 차량에 시동을 걸어 차량이 움직였다면 모두 음주운전에 해당할까?

음주 상태에서 차량의 시동을 걸고 이후 차량이 움직이면 모두 도로교통법에서 금지하는 음주운전에 해당할까요? 도로교통법을 살펴보면 '운전'이란 차마 또는 노면전차를 그 본래의 사용방법에 따라 사용하는 것이라고 규정하고 있습니다. 그렇기에 도로교통법에서 말하는 운전의 의미는 차를 그 목적에 맞게 운행하려고 하는 고의에 의한 운전행위입니다. 이는 '시동'이라는 전제조건이 없으면 성립하지 않습니다. 즉 운전이라는 행위가 성립하려면 차량의 시동을 걸고 운행을 목적으로 실제 발진조작까지 완료하여야 운전에 해당하게 됩니다. 따라서 시동을 걸지 않으면 음주운전 자체가 성립하지 않으며 시동을 건 상태라도 본인이 차량을 움직인 바 없다면 이는 음주운전행위라고 할 수 없을 것입니다.

저 역시 겨울철 음주 후 대리기사님을 부르고 대기하는 도중에 날

씨가 추우면 차량에 시동을 걸어 히터를 틀곤 합니다. 이렇게 운전의 고의 없이 시동을 걸었다가 자동차가 움직여 사고가 난 경우 음주운전 혐의를 적용시킬 것인지가 문제가 될 수 있지만 음주자가 차량의 시동을 걸었더라도 본인의 의지와 상관없이 외부 환경에 의해 차가 움직이거나, 본인이 아닌 제3자의 조종에 의해 차량이 움직인 경우, 혹은 운전석에서 잠든 사이 차량이 움직인 경우 등은 운전에 해당하지 않으므로 도로교통법상의 음주운전 혐의를 적용시킬 수는 없습니다.

대법원 역시 자동차의 운전에 해당하기 위하여는 단지 엔진을 시동시켰다는 것만으로는 부족하고 이른바 발진조작을 완료하여야 한다고 규정하고 있으며 (대판 1999. 11. 12. 98다 30834 판결), 시동을 걸지 않은 상태에서 움직인 경우 운전에 해당하지 않고, 히터를 틀기 위해 시동을 걸었다가 차량이 움직인 경우 역시 운전에 해당하지 않는다 (대법원 2004. 4. 23. 선고 2004도1109 판결) 고 판시한 바 있습니다.

이렇게 음주운전은 운전자가 음주 상태에서 차량의 시동을 걸고 운전의 고의를 가지고 차량의 발진을 위한 기어를 넣고 브레이크를 떼거나 액셀러레이터를 밟아 실제 차량이 움직인 시점에 성립하게 되므로 운전의 고의가 없다면 성립할 수 없습니다. 하지만 이렇게 특수한 상황을 제외하고는 상식적으로 술에 취한 사람이 운전석에 앉아 시동을 걸고 차량을 움직였다면 음주운전의 고의를 부정하기 매우 힘들 수 있으니 술에 취한 상황에서는 운전석에서 시동을 거는 행위 외에 기어를 조작하는 등의 행위는 삼가해야 할 것입니다.

관련 법령

도로교통법 제2조

26. "운전"이란 도로(제44조 · 제45조 · 제54조제1항 · 제148조 · 제148조의2 및 제156조제10호의 경우에는 도로 외의 곳을 포함한다)에서 차마 또는 노면전차를 그 본래의 사용방법에 따라 사용하는 것(조종을 포함한다)을 말한다.

05 숙취 운전 적발과 그 처벌

술을 마신 직후 운전을 하다가 바로 단속에 적발된 것이 아니라, 술을 마신 후 충분히 휴식을 취한 후에 운전을 하다가 적발되거나, 전날 마신 술로 인하여 다음 날 음주단속에 걸려 적발된 경우를 일명 '숙취 운전'에 의한 음주 적발이라고 합니다. 최근 4년간 이런 숙취 운전으로 인해 단속에 적발된 비율은 전체 적발 건수의 4%나 된다고 합니다.

물론 전날 음주 후 정상적으로 대리운전 등을 통하여 집으로 귀가한 후 수면까지 취하고 다음 날 출근하기 위해 운전대를 잡았다가 단속에 걸린 경우 어느 정도 억울할 수도 있을 것 같습니다, 하지만 숙취 운전 적발의 경우 잠을 충분히 잤더라도 발생할 수 있는 부분이고 음주운전 여부를 가르는 기준은 숙취 운전의 해당 여부 등이 아닌 실제 운전 시점의 혈중알코올농도이므로 운전 시점에 운전자의 혈중알코올농도가 처벌기준치를 넘었다면 숙취 운전이라고 해서 특별 감형해 주는 일은 절대 없습니다. 요새는 코로나 바이러스로 인한 집합제한 등으로 새벽까지 술을 마시는 경우가 많이 줄어 예전보단 숙취에 의한 음주단속에 걸리는 경우가 줄긴 했지만 최근 골프 인구가 늘어나는 등 지인들과 스포츠를 즐기며 운동 중에 음주를 하고 휴식을 취한 후 운전했다가 숙취 운전으로 인한 처벌을 받는 등 새로운 유형의 숙취 음주 적발이 많으니 주의해야 합니다.

사람마다 체형 및 체중이 모두 다르고 이에 따라 알코올을 분해하는 능력 또한 다 다릅니다. 보통 평균인을 기준으로 소주 한 병을 마신 경우 4시간 +@ 의 휴식시간이 있어야 혈중알코올농도가 처벌기준치 이하로 내려갈 수 있습니다. 따라서 본인의 마지막 음주 시간 및 본인 상태를 확인하여 불안하다면 다음날 오전까지는 운전대를 잡지 않는 것이 좋습니다. 숙취 운전의 경우 일반 음주운전보다 처벌 면에서 다소 유리한 것은 사실이지만 이는 면죄부가 될 수 없으므로 주의하시길 바랍니다.

성별	체중 (KG)	소주 1병 (19%)	생맥주 2,000CC (4.5%)	막걸리 1병 (6%)	양주 4잔 (45%)	와인 1병 (13%)
남성	60	4시간 47분	6시간 18분	3시간 9분	7시간 34분	6시간 50분
	70	4시간 6분	5시간 22분	2시간 41분	6시간 28분	5시간 50분
	80	3시간 34분	4시간 44분	2시간 22분	5시간 41분	5시간 6분
	90	3시간 9분	4시간 12분	2시간 6분	5시간 3분	4시간 31분
여성	50	7시간 12분	9시간 28분	4시간 44분	11시간 25분	10시간 15분
	60	6시간	7시간 53분	3시간 56분	9시간 28분	8시간 34분
	70	5시간 9분	6시간 47분	3시간 22분	8시간 9분	7시간 18분

위드마크 공식에 따른 체중별 알코올 분해 시간

음주 추정치로 처벌이 가능할까?
(위드마크 공식적용에 의한 처벌)

음주운전 처벌의 대상이 되는 운전 시점은 언제일까요? 음주측정을 한 시각일까요? 음주운전에서의 처벌 대상 운전시간은 운전자가 '실제 운전을 한 시간'이 기준이 됩니다. 만약 운전 당시 또는 운전 바로 직후 운전자에 대한 음주측정이 이루어지지 않고 운전 시점으로부터 어느 정도 시간이 경과 하여 음주측정이 이루어졌다면 현실적으로 운전자가 운전했을 시점 당시의 정확한 혈중알코올농도를 정확히 알 수 없다는 어려움이 존재합니다.

이렇게 운전자가 음주를 한 시점과 실제 운전을 한 시점 및 음주측정을 한 시점이 전부 다르고 정확하게 '운전 시점'의 혈중알코올농도를 측정할 수 없는 경우에는 '추정'에 의한 방법으로 운전 당시 혈중알코올농도를 계산하여 처벌할 수밖에 없고 그 경우 위드마크 공식이라는 계산식을 도입하여 음주운전 당시의 혈중알코올농도를 추산하고 있습니다.

위드마크 공식에 의한 혈중알코올농도 계산법

$$C = \{C = \frac{A \times 0.7}{P \quad R} - (b \times t)\}$$

C = 혈중알코올농도(%)

A = 섭취한 알코올의 양
    [음주량(ml) × 알코올농도(%) × 0.7894]

0.7 = 알코올의 최소 체내흡수율

P = 운전자 체중(kg)

R = 성별 위드마크 계수(남자 0.52~0.86, 여자 0.64)

b = 시간당 알코올분해량

t = 시간(음주 시간으로부터 90분 초과 후 사고 기간까지의 경과 시간)

위드마크 공식에 따른 운전 당시의 혈중알코올농도 계산은 섭취한 주류의 체내흡수율, 성, 비만도, 나이, 신장, 체중 등을 변수로 하여 그 추정치를 계산하는 방법입니다. 하지만 이는 어디까지나 계산식에 의한 추정일뿐입니다. 실제로 사람마다 혹은 음주 환경마다 다를 수밖에 없는 모든 변수들을 식으로 환산해 내기란 어려우므로 이를 형사처벌의 근거로 삼는다는 것은 부적절하다는 비판도 있지만 아직까지 혈중알코올농도의 추정 규정은 입법화되어 있지 않으므로 대한민국 법원은 이런 혈중알코올농도 추정에 관하여 이른바 수정된 위드마크 공식에 의한 음주 수치 계산을 인정하여 음주운전자의 처벌의 근거로 사용하고 있습니다.

이와 같이 위드마크 공식은 운전 직후에 측정된 혈중알코올농도가 없는 경우 음주운전에 대한 처벌을 위해 추정치를 적용하는 방법입니다. 운전자 입장에서는 이렇게 추정치를 적용하여 처벌하는 것이 억울할 수도 있으나 음주운전이 명백한 운전자에 대한 정확한 음주 수치 측정이 곤란하다는 이유로 처벌을 하지 않을 수도 없는 것이므로 자신이 음주 피의자이고 자신의 음주운전 혐의가 이런 추정치에 의해 계산되었다면 억울한 일이 발생하지 않게 추정치가 어떻게 계산되었는지 혹은 오류가 없는지 등을 정확하게 분석해 보는 것이 중요합니다.

Q&A

위드마크 공식의 사용, 어떤 경우에 음주운전자에게 유리할까?

위드마크 공식이 운전자에게 불리하지만은 않습니다. 오히려 이를 잘 이용한다면 운전자에게 유리하게 적용시킬 수 있습니다. 만약 수사기관이 '운전 직후'에 혈중알코올농도를 측정하지 않은 경우 운전자의 음주측정 시점이 알코올농도의 ① 상승기 이고(주로 1시간 30분 이내) ② 적발된 음주 수치가 처벌기준에 근접한 경우 운전 시점에는 처벌기준보다 낮았을 가능성이 존재합니다. 따라서 위드마크 공식에 의해 처벌기준을 훨씬 상회하는 운전자는 어쩔 수 없지만, 음주 시점과 운전 시점, 측정 시점 사이에 시간적 간격이 존재하는 처벌기준 근방에 위치한 (예를 들면 0.03%를 근소하게 초과하는 경우) 운전자는 측정기의 오차 등을 고려하면 수치가 근소하게 처벌기준을 넘었더라도 쉽게 음주운전이라고 단정할 수 없으므로 무죄 주장이 가능할 수도 있습니다.

윤창호법 일부 조항 위헌결정과 그 의미

2021. 11. 25 헌법재판소는 2회 이상 음주운전 금지규정을 위반한 경우 가중처벌하던 도로교통법 제148조의2 제1항(일명 윤창호법)은 위헌이라며 위헌결정을 내렸습니다. 이에 따라 검찰은 위헌 후 행해진 음주운전이나 수사 중인 사건에 대하여는 가중처벌조항이 아닌 일반 처벌 조항으로 사건을 기소하고 재판 중인 경우에는 공소장을 변경하거나 변론 재개를 통하여 법 적용을 달리하고 있습니다.

하지만 헌법재판소의 위헌결정에도 불구하고 실무적으로 이런 위헌결정이 음주운전자들에게 큰 영향을 줄 것 같지는 않습니다. 음주운전자들의 경우 재범 혹은 그 이상인 경우가 많고 이런 경우 음주 수치가 높은 편이 많기에 다른 법적용으로도 충분히 엄하게 처벌할 수 있기 때문입니다. 물론 윤창호 법의 위헌결정으로 일부 최저형량을 선고받은 피고인은 항소의 이익이 있거나 재심을 할 여지는 있지만 항소나 재심을 하더라도 큰 향량의 변화가 있을지는 미지수입니다. 더욱이 현재 진행되는 사건에서는 위헌결정이 큰 영향을 줄 수는 없습니다.

　운전자의 혈중알코올농도가 높은 사건들은 일반조항으로도 강력처벌이 가능하기에 이번 위헌 여부와 상관없이 검찰이나 법원의 의지에 따라 오히려 예전보다 더 높은 형이 선고될 수도 있습니다. 윤창호 법이 급히 만들어지다 보니 비례의 원칙을 충분히 고려하지 못해 헌법재판소의 위헌판결을 받았지만 곧 입법을 통하여 음주운전 재범자들을 다시 엄하게 처벌하는 개정안이 나오게 될 것입니다.

　따라서 윤창호 법의 일부 위헌결정은 음주운전자들을 위한 위헌결정이 아니고 법률이 잘못되어 위헌결정이 되었다는 사실을 명심해야 합니다. 위헌 판결이 우리의 생활에 큰 영향을 줄 수 없는 만큼 앞으로는 음주 전력이 없으신 분들도 절대 음주운전을 하여서는 안 되지만 이미 음주운전 전력이 있으신 분들은 더욱 조심하여 다시는 음주 후에 운전대를 잡아서는 안 될 것입니다.

08 음주운전과 보험 적용과의 관계

음주운전 관련 상담을 하다 보면 예상외로 많은 분들이 음주운전 사고 후에 자신이 '종합보험'에 가입했으므로 피해자에 대한 민사상 대인 배상이나 대물 배상은 보험회사에서 당연히 해 주는 것으로 알고 있습니다. 하지만 이런 예상과는 달리 음주운전의 경우 사고 시 보험 적용이 쉽지 않습니다. 음주운전 사고의 경우 보험회사는 음주운전자의 음주 사고로 인한 피해자에게 보험금을 지급하고 운전자에게 대인 피해 및 대물 피해에 대하여 일정한 금액을 한도로 구상권을 행사하고 있기 때문입니다.

2020. 국토교통부는 자동차 손해배상 보장법 시행규칙 개정안을 마련하여 음주운전 사고 시 음주운전 사고자에게 대인 피해 1,000만 원, 대물 피해 500만 원을 한도로 구상할 수 있도록 하였습니다. 즉 사고 운전자가 보험의 혜택을 받으려면 고액의 면책금을 내거나 이런 면책

금을 낼 여력이 안 된다면 보험회사가 사고자를 대신해 지급한 보험금에 대하여 보험회사로부터 추후 구상금을 청구 당할 위험이 생기는 것입니다. 특히 최근 보험회사들은 무면허, 음주, 뺑소니 사고의 경우 운전자의 사고부담금을 약관개정을 통하여 대폭 상향시켜 놓은 경우가 많으니 보험가입 시 이를 확인해 보셔야 합니다.

최근에는 운전자들이 종합보험 외에도 별도로 운전자 보험에 가입하여 자신의 사고에 대비하여 벌금, 형사합의금, 변호사 선임료까지 특약으로 가입하는 경우가 늘어나고 있지만 이런 운전자 보험 역시 음주운전, 무면허 운전, 뺑소니로 인한 사고는 적용이 되지 않습니다. 그러므로 자신이 종합보험에 가입하였더라도 음주운전 사고의 경우 엄청난 재산적 손실을 감수해야 하므로 음주운전은 절대 해서는 안 됩니다.

관련 법령

자동차 손해배상 보장법
제29조(보험금등의 지급 등)
① 다음 각 호의 어느 하나에 해당하는 사유로 다른 사람이 사망 또는 부상하거나 다른 사람의 재물이 멸실되거나 훼손되어 보험회사 등이 피해자에게 보험금 등을 지급한 경우에는 보험회사 등은 법률상 손해배상책임이 있는 자에게 국토교통부령으로 정하는 금액을 구상(求償)할 수 있다. 〈개정 2013. 3. 23, 2017. 11.2 8〉
　1.「도로교통법」에 따른 운전면허 또는 「건설기계관리법」에 따른 건설기계조종사면허 등 자동차를 운행할 수 있는 자격을 갖추

지 아니한 상태(자격의 효력이 정지된 경우를 포함한다)에서
   자동차를 운행하다가 일으킨 사고
2. 「도로교통법」 제44조제1항을 위반하여 술에 취한 상태에서 자
   동차를 운행하다가 일으킨 사고
3. 「도로교통법」 제54조제1항에 따른 조치를 하지 아니한 사고
   (「도로교통법」 제156조제10호에 해당하는 경우는 제외한다)
   자동차손해배상 보장법 시행규칙

제10조(구상금액) 법 제29조제1항 각 호 외의 부분에서 "국토교통부
령으로 정하는 금액"이란 보험회사 등이 피해자에게 실제로 지급한
보험금 또는 공제금의 총액을 말한다. 다만, 보험회사 등이 실제로 지
급한 보험금 또는 공제금의 총액이 다음 각 호의 어느 하나에 해당하
는 금액을 초과하는 경우에는 다음 각 호의 어느 하나에 해당하는 금
액을 말한다. 〈개정 2013. 3. 23., 2015. 1. 8., 2020. 7. 21.〉
1. 사망 또는 부상의 경우 : 사고 1건당 300만 원. 다만, 법 제29조제1
   항제2호의 사유로 인한 경우에는 사고 1건당 1,000만 원으로 한다.
2. 재물의 멸실(滅失) 또는 훼손의 경우 : 사고 1건당 100만 원. 다만,
   법 제29조제1항제2호의 사유로 인한 경우에는 사고 1건당 500만
   원으로 한다.

✕ ✕ ✕

음주운전의 경우 경찰청의 일제 단속 등 음주단속으로 적발되는 경우도 많지만 음주운전으로 인해 파생되는 다양한 교통 범죄들에 의해 음주운전이 밝혀지는 경우도 많습니다. 운전자가 음주운전을 하게 되면 운행 중 정상적인 판단을 하지 못하게 되고 이로 인해 사람을 사상하게 하거나 물건을 손괴 하는 경우가 많이 발생하게 됩니다. 음주운전은 이런 직접 사고 사건 이외에도 운전자 바꿔치기, 동승자의 음주운전 방조, 음주단속 경찰관에 대한 공무집행방해 등 많은 부가적인 범죄들을 파생시켜 발생하게 합니다. 특히 2018. 특가법의 개정으로 음주운전으로 인해 사람을 상해에 이르게 한 경우 1년 이상 15년 이하의 징역 혹은 1천만 원 이상 3천만 원 이하의 벌금, 사망에 이르게 한때는 무기 또는 3년 이상의 유기징역에 처할 수 있도록 법정형이 상향되었습니다. 이와 같이 단순 음주운전죄 말고도 음주 관련 범죄들에 대한 처벌의 강도가 높아지고 있으므로 운전자들은 사전에 음주 관련 어떠한 범죄들이 존재하는지 파악하여 이를 유의해야 할 필요가 있습니다. 이 장에서는 음주와 관련되어 발생할 수 있는 대표적인 범죄들과 그 처벌에 대하여 같이 알아보겠습니다.

음주운전과 관련된
범죄 및 법률

01 음주측정 거부죄와 그 처벌

음주측정 거부죄란 술에 취한 상태에 있다고 인정할만한 상당한 이유가 있는 사람이 음주단속을 시행하는 경찰공무원의 음주측정에 응하지 않는 경우 성립하는 범죄입니다(도로교통법 제44조 제2항 및 제148조의 2). 음주측정 거부죄는 경찰관의 정당한 공무집행을 방해하는 성격이 있어 재판부에서는 이를 음주운전죄 혹은 공무집행방해죄에 준하는 엄한 범죄로 인식하고 처벌하고 있습니다.

경찰공무원은 운전자의 주취 여부에 대하여 ① 교통안전과 위험방지를 위하여 필요하다고 인정하는 경우 ② 운전자가 술에 취한 상태에 있다고 인정할만한 상당한 이유가 있는 경우 호흡측정을 요구할 수 있습니다. 실제로는 주로 ②의 사유가 음주측정의 요구 사유가 됩니다. 그렇다면 음주측정 거부죄에서의 '운전자가 술에 취한 상태에 있다고 인정할만한 상당한 이유'란 무엇일까요? 만약 어느 차량이 도로에서 주행 중에 차선 유지를 못 하거나, 가다 서다를 반복하는 등 주행이 정상적이지 않은 경우, 도로 한가운데서 신호대기 중 잠든다거나, 음주단속 시에 술 냄새가 많이 나고 눈이 충혈되며 혀가 꼬이는 등 술에 취했음을 인정할만한 외관이 나타나는 경우 이는 운전자가 객관적으로 술에 취했다고 의심할 만한 정황이 됩니다. 이렇게 의심이 되는 경우 경찰관은 운전자에게 음주측정을 요구할 수 있는 것입니다.

실무적으로는 경찰청의 일제 음주단속 시 운전자가 단속 측정에 불응하면서 발생하는 음주측정 거부죄가 가장 많이 성립합니다. 음주단속 시 단속 경찰관은 운전자에게 호흡측정에 의한 음주측정을 요구(음주감지기 포함)할 수 있고 운전자는 이에 응하여야 합니다. 이후 운전자가 호흡측정에 의한 결과를 받아들이지 못하는 경우 혈액채취에 의한 방법으로 다시 측정해 달라고 할 수도 있습니다(도로교통법 제44조 제2항 및 제3항). 다만 경찰관의 호흡측정 요구가 있더라도 운전자의 신체 이상 등의 사유로 호흡측정기에 의한 측정이 심히 곤란하거나 운전자가 처음부터 호흡측정기에 의한 측정보다는 채혈에 의한 측정을 원할 경우에는 경찰관은 채혈에 의한 측정을 해야 하기 때문에 이 경우 처음 호흡측정기에 의한 측정요구에 불응한 자체로는 음주측정 불응이라고 할 수는 없습니다.

최근 들어서는 음주 후 자전거, 킥보드 등을 운행하는 경우가 늘고 있고. 이런 간이 이동수단의 경우도 음주측정의 대상이 됩니다. 많은 분들이 자전거나, 킥보드, 전기 자전거 등은 단속의 대상이 아닌 줄 알고 단속 경찰관의 측정에 불응하고는 있으나 이 역시 음주측정 불응죄의 대상이 되고 처벌의 대상이 되므로 주의해야 합니다.

관련 법령

도로교통법 제44조(술에 취한 상태에서의 운전 금지)
② 경찰공무원은 교통의 안전과 위험방지를 위하여 필요하다고 인정하거나 제1항을 위반하여 술에 취한 상태에서 자동차 등, 노면전차 또는 자전거를 운전하였다고 인정할 만한 상당한 이유가 있는 경우에는 운전자가 술에 취하였는지를 호흡조사로 측정할 수 있다. 이 경우 운전자는 경찰공무원의 측정에 응하여야 한다. 〈개정 2014. 12. 30., 2018. 3. 27.〉

제148조의2(벌칙)
② 술에 취한 상태에 있다고 인정할 만한 상당한 이유가 있는 사람으로서 제44조제2항에 따른 경찰공무원의 측정에 응하지 아니하는 사람(자동차 등 또는 노면전차를 운전하는 사람으로 한정한다)은 1년 이상 5년 이하의 징역이나 500만 원 이상 2천만 원 이하의 벌금에 처한다.

제156조(벌칙) 다음 각 호의 어느 하나에 해당하는 사람은 20만 원 이하의 벌금이나 구류 또는 과료(科料)에 처한다.
12. 술에 취한 상태에 있다고 인정할 만한 상당한 이유가 있는 사람으로서 제44조제2항에 따른 경찰공무원의 측정에 응하지 아니한 사람(자전거 등을 운전한 사람으로 한정한다)

Q&A

호흡측정 VS 채혈 측정
어느 것이 운전자에게 유리할까?

만약 음주운전자가 경찰관의 호흡측정에 응하였고 그 호흡측정 결과가 혈중알코올농도 0.03%를 근소하게 넘어 처벌의 위험이 있는 경우 운전자는 당연히 채혈 측정을 한 번 더 요구할 수 있습니다. 운전자는 혹시 하는 마음에 채혈 측정을 하면 수치를 낮출 수 있지 않을까 하고 채혈측정을 요구하지만 채혈측정의 경우 혈액 속에 알코올농도를 측정하는 것이기 때문에 시간이 지나 측정한 경우에도 통상적으로 채혈측정의 경우가 훨씬 높은 수치로 나옵니다. 재판부는 혈액검사에의 의해 얻어낸 음주측정 수치를 호흡측정에 의한 음주측정의 결과보다 더 신뢰하고 있으며 죄를 인정하는 증거로 더 우선 적용하고 있습니다. 따라서 단순히 수치를 줄이고자 채혈 측정을 요구하다가는 더 높은 처벌을 받을 수 있음을 유의하셔야 합니다. 채혈 측정은 호흡측정보다 불리하단 사실을 항상 기억하셔야 합니다.

Q&A

호흡측정기에 부는 시늉만 하는 경우에도 음주측정 거부죄가 성립할까?

음주측정 거부죄는 경찰공무원의 음주측정에 응하지 아니하는 사람을 처벌하는 규정입니다. 그런데 가끔 경찰관의 일제 단속 시에 호흡측정기에 입을 대고 부는 시늉만 하는 운전자들이 있습니다. 이는 호흡측정에 응하긴 하였지만 실제로는 측정을 회피하려고 한 부분이기에 이를 불응한 것인가로 볼 수 있는지가 문제 될 수 있습니다. 하지만 이는 반복될 경우 음주측정 불응 의사로 볼 여지도 있습니다. 실제로 한두 번이 아니라 일정 시간 계속적으로 숨 내쉬는 시늉만 하는 등의 방법으로 음주측정을 거부하는 경우 음주측정 거부죄가 성립할 수도 있으니(대판 2015. 12. 24. 2013 도8481 판결) 반복적으로 부는 시늉만 하다가는 음주측정죄로 처벌될 있음을 유의하시기 바랍니다.

02 교통사고처리 특례법(치·사상)과 그 처벌

　자동차 등을 이용하여 사고를 내서 사람을 사상에 이르게 한 경우 원칙적으로는 형법상의 업무상 과실치사상죄의 죄책을 지게 됩니다(형법 제268조). 하지만 교통사고처리 특례법에 따라 차의 운전자가 교통사고로 인하여 형법 제268조의 죄를 범하는 경우 처벌의 특례를 규정하여 별도로 처벌하고 있습니다(교통사고처리 특례법 제3조). 교특법에 의하면 원칙적으로 차의 교통으로 사람을 다치게 한 경우 운전자가 종합보험에 가입하거나 피해자의 처벌불원의사가 있으면 처벌할 수 없는데 '음주'는 12개 처벌 예외 사유 중 하나에 해당하여 종합보험에 가입하였어도 검사가 공소를 제기하여 처벌할 수 있는 것입니다.

　음주운전의 경우 당연히 정상적인 상황보다 전방주시 태만 등으로 돌발 상황에 대응할 수 있는 능력이 떨어질 수밖에 없고 사고가 나는 경우 업무상 주의의무 위반이 쉽게 인정될 수밖에 없습니다. 그래서 음주 상태에서 운전을 하다가 사람을 사상한 경우에는 도로교통법상의 음주운전죄 말고도 교특법 위반죄가 쉽게 인정이 되는 것입니다. 보통 음주운전 인사사고의 공소장을 보면 보통 교통사고처리 특례법 위반(치상) + 도로교통법 위반(음주운전)의 두 가지 범죄로 기소되게 됩니다. 이 경우 음주운전죄와 교특법위반죄의 경합범이 되어 그 처벌 수위가 더 높아지게 됩니다.

관련 법령

형법 제268조 (업무상과실 · 중과실 치사상) 업무상과실 또는 중대한 과실로 사람을 사망이나 상해에 이르게 한 자는 5년 이하의 금고 또는 2천만원 이하의 벌금에 처한다.

교통사고처리 특례법 제3조(처벌의 특례)
① 차의 운전자가 교통사고로 인하여 「형법」 제268조의 죄를 범한 경우에는 5년 이하의 금고 또는 2천만 원 이하의 벌금에 처한다.
② 차의 교통으로 제1항의 죄 중 업무상과실치상죄(業務上過失致傷罪) 또는 중과실치상죄(重過失致傷罪)와 「도로교통법」 제151조의 죄를 범한 운전자에 대하여는 피해자의 명시적인 의사에 반하여 공소(公訴)를 제기할 수 없다. 다만, 차의 운전자가 제1항의 죄 중 업무상과실치상죄 또는 중과실치상죄를 범하고도 피해자를 구호(救護)하는 등 「도로교통법」 제54조제1항에 따른 조치를 하지 아니하고 도주하거나 피해자를 사고 장소로부터 옮겨 유기(遺棄)하고 도주한 경우, 같은 죄를 범하고 「도로교통법」 제44조제2항을 위반하여 음주측정 요구에 따르지 아니한 경우(운전자가 채혈 측정을 요청하거나 동의한 경우는 제외한다)와 다음 각 호의 어느 하나에 해당하는 행위로 인하여 같은 죄를 범한 경우에는 그러하지 아니하다. 〈개정 2016. 1. 27., 2016. 12. 2.〉
  8. 「도로교통법」 제44조제1항을 위반하여 술에 취한 상태에서 운전을 하거나 같은 법 제45조를 위반하여 약물의 영향으로 정상적으로 운전하지 못할 우려가 있는 상태에서 운전한 경우

03 위험운전치사상(특가법)과 그 처벌

 2018년 국민적 공분이 일어난 음주운전 사망 피해 사건이 발생했고 그에 따라 현행 교통사고처리 특례법의 처벌규정만으로는 음주운전 인사사고에 대한 처벌이 부족하다는 여론이 지배적이었습니다. 그에 따라 특정범죄 가중처벌 등에 관한 법률에서는 음주운전을 억제하려는 목적으로 위험운전치사상죄 법정형을 대폭 상향시켰습니다. 특가법상의 위험운전치상죄는 '음주 또는 약물의 영향으로 정상적인 운전이 곤란한 상태'에서 자동차 등을 운전하여 사람을 상해 혹은 사망에 이르게 한 경우 이를 처벌하는 규정입니다(특정 경제 가중처벌 등에 관한 법률 제5조의11). 특가법상의 위험운전치사상죄는 형법상에 업무상 과실치상죄사상죄나 교특법상의 처벌규정으로 음주운전자에 대한 처벌이 충분히 가능함에도 음주 또는 약물의 영향으로 위험운전을 한 경우는 더욱더 강력하게 처벌하겠다는 의미입니다. 실제로 위험운전 치사상죄가 적용되어 처벌받은 사건들을 살펴보면 피해자들이 다수 발생하였거나 피해

자의 피해의 정도가 심각한 사건들이 많았습니다

위험운전 치사상죄는 운전자의 '음주 상태' 외에도 음주 혹은 약물의 영향으로 '정상적인 운전이 곤란한 상황'이 입증되어야 합니다. 이러한 증명이 없으면 위험운전 치사상죄가 인정되지 않으며 도로교통법상의 음주운전죄가 성립하여도 정상적인 운전이 곤란한 상황이 추정되지는 않습니다. 작년에 하급심 법원들이 일부 음주운전자에 대하여 정상적인 운전이 곤란한 상태가 입증되지 않았다며 무죄를 선고하면서 '정상적인 운전이 곤란한 상황'에 대해 법원이 명확한 기준을 제시하지 않으면서 음주운전자를 옹호한다는 비판이 있었습니다. 이런 논란으로 향후 에는 입법으로 정상적인 운전이 곤란한 상황이 특정될 수 있을 것 같기도 하지만 그전까지는 적용법조에 대한 논란이 지속될 수 있을 것 같습니다.

현재 검찰은 대개 0.12% 이상의 만취 상태인지 여부, 피해자의 피해 정도, 운전자의 운전 당시 상태, 교통사고 발생 경위, 교통상황에 대한 반응, 알코올 냄새, 등 모든 정황을 고려하여 위험운전 치사상죄를 적용시킬 것인지 교특법 상의 업무상 과실치상죄를 적용시킬 것인지를 판단하는 것 같습니다. 특히 작년 법원이 위험운전 치사상죄에 대하여 무죄를 많이 선고하면서 개정 입법 전까지는 검찰이 소극적으로 대응할 가능성도 있습니다. 이렇게 검찰은 음주운전 인사사고에 대하여 특가법의 위험운전치사상죄를 적용할 수도 있고 교특법 및 도로교통법을 적용할 수도 있습니다. 음주운전자가 어떤 법으로 기소되느냐에 따라 법정형의 큰 차이가 있게 되고 이는 선고형에도 큰 영향을 끼치게 되므로 교특법이 아닌 특가법상의 위험운전 치사상죄로 기소되는 경우 무거운 처벌을 면하기 어려울 수 있습니다.

관련 법령

특정범죄 가중처벌 등에 관한 법률
제5조의11(위험운전 등 치사상)
① 음주 또는 약물의 영향으로 정상적인 운전이 곤란한 상태에서 자동차(원동기장치자전거를 포함한다)를 운전하여 사람을 상해에 이르게 한 사람은 1년 이상 15년 이하의 징역 또는 1천만 원 이상 3천만 원 이하의 벌금에 처하고, 사망에 이르게 한 사람은 무기 또는 3년 이상의 징역에 처한다. 〈개정 2018. 12. 18., 2020. 2. 4.〉

Q&A

주취 상태에서 음주운전을 하는 경우
특가법 vs 교특법의 적용 기준은?

음주 후 교통사고로 인하여 사람을 다치게 한 경우 특가법상의 위험운전 치사상죄 혹은 교통사고처리 특례법상의 업무상 과실치상죄를 모두 적용시킬 수 있습니다. 문제는 특가법상의 처벌조항이 워낙 처벌이 강하다 보니 음주운전자 입장에서는 교특법으로 의율되는 것이 훨씬 처벌면에서 유리하게 됩니다. 일각에서는 혈중알코올농도 0.1% 이상이면 특가법이 적용된다는 속설이 있지만 이는 정확하지 않습니다. 검사가 특가법 적용을 검토할 때 혈중알코올농도를 고려하기는 하지만 그것이 절대적인 기준은 아니기 때문입니다. 검찰은 주취 운전자 정황보고서상의 운전자의 상태, 교통사고의 태양 및 경위, 피의자 및 목격자의 진술 등을 종합하여 어떠한 형으로 기소할지를 판단하게 됩니다. 따라서 음주 수치가 높고 사고 당시의 정황으로 보아 음주의 영향으로 정상적인 운전이 불가능했는지 종합적으로 검토하여 그렇다고 판단된다면 교특법이 아닌 위험운전 치상죄가 적용될 확률이 높습니다. 향후 입법보완이 된다면 일정기준 이상의 음주운전 수치가 그 기준이 될 확률이 높지만 아직까지는 그 구체적인 기준이 수치화된 것은 없기에 당분간 혼란을 피할 수는 없을 것 같습니다.

한 권에 담은 음주운전 사고 · 사건처리

04 범인 은닉(도피)죄와 그 처벌

최근 음주에 대한 무관용의 원칙에 따라 처벌이 강력해 지면서 운전자가 사고 시 처벌을 피하기 위해, 혹은 자동차 보험의 혜택을 받기 위해 동승자나 지인과 운전자를 교체하여 사고신고를 하거나 보험신고를 하는 일이 나타나고 있습니다. 동승자는 자신은 술을 마시지 않았으므로 호의로 운전자를 바꿔주고는 하지만 수사기관의 현장 검증이나 경찰 조사 시 피해자의 진술에 의해 운전자 바꿔치기 사실이 밝혀지기도 하고, 경찰의 조사과정에서 가해자가 사고 상황을 제대로 진술하지 못해 바꿔치기 사실이 밝혀지기도 합니다. 이렇게 실제 사고 발생 후 경찰이나 검찰에서 운전자를 바꾸어 진술한다면 이는 형법상의 범인 은닉(도피)죄에 해당합니다. 범인도피죄는 벌금 이상의 형에 해당하는 죄를 범한 자를 은닉 또는 도피하게 하는 경우 성립하는 범죄입니다(형법 제151조). 대법원 역시 실제로 범인 아닌 자가 수사기관에서 범인임을 자처하고 허위사실을 진술하여 진범의 체포와 발견에 지장을 초래하게

한 행위는 범인 은닉죄에 해당한다는 입장입니다.(대법원 96도1016 판결)

　우리 형법은 친족 또는 동거의 가족이 본인을 위하여 범인은닉 도피죄를 범한 때에는 이를 처벌하지 아니한다고 규정하고 있으나 이러한 친족간의 특례는 적용되는 범위가 한정적이므로 친구, 연인, 지인 간에 운전 바꿔치기는 명백한 처벌의 대상입니다. 따라서 호의로 운전자를 도와주려 했다가 같이 범죄자가 될 수 있으니 운전자 바꿔치기 부탁은 들어줘서도 안 되고 남에게 부탁해서도 안 될 것입니다.

관련 법령

형법 제151조(범인은닉과 친족간의 특례)
① 벌금 이상의 형에 해당하는 죄를 범한 자를 은닉 또는 도피하게 한 자는 3년 이하의 징역 또는 500만 원 이하의 벌금에 처한다. 〈개정 1995. 12. 29.〉
② 친족 또는 동거의 가족이 본인을 위하여 전항의 죄를 범한 때에는 처벌하지 아니한다. 〈개정 2005. 3. 31.〉

05 음주운전과 동승자의 교사 방조죄 및 그 처벌

음주운전은 스스로의 의사로 하는 자수범이므로 사실 공범이 성립하기가 쉽지 않습니다. 하지만 음주운전의 동승자가 운전자가 주취 상태에 있음을 알면서도 같이 차량에 탑승하여 적극적으로 운전을 권유하거나 음주운전을 용이하게 하도록 한다면 음주운전죄의 교사 혹은 방조죄가 성립할 수 있습니다. 동승자가 적극적으로 운전을 권유하거나 혹은 적극적으로 목적지까지 태워달라고 한 경우 음주운전 교사죄가 성립할 수 있고, 술에 취한 상태임을 인지한 상태에서 열쇠를 건네주거나 암묵적으로 이를 묵인하며 동승 하는 등의 행위는 음주운전 방조죄가 성립될 수 있습니다.

형법상의 교사죄는 범죄를 범할 의사가 없는 타인에게 범죄 실행의 결의를 가지게 하는 것을 말하며 방조 행위는 정범의 범죄 실행결의를 강화시키거나 그 실행 행위를 가능 또는 용이하게 하는 종범의 행위를 말합니다. 음주운전의 경우에도 당연히 위의 요건이 성립하면 교사범이나 방조범이 성립할 수 있습니다. 문제는 교사범의 경우 정범과 같은 형으로 처벌되고 방조범의 경우에도 정범의 형보다는 감경되어 처벌되지만 처벌의 대상이 되는 것은 명백합니다. 따라서 음주운전을 하려는 운전자의 차에 동승하면 자신까지 처벌받을 수 있다는 사실을 명심하시기 바랍니다.

관련 법령

형법
제31조(교사범)
① 타인을 교사하여 죄를 범하게 한 자는 죄를 실행한 자와 동일한
   형으로 처벌한다.

제32조(종범)
① 타인의 범죄를 방조한 자는 종범으로 처벌한다.
② 종범의 형은 정범의 형보다 감경한다.

06 음주와 관련된 공무집행방해죄와 처벌

음주운전과 관련하여 같이 발생하는 다른 대표적 범죄는 공무집행 방해죄입니다. 음주운전자는 음주로 인해 정상적인 판단을 하지 못하게 되고 이런 상황에서 음주단속을 하는 경찰관에게 폭행, 협박을 하는 경우가 발생할 수 있습니다. 이렇게 음주운전자가 음주 상태에서 경찰관의 공무수행을 방해하면 음주운전죄 외에도 공무집행방해죄의 죄책을 지게 될 수도 있습니다. 공무집행방해죄는 직무를 집행하는 공무원에 대하여 '폭행' 또는 '협박'을 함으로써 성립하는 범죄입니다(형법제136조). 경찰공무원은 법령에 의해 음주단속이나 검문을 할 수 있고 이는 적법한 공무수행에 해당합니다. 만약 음주상태에서 이렇게 정상적인 직무를 수행하는 경찰관을 폭행하거나 협박을 하게 된다면 명백히 범죄가 성립하며 공무집행방해죄의 현행범으로 체포될 수 있습니다.

만약 단순히 차에서 내려서 경찰관의 직무를 방해하는 것이 아닌 차량에 승차한 상황에서 차량을 이용하여 도주하려다가 공무를 집행하는 경찰관의 업무를 방해한 경우 그 사태는 더욱 심각해집니다. 우리 형법은 특수 공무방해죄를 따로 정하여 단체 또는 다중의 위력을 보이거나 위험한 물건을 휴대하여 공무집행을 방해한 경우 특수공무방해죄로 의율하고 있고 만약 특수공무방해죄를 범하여 공무원을 상해 또는 사망에 이르게 한 경우 특수공무집행 방해 치사상죄로 의율하여 더욱 무겁게 처벌하고 있기 때문입니다. 따라서 음주운전은 해서는 안 되지만 음주단속 시에 경찰관 몸에 손을 대거나 차량을 이용하여 도주하려하다가는 처벌이 더욱 무거워질 수 있으니 주의해야 할 것입니다.

관련 법령

형법
제136조(공무집행방해)
① 직무를 집행하는 공무원에 대하여 폭행 또는 협박한 자는 5년 이하의 징역 또는 1천만 원 이하의 벌금에 처한다.

제144조(특수공무방해)
① 단체 또는 다중의 위력을 보이거나 위험한 물건을 휴대하여 제136조, 제138조와 제140조 내지 전조의 죄를 범한 때에는 각조에 정한 형의 2분의 1까지 가중한다.
② 제1항의 죄를 범하여 공무원을 상해에 이르게 한 때에는 3년 이상의 유기징역에 처한다. 사망에 이르게 한 때에는 무기 또는 5년 이상의 징역에 처한다.

07 도주차량죄와 처벌(특정범죄 가중처벌 등에 관한 법률 위반)

차량운전자가 교통사고를 내어 피해자에게 부상 등을 입히고 피해자를 구호하는 등의 조치를 취하지 않고 현장에서 이탈한다면 이는 피해자의 신체 및 생명을 위협하는 행위로서 비난 가능성이 매우 높은 행위입니다. 따라서 특정경제 가중처벌 등에 관한 법률에서는 이런 도주차량 운전자에 대하여 가중처벌하고 있고 피해자를 사망에 이르게 한 경우 5년 이상의 징역형에 처하는 등 그 법정형을 매우 높게 하여 처벌하고 있습니다. 도로교통법에서는 차의 교통으로 인해 사람을 사상하거나 물건을 손괴한 경우 정차하여 일정한 구호 조치나 인적사항 제공의무를 명시하고 있고 사고자는 사고 시 이와 같은 사고 후 조치를 해야 함에도 이를 회피하고 도주하였다면 본죄가 성립하게 됩니다.

특가법 제5조의3(도주차량 운전자의 가중처벌)

① 「도로교통법」 제2조에 규정된 자동차·원동기장치자전거의 교통으로 인하여 「형법」 제268조의 죄를 범한 해당 차량의 운전자(이하 "사고운전자"라 한다)가 피해자를 구호(救護)하는 등 「도로교통법」 제54조제1항에 따른 조치를 하지 아니하고 도주한 경우에는 다음 각 호의 구분에 따라 가중처벌한다.

  1. 피해자를 사망에 이르게 하고 도주하거나, 도주 후에 피해자가 사망한 경우에는 무기 또는 5년 이상의 징역에 처한다.

  2. 피해자를 상해에 이르게 한 경우에는 1년 이상의 유기징역 또는 500만 원 이상 3천만 원 이하의 벌금에 처한다.

② 사고운전자가 피해자를 사고 장소로부터 옮겨 유기하고 도주한 경우에는 다음 각 호의 구분에 따라 가중처벌한다.

  1. 피해자를 사망에 이르게 하고 도주하거나, 도주 후에 피해자가 사망한 경우에는 사형, 무기 또는 5년 이상의 징역에 처한다.

  2. 피해자를 상해에 이르게 한 경우에는 3년 이상의 유기징역에 처한다.

형법 제268조(업무상과실·중과실 치사상) 업무상과실 또는 중대한 과실로 사람을 사망이나 상해에 이르게 한 자는 5년 이하의 금고 또는 2천만 원 이하의 벌금에 처한다.

도로교통법 제54조(사고발생 시의 조치)

① 차 또는 노면전차의 운전 등 교통으로 인하여 사람을 사상하거나 물건을 손괴(이하 "교통사고"라 한다)한 경우에는 그 차 또는 노면전차의 운전자나 그 밖의 승무원(이하 "운전자 등"이라 한다)은 즉시 정차하여 다음 각 호의 조치를 하여야 한다. 〈개정 2014. 1. 28., 2016. 12. 2., 2018. 3. 27.〉

  1. 사상자를 구호하는 등 필요한 조치

  2. 피해자에게 인적 사항(성명·전화번호·주소 등을 말한다. 이하 제148조 및 제156조제10호에서 같다) 제공

08 음주 관련 범죄들의 경합범 처리

기본적으로 한 가지 범죄를 저지르면 그 범죄에서 정해진 법정형 내에서 처벌받으므로 문제가 되지 않지만 음주 경합사고의 경우처럼 술에 취해 여러 범죄를 동시에 저지른 경우 이는 형법상의 경합범에 의해 처벌되게 됩니다. 형법상에서는 1개의 행위가 수개의 죄에 해당하는 경우 이를 상상적 경합이라 하여 가장 중한 형으로 처벌하게 되고 수 개의 행위에 의한 수 개의 범죄를 실체적 경합이라고 하여 형법상에서 정하고 있는 가중주의에 의해 처벌하고 있습니다. '가중주의'란 각 죄에 정한 형이 사형 또는 무기징역이나 무기 금고 이외의 동종의 형인 때에는 가장 중한 죄에서 정한 선택된 형의 장기 또는 다액의 2분의 1까지 형을 가중할 수 있는 것을 말합니다. 따라서 이처럼 여러 개의 범죄가 병합되어 재판받는 경우 그 처벌이 무거워질 수밖에 없게 됩니다

그렇다면 음주 관련 각 범죄의 경합 관계는 어떻게 될까요? ① 음주

상태에서 운전을 하여 사람을 다치게 한 경우 도로교통법상의 음주운전죄와 교통사고처리 특례법(치상) 위반은 실체적 경합 관계에 있습니다. ② 도로교통법상의 음주운전죄와 무면허 운전죄는 상상적 경합 관계에 해당합니다. ③ 특가법상의 도주차량죄와 도로교통법상의 음주운전죄는 실체적 경합 관계에 해당합니다. ⑤ 도주차량죄와 미신고죄 역시 실체적 경합 관계에 있습니다. ⑤도로교통법상의 음주운전죄와 음주측정불응죄는 실체적 경합 관계에 해당합니다. ⑥ 특가법상의 위험운전치상죄와 음주운전죄는 입법취지와 보호법익 및 적용을 달리하는 별개의 범죄로서 서로 실체적 경합 관계에 있지만 교특법 위반(치상)죄와 특가법 위반(위험운전치사상) 죄는 각 형법상의 업무상 과실치상죄의 특례를 규정한 가중처벌 조항이므로 양자가 경합하는 경우에는 위험운전치상죄만 성립하게 됩니다.

이렇게 음주운전 사고의 경우 그 범죄나 내용에 따라 다양한 경합관계가 발생하게 됩니다. 경합범의 경우 어떠한 혐의로 기소되는가에 따라 처벌이 달라지고, 상상적 경합 혹은 실체적 경합 관계, 법조경합 흡수에 따라서 처벌의 경우의 수는 다양하게 나타나게 됩니다. 따라서 음주 사고로 인해 여러 가지 범죄를 저지른 피의자는 수사단계부터 자신이 어떠한 혐의를 받고 있는지 정확히 파악하고 대응해야 불이익을 면할 수 있습니다.

다른 범죄와 달리 음주운전 범죄의 수사는 수사기관의 수사가 미리 예정되어 있다는 점을 특징으로 합니다. 보통 누군가가 나를 고소하거나 고발하게 되면 수사기관의 갑작스러운 출석요구를 받게 됨으로써 조사가 시작되는 경우가 많습니다. 이런 경우 피의자는 당황하여 수사에 대한 준비가 부족한 상황에서 피의자 조사를 받게 됩니다. 하지만 음주사건의 경우 고소 사건은 거의 없고 대부분이 경찰관에 의한 인지 사건이기에 음주운전에 적발되거나 사고현장에서 발각되어 음주측정을 한 후에 소환되기에 피의자의 입장에서는 나에 대한 피의자 조자 시점을 어느 정도 예상할 수 있게 됩니다. 이와 같이 음주사건에서는 현행범 체포나 긴급체포가 아닌 이상 수사관의 출석요구 통보가 있기 마련이고 이때부터 피의자에 대한 음주운전 수사가 본격적으로 시작된 것이므로 피의자는 이에 침착하게 대응해야 합니다. 이 장에서는 음주운전과 관련된 피의자의 수사 과정과 수사기관의 역할에 대하여 살펴보도록 하겠습니다.

제3장

음주운전과
수사

01 수사를 받기 전에
따로 준비할 것이 있을까?

음주사건의 경우 인지 사건으로 진행되는 경우가 많기 때문에 보통 경찰관의 출석요구를 받고 경찰에 출석하게 됩니다. 음주 관련 사건의 경우 특별한 일이 없으면 관할 교통조사계에서 담당하게 되며 담당 수사관의 질문에 피의자가 응답하는 형식으로 조사가 진행하게 됩니다. 그렇다면 음주운전자는 수사를 가기 전에 어떻게 수사를 준비해야 할까요? 자백하는 음주사건의 경우 수사관이 이미 음주운전 단속결과 통보서, 주취운전자 정황보고서 등 음주에 대한 명백한 증거를 가지고 있으므로 많은 쟁점이 존재하지는 않습니다. 따라서 사실 자백 피의자는 사건의 경위를 정리해서 경찰서에 방문하기만 하면 됩니다. 음주운전의 경위는 본인이 가장 잘 알고 있기 마련이고 수사기관이 참작할만한 상황이 있다면 조서에 남을 수 있도록 하기만 하면 됩니다. 하지만 만약 자백이 아닌 사건의 경우 즉 자신의 혐의에 대하여 다툴 여지가 있으면 반드시 수사 전에 변호사 등 전문가와 상의하여 어떠한 점이 쟁점이고 어떠한 점을 주장해야 할지 미리 정리하여야 합니다.

많은 분들이 수사기관의 피의자 조사를 두려워하지만 대부분의 수사관들은 피의자에게도 친절하므로 너무 걱정하지 않으셔도 됩니다. 따라서 피의자 조사 시 조사에 대한 두려움 없이 수사관의 질문에 대해 자신이 정리한 사건 경위에 맞춰 정확히 대답하기만 하면 됩니다. 국가인권위원회는 경찰 및 검찰 등 모든 수사기관에 대하여 피의자의 메모권을 보장하라는 권고를 하였고 이에 따라 피의자는 피의자 조사 시 자기 변호노트나 종이에 메모를 할 수 있게 되었습니다. 그렇기에 조사를 받는 피의자는 피의자 조사 시 수사관이 질문을 하면 천천히 적어가며 정리하면서 응답해도 되므로 이를 잘 활용하시는 것이 좋습니다.

Q&A

음주운전 피의자는 진술거부권을 행사하는 것이 유리할까?

수사를 받게 되면 수사관이 가장 먼저 음주운전자에게 진술거부권 및 변호인의 조력권을 고지하게 됩니다. 통상 '귀하는 일체의 진술을 하지 아니하거나 개개의 질문에 대하여 진술하지 아니할 수 있습니다.', '귀하가 신문을 받을 때에는 변호인을 참여하게 하는 등 변호인의 조력을 받을 수 있습니다.'라고 고지해 줍니다. 진술거부권은 헌법상의 권리로서 인권보장을 위한 중요한 권리 중 하나입니다. 그렇다면 음주사건에서 진술거부권을 행사하는 것이 도움이 될까요? 사실 제 경험에 의하면 진술거부권을 행사하는 것은 크게 도움이 되지 않습니다. 명백한 증거가 있는데도 피의자가 진술거부권을 행사하게 된다면 피의자가 반성하지 않거나 죄를 숨긴다는 인상을 줄 수 있고 수사에 협조하지 않는다는 태도로 판단되어 양형에 불리하게 작용할 수 있습니다. 따라서 음주사건의 경우 특별한 경우를 제외하고는 경찰관의 질문에 대답하여 수사에 적극적으로 협조하는 것이 좋습니다.

교통사고처리절차(출처: 서울경찰청)

02 음주 피의자 조사 시 변호인을 선임해야 할까?

음주 피의자 조사시 변호인을 선임해야 할까요? 음주사건의 피의자 조사는 경찰관의 질문에 대하여 피의자가 대답하고 이를 조서에 남기는 방식으로 진행됩니다. 이 조서는 재판에서 증거로 쓰이기에 대답은 신중하게 하여야 합니다. 피의자 조사 시 변호인의 조력을 받을 권리는 헌법상의 권리로서 이는 피의자가 수사 중에도 당연히 행사할 수 있는 권리입니다. 다만 피의자가 초범이고 별다른 피해자가 없고 죄를 인정하며 자백하는 경우에는 변호인이 피의자를 조력할 수 있는 부분이 많지는 않습니다. 따라서 자신이 초범이고 별다른 재물의 피해나 대인 피해가 존재하지 않는 음주사건의 경우에는 변호인 없이 스스로 수사에 협조하여 수사기관이나 재판부에 선처를 구하는 것도 좋은 방법입니다.

하지만 자신에 대한 처벌 여부 판단이 어려운 경우나 벌금형 이상의 전과가 나오면 신분상 제약이 있는 분들의 경우에는 수사단계부터 변호인의 조력을 얻는 것이 좋습니다. 검사 또는 사법경찰관은 신청권자의 신청에 따라 변호인을 피의자와 접견하게 하거나 정당한 사유가 없는 한 피의자에 대한 신문에 변호인을 참여하게 해야 하고(형사소송법 제243조의 2) 이런 요청이 있는데도 이를 무시하고 수사를 진행하는 경우 위법한 수사가 됩니다. 만약 변호인을 선임하는 경우 변호인이 범죄의 구성요건 및 적용법조에 대해 다시 세밀하게 검토하여 피의자에게 유리하도록 조언을 해 줄 수 있습니다.

음주사건에서 변호인을 선임하는 경우의 또 다른 장점은 피해자가 존재하는 범죄의 경우 재빠른 합의가 가능하다는 것입니다. 음주 인사사고에서 피해자가 있는 경우 재판부에서 가장 많이 양형 참작 사유로 인정해 주는 것이 피해자와의 원만한 합의입니다. 피해자가 처벌을 원치 않으므로 법원도 그에 상응하여 상대적으로 관대한 처분을 내릴 수밖에 없는 것입니다. 따라서 피의자 스스로 피해자들과 합의할 자신이 없으면 변호인을 선임하여 조사 단계부터 합리적인 보상액을 기준으로 발 빠른 합의를 하는 것이 중요합니다.

> **관련 법령**
>
> 형사소송법
> 제242조(피의자신문사항) 검사 또는 사법경찰관은 피의자에 대하여 범죄사실과 정상에 관한 필요사항을 신문하여야 하며 그 이익되는 사실을 진술할 기회를 주어야 한다.

제244조(피의자신문조서의 작성)
① 피의자의 진술은 조서에 기재하여야 한다.
② 제1항의 조서는 피의자에게 열람하게 하거나 읽어 들려주어야 하
며, 진술한 대로 기재되지 아니하였거나 사실과 다른 부분의 유무
를 물어 피의자가 증감 또는 변경의 청구 등 이의를 제기하거나
의견을 진술한 때에는 이를 조서에 추가로 기재하여야 한다. 이
경우 피의자가 이의를 제기하였던 부분은 읽을 수 있도록 남겨두
어야 한다. 〈개정 2007. 6. 1.〉
③ 피의자가 조서에 대하여 이의나 의견이 없음을 진술한 때에는 피
의자로 하여금 그 취지를 자필로 기재하게 하고 조서에 간인한 후
기명날인 또는 서명하게 한다. 〈개정 2007. 6. 1〉

Q&A

음주운전 피의자 조사, 어떤 경우에 변호인을 선임해야 할까?

① 음주로 인한 교통사고 피해자가 있는 경우(특히 피해자의 상해가 2
주 이상인 경우)
② 음주로 인하여 대인 피해는 없으나 재물을 손괴하거나 피해를 발생
시킨 경우
③ 음주로 인하여 사고가 발생하였지만 자동차 종합보험에 가입되어
있지 않은 경우
④ 음주 적발이 2회 이상으로 음주 수치가 높은 경우
⑤ 음주로 인하여 사고를 발생시키고 도주한 경우
⑥ 직업상, 신분상의 제약으로 벌금형 이상의 전과가 나올 경우 면직
의 가능성이 있는 경우

피의자신문조서

피의자 : 이희범

위의 사람에 대한 도로교통법위반(음주운전) 피의사건에 관하여 2022. 4. 29. 11:08 경기부천경찰서 경비교통과 교통조사계사무실에서 사법경찰리 순경 김재은은 사법경찰리 경장 이득환을 참여하게 하고, 아래와 같이 피의자임에 틀림없음을 확인한다.

문 : 피의자의 성명, 주민등록번호, 직업, 주거, 등록기준지 등을 말하십시오.

답 : 성명은 이희범 (宋熙凡)

　　주민등록번호는 831128-OOOOOO

　　직업은 미용사, 유튜버입니다.

　　주거는 경기도 부천시 부일로 203, 214

　　연락처는 032-710-8888입니다.

사법경찰관은 피의사건의 요지를 설명하고 사법경찰관의 신문에 대하여 「형사소송법」 제244조의3에 따라 진술을 거부할 수 있는 권리 및 변호인의 참여 등 조력을 받을 권리가 있음을 피의자에게 알려주고 이를 행사할 것인지 그 의사를 확인하다.

진술거부권 및 변호인 조력권
고지 등 확인

---

1. 귀하는 일체의 진술을 하지 아니하거나 개개의 질문에 대하여 진술을 하지 아니할 수 있습니다.
1. 귀하가 진술을 하지 아니하더라도 불이익을 받지 아니합니다.
1. 귀하가 진술을 거부할 권리를 포기하고 행한 진술은 법정에서 유죄의 증거로 사용될 수 있습니다.
1. 귀하가 신문을 받을 때에는 변호인을 참여하게 하는 등 변호인의 조력을 받을 수 있습니다.

문 : 피의자는 위와 같은 권리들이 있음을 고지받았는가요.

답 : 예.

문 : 피의자는 진술거부권을 행사할 것인가요.

답 : 아니오.

문 : 피의자는 변호인의 조력을 받을 권리를 행사할 것인가요.

답 : 아니오.

이에 사법경찰관은 피의사실에 관하여 다음과 같이 피의자를 신문하다.

문 : 피의자는 영상녹화를 희망하는가요.

답 : 아니오.

문 : 진술인이 피의자 이희범 본인 맞나요.

답 : 네, 맞습니다.

문 : 피의자가 지금 조사받는 이유가 무엇인지 알고 있나요.

답 : 음주운전으로 적발되어 조사를 받고 있습니다.

문 : 음주운전하다 적발된 일시 및 장소를 말하세요.

답 : 2022. 3. 28. 11:00경 부천시 신중동역 근처 도로에서 적발되었습니다.

문 : 운전한 자동차의 번호, 종류 및 소유 관계에 대해 말하세요.

답 : 77노○○○○호 AUDI 차량이고, 배우자 명의의 리스차량입니다.

문 : 적발된 후 음주측정은 했나요.

답 : 예, 측정했습니다.

문 : 음주측정은 어디에서 했고, 어떤 방법으로 했나요.

답 : 1차적으로 도로 갓길에서 측정했으며, 2차적으로 부천시에 위치한
    순천향병원으로 이동하여 채혈 측정하였습니다.

문 : 음주측정결과 혈중알코올농도 수치가 어떻게 나왔나요.

답 : 0.155% 나왔습니다.

문 : 측정 당시 수치에 대해 인정했나요.

답 : 예, 인정했습니다.

문 : 음주측정결과에 대해 이의가 있을 경우 채혈로 감정의뢰 할 수 있다
    는 내용을 고지받았나요.

답 : 예, 고지받았습니다.

문 : 채혈 측정을 하게 된 이유가 무엇인가요.

답 : 측정 당시 수치에 대해 인정했지만, 너무 높게 나온 것 같아서 채혈 측정을 하고 싶다고 하였습니다.

문 : 채혈 측정 당시 수치가 어떻게 나왔나요.

답 : 0.162% 나왔습니다.

문 : 채혈측정 수치에 대해 인정했나요.

답 : 예, 인정했습니다.

문 : 음주운전 한 구간 및 거리가 어떻게 되나요.

답 : 부천시에 위치한 친구 도연이네에서 새벽까지 술을 마시고, 잠을 잔 후 해장국집에서 밥을 먹고 배우자와 아이가 살고있는 신중동 집으로 가던 중 경찰관에게 적발되었고, 경찰관은 신고가 들어왔다고 했습니다.

문 : 술을 마시기 시작한 시간과 끝난 시간이 어떻게 되나요.

답 : 2021. 3. 28. 23:00경 마시기 시작하여 다음 날 새벽 03:00경 끝났습니다.

문 : 술에 취한 상태에서 자동차를 운전하면 법에 따라 처벌받는 사실을 알고 있나요.

답 : 예, 알고 있습니다.

문 : 이전에도 음주운전으로 처벌받은 전력이 있나요.

답 : 예, 있습니다.

문 : 최종 학력 및 종교는 어떻게 되나요.

답 : 대학교 중퇴이고, 기독교입니다.

문 : 월수입 및 재산 등 생활 정도는 어떻게 되나요.

답 : 평균 150만 원 이하입니다.

문 : 사건을 송치하기 전 추가적으로 서면 의견이나 자료를 제출할 것인가요.

답 : 반성문과 탄원서, 차량매매계약서를 제출하고자 합니다.

문 : 이상 진술한 내용이 사실인가요.

답 : 예.

문 : 참고로 더 할 말이 있나요.

답 : 죄송합니다, 다시금 반성하고 반성하겠습니다.

위의 조서를 진술자에게 열람하게 하였던 바(읽어준바) 진술한 대로 오기나 증감·변경할 것이 없다고 말하므로 간인한 후 서명(기명날인)하게 하다.

진 술 자 이희범 (인)

2022. 4. 13.

사법경찰리 순경 김재은 (인)
사법경찰리 경장 이득환 (인)

03 피의자 신문 시 변호인의 역할

인권은 대한민국 헌법에서도 규정하고 있을 만큼 우리나라에서 최고의 가치를 가지고 있습니다. 하지만 수사기관 앞에 선 피의자는 말 그대로 범죄의 혐의를 받는 사람으로서 범죄를 의심하는 수사기관은 피의자에게 적대적일 수밖에 없게 되고, 이런 경우 개인은 국가 기관 앞에서 약자일 수밖에 없습니다. 그렇기에 수사 과정에서는 늘 인권침해의 위험성이 존재할 수밖에 없습니다. 현대의 수사기관에서 여러 불법적인 인권침해 사례가 매우 드물게 나타나고는 있지만 아직까지도 경찰의 인권 침해적 발언, 욕설, 폭언, 협박성 조사 등은 언제든 일어날 가능성이 많습니다. 수사기관의 조사에서의 부당한 인권침해로는 권리 불고지, 체포 관련 인권침해, 변호인참여권 침해, 의료권 침해, 욕설, 부당한 반복 진술 강요 등이 있습니다. 수사기관 스스로 지속적인 인권교육을 통하여 인권침해 가능성을 줄이려고는 하고 있으나 아직까지도 그 위험성은 항상 존재한다고 봐야 합니다.

피의자 신문 시 피의자의 변호인은 구체적으로 어떤 역할을 하게 될까요? 변호인을 선임한다고 해서 변호인이 피의자를 대신하여 조리 있고 설득력 있게 피의자 대신 대답을 해 주는 것은 아닙니다. 원칙적으로 피의자 신문조서에 남는 진술은 피의자 본인의 진술이며 변호인은 대신 대답해 줄 수 없기 때문입니다. 그렇다면 변호인이 대신 대답해 줄 수 없다면 피의자 신문에서 변호인이 중요한 이유는 무엇일까요? 그것은 바로 피의자 신문에서의 변호인의 역할 때문입니다. 수사에서 변호인은 수사기관에 대한 감시자의 역할과 피의자에 대한 조력자의 역할을 수행합니다. 변호인이 조사에 참여하게 되면 수사기관이 법질서와 인권을 지켜가며 수사하는지 감시할 수 있고 불공정한 수사환경이나 관행에 대하여 이의를 제기할 수도 있습니다. 사실 매우 떨리는 상황에서 변호사가 옆에 앉아 있는 것만으로 큰 힘이 되기에 이를 변호인 선임의 가장 큰 장점이라 하시는 분도 있습니다.

피의자의 진술조서는 재판에서 가장 중요한 증거입니다. 그렇기에 조서에 자신에게 유리한 정황이나 자신이 결백한 근거 등은 반드시 남기고 오는 것이 중요합니다. 또한 수사 과정에서 갑자기 당황하거나 힘든 상황인 경우 즉시 조력을 받을 수 있으므로 피의자가 변호인의 조력을 받을 능력이 되는 경우는 가급적 변호인 선임을 통하여 조사 시 동행하여 조력을 받는 것이 좋습니다.

제243조의2(변호인의 참여 등)

① 검사 또는 사법경찰관은 피의자 또는 그 변호인·법정대리인·배우자·직계친족·형제자매의 신청에 따라 변호인을 피의자와 접견하게 하거나 정당한 사유가 없는 한 피의자에 대한 신문에 참여하게 하여야 한다.

② 신문에 참여하고자 하는 변호인이 2인 이상인 때에는 피의자가 신문에 참여할 변호인 1인을 지정한다. 지정이 없는 경우에는 검사 또는 사법경찰관이 이를 지정할 수 있다.

③ 신문에 참여한 변호인은 신문 후 의견을 진술할 수 있다. 다만, 신문 중이라도 부당한 신문방법에 대하여 이의를 제기할 수 있고, 검사 또는 사법경찰관의 승인을 얻어 의견을 진술할 수 있다.

④ 제3항에 따른 변호인의 의견이 기재된 피의자신문조서는 변호인에게 열람하게 한 후 변호인으로 하여금 그 조서에 기명날인 또는 서명하게 하여야 한다.

⑤ 검사 또는 사법경찰관은 변호인의 신문참여 및 그 제한에 관한 사항을 피의자신문조서에 기재하여야 한다.

04 음주 교통사고에서의 구속 수사

구속이란 수사기관이 법원에 신청한 구속영장으로 피의자를 구금하는 것을 말합니다. 그만큼 개인의 자유를 제한하는 강력한 조치이기에 특별한 경우를 제외하고는 구속 수사를 하지 않는 것이 원칙입니다. 하지만 故윤창호 씨의 사건 등으로 음주운전 가해자를 무겁게 처벌해 달라는 국민적 요구가 지속적으로 있어 왔고 음주운전으로 인한 사회적 피해가 증가함에 따라 음주 교통사고의 경우에도 변화가 일어났습니다. 수사기관은 구속의 기준을 강화하여 현재에는 일정 요건을 갖춘 경우의 사건은 음주 피의자들이 구속되어 수사를 받도록 하고 있습니다.

일반적인 구속 사유의 경유 형사소송법에서 규정하고 있습니다. 여기에서는 피고인이 일정한 주거가 없거나, 증거를 인멸할 염려가 있는 경우, 혹은 도주의 우려가 있는 경우 등을 구속 사유로 정하고 있습니다. 하지만 음주 관련 교통사고의 구속기준은 조금 다릅니다. 2019년 검찰은 강화된 교통범죄 처리기준에 대하여 발표하였고 여기서의 구속 기준을 살펴보면 피의자가 0.08% 이상의 혈중알코올농도에서 중상해, 사망 또는 도주 사고를 낸 경우, 음주 등 교통범죄 전력이 수회인 피의 자가 다시 음주사고를 낸 경우, 음주사고 후 도주하는 등 비난 가능성 이 높은 범죄는 원칙적으로 구속 수사를 하도록 기준을 설정하고 있습 니다(대검찰청 교통사건처리기준).

검사가 음주사건의 피의자를 구속 수사하려고 구속영장 청구서를 법원에 제출하게 되면 법원은 구속의 여부를 가리기 위해 피의자 심문 을 하게 됩니다. 이를 구속영장 실질 심사라고 합니다. 구속영장 실질 심사절차는 필요적 변호 사건이기 때문에 피의자에게 사선 변호인이 없는 경우 법원은 국선변호인을 선정해 줍니다. 최근에는 법원마다 일 명 '논스톱 국선변호인' 제도를 시행하여 영장 단계부터 피고인에게 변 호인의 조력을 받을 권리를 인정하고 있습니다.

판사는 영장실질심사에서 피의자를 심문하여 범죄혐의의 상당성, 주거부정, 도망 또는 증거인멸의 염려 등을 고려하여 피의자를 구속할 지를 결정합니다. 만약 영장실질심사에서 피의자가 구속이 된다면 구 속된 피의자 또는 변호인 법정대리인 배우자 직계친족 형제자매 가족 또는 동거인 또는 고용인은 검사의 기소 전까지 다시 그 구속의 적부에 관한 심사를 요청할 수 있습니다.

형사소송법 제70조(구속의 사유)

① 법원은 피고인이 죄를 범하였다고 의심할 만한 상당한 이유가 있고 다음 각 호의 1에 해당하는 사유가 있는 경우에는 피고인을 구속할 수 있다. 〈개정 1995. 12. 29.〉

1. 피고인이 일정한 주거가 없는 때
2. 피고인이 증거를 인멸할 염려가 있는 때
3. 피고인이 도망하거나 도망할 염려가 있는 때

② 법원은 제1항의 구속 사유를 심사함에 있어서 범죄의 중대성, 재범의 위험성, 피해자 및 중요 참고인 등에 대한 위해 우려 등을 고려하여야 한다. 〈신설 2007. 6. 1.〉

05 수사권 조정에 따른 음주 교통사건의 변화

2021년 정부의 검찰개혁 일환으로 검찰 및 경찰의 수사권이 조정되었습니다. 이에 따라 대부분의 수사권이 경찰에게 이관되어졌고 검찰은 일정 요건을 갖춘 부패, 경제, 주요 공직자, 선거, 방위사업, 대형참사의 6대 범죄 및 경찰공무원의 범죄만 직접 수사하고 나머지 범죄의 모든 수사권이 경찰에게 주어졌습니다. 이러한 수사권의 조정은 음주 관련 교통범죄에도 적용되었고 음주운전 관련 수사에서도 많은 변화가 있었습니다.

개정된 형사소송법 및 사건처리에 따라 음주 교통사건의 경우 경찰은 피의자를 불러 수사를 하고 피의자에게 혐의가 인정되는 경우 검찰에 기소의견으로 사건을 송치하게 됩니다. 이후 사건을 송치받은 검찰은 경찰의 수사만으로 기소가 충분하다면 기소 여부를 판단하여 구약식 처분이나 구공판 처분을 하게 됩니다. 하지만 송치된 사건을 파악하여 기소에 부족하다고 판단되면 경찰에 다시 보완수사를 요구할 수 있도록 하였습니다.

2021년부터는 피의자에게 혐의가 인정되지 않는 경우 경찰이 직접 '불송치 결정'을 할 수 있게 되었습니다. 그동안 검찰의 기소독점주의를 취해 왔던 우리나라 수사권에서 경찰이 스스로 수사를 종결할 수 있도록 막강한 권한을 주게 된 것입니다. 이제부터 경찰은 검찰로 송치하지 아니하는 결정을 하게 되면 이를 서면으로 고소인 등에게 그 이유와 함께 통지하기만 하면 됩니다. 그 전까지는 기소를 할지 불기소를 할지 여부는 검찰의 전권으로 경찰은 이에 대하여 어떠한 권한도 갖고 있지 않았으나 2021년부터는 새로 개정된 형사소송법에 따라 경찰은 자신들의 판단하에 죄가 되지 않는다고 판단하면 검사에게 송치하지 않을 수 있게 된 것입니다

원칙적으로 종합보험에 가입한 경우 교통사고의 경우 교통사고처리 특례법에 따라 공소권이 없어지게 되고 이런 경우 경찰은 불송치 결정을 하여야 합니다. 기존에는 이런 경우에도 경찰은 검찰에 의견을 내어 최종적으로는 검사가 불기소 결정을 하였으나 이제는 수사단계에서 경찰이 직접 불송치 결정을 할 수 있게 되었습니다. 물론 검사는 경찰의 수사가 미진하거나 부당하다고 판단되는 경우 경찰에게 재수사 요청을 할 수 있습니다.

Q&A
경찰의 불송치 결정에
고소인(피해자)가 불복하는 방법

경찰이 사건 수사결과 혐의가 인정되지 않는다며 불송치 결정을 내리게 되면 이 결정에 억울한 피해자는 어떻게 불복해야 할까요? 경찰은 보통 우편으로 피해자에게 수사 결과 및 송치 여부에 대하여 통보를 해 주게 됩니다. 만약 피해자가 경찰의 불송치 결정에 불복하는 경우 경찰에 이의신청을 할 수 있습니다. ① 경찰의 불송치 결정에 대한 이의신청 기간에는 제한이 없으며 ② 불송치 결정을 한 관할 경찰서장을 상대로 이의신청의 이유를 명시하여 제출하면 됩니다. 피해자의 이의신청이 있는 경우에는 경찰은 사건을 검찰로 다시 송치하여 검사로부터 다시 판단을 받을 수 있습니다.

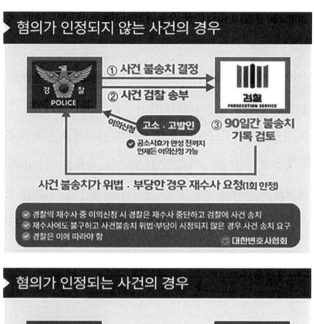

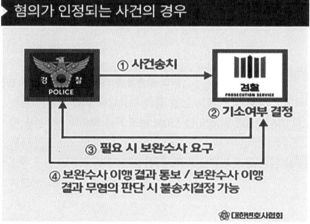

개정된 형사 처리절차(출처 대한변호사협회)

한 권에 담은 음주운전 사고 · 사건처리

형사소송법
제245조의5(사법경찰관의 사건송치 등)
사법경찰관은 고소·고발 사건을 포함하여 범죄를 수사한 때에는 다음 각 호의 구분에 따른다.
1. 범죄의 혐의가 있다고 인정되는 경우에는 지체 없이 검사에게 사건을 송치하고, 관계 서류와 증거물을 검사에게 송부하여야 한다.
2. 그 밖의 경우에는 그 이유를 명시한 서면과 함께 관계 서류와 증거물을 지체 없이 검사에게 송부하여야 한다. 이 경우 검사는 송부받은 날부터 90일 이내에 사법경찰관에게 반환하여야 한다.

제245조의6(고소인 등에 대한 송부통지)
사법경찰관은 제245조의5제2호의 경우에는 그 송부한 날부터 7일 이내에 서면으로 고소인·고발인·피해자 또는 그 법정대리인(피해자가 사망한 경우에는 그 배우자·직계친족·형제자매를 포함한다)에게 사건을 검사에게 송치하지 아니하는 취지와 그 이유를 통지하여야 한다.

제245조의7(고소인 등의 이의신청)
① 제245조의6의 통지를 받은 사람은 해당 사법경찰관의 소속 관서의 장에게 이의를 신청할 수 있다.
② 사법경찰관은 제1항의 신청이 있는 때에는 지체 없이 검사에게 사건을 송치하고 관계 서류와 증거물을 송부하여야 하며, 처리결과와 그 이유를 제1항의 신청인에게 통지하여야 한다.

제245조의8(재수사요청 등)
① 검사는 제245조의 5제2호의 경우에 사법경찰관이 사건을 송치하지 아니한 것이 위법 또는 부당한 때에는 그 이유를 문서로 명시하여 사법경찰관에게 재수사를 요청할 수 있다.
② 사법경찰관은 제1항의 요청이 있는 때에는 사건을 재수사하여야 한다.

불송치 결정 이의 신청서

1. 신청인

성 명	이득환	사건관련 신분	고소인
주민등록번호	830305-OOOOOO	전화번호	
주 소	경기도 안양시 OO		

2. 경찰 결정 내용

사건번호	2022-004218
죄명	위험운전치상
결정내용	증거불충분하여 혐의 없음.

3. 이의신청 이유

OO 경찰서는 피의자의 음주운전죄 치상 관련하여 고소인의 진술 및 제출한 진단서만으로는 상해를 인정할 수 없고 상해진단서가 통증이 있다는 피해자의 주관적인 호소에 의존해 발급된 것으로 의심된다면서 증거불충분 등으로 불송치 결정을 하였습니다. 그러나 고소인이 제출한 진단서는 사고 후 3일 만에 병원에 방문하여 의사의 진단을 받은 것으로 그 발급 경위나 발병 시기 진단내용으로 볼 때 신빙성이 있고 피해자의 상해가 명백함으로 이는 수사가 미진하다고 할 것입니다.

4. 결론

이상과 같이 상해의 법리 및 관련 대법원 판례 등을 고려하면 이 사건 불송치 결정은 매우 부당하므로 이에 이의를 신청하오니 철저히 수사하시어 실체적 진실을 낱낱이 밝혀주시기를 바랍니다.

5. 이의신청 결과통지서 수령방법

종 류	서면 및 전화(O)/ 팩스( )/ 전자우편( )/문자메세지( )

2022. 1. 24.

고소인 이득환

참고자료 1. 불송치 결정시

OO 경찰서장 귀중

06 음주사고 시 피해자와의 합의는
언제 진행하는 것이 좋을까?

피의자가 음주운전을 한 후 단순적발되어 아무런 인명피해가 없다면 이는 피해자가 존재하지 않는 범죄로서 처벌의 강도가 약할 수도 있겠지만 만약 음주운전으로 인하여 인명피해가 발생하게 되면 이는 여러 가지 범죄의 경합범으로서 그 처벌이 무거워질 수밖에 없게 됩니다. 그렇다면 음주사건에서 피해자가 존재하는 경우 피해자와의 합의는 언제 하는 것이 좋을까요? 국선변호인으로 활동한 사건에서 제일 안타까운 부분이 많은 피고인들이 재판단계에 와서야 피해자의 연락처를 알아보고 피해자와 합의하려고 시도하는 등 선고가 얼마 남지 않은 상황에서 합의를 위해 노력하려는 것입니다.

피해자와의 합의는 최대한 빨리 진행해야 합니다. 피해자와의 합의는 수사단계 및 재판단계에서 피고인이 선처를 받기 위한 중요한 양형자료입니다. 선고 즈음에야 합의를 하려고 하는 경우 판사는 그 반성 및 사과의 진실성에 대하여 의심을 하게 될 것입니다. 그렇기에 합의는 가급적 빠르면 빠를수록 좋습니다. 수사 과정에서 합의를 했다는 것은 피해자에게 진심으로 사과를 하였고 자신의 행동에 인정하고 반성을 하는 모습을 보이는 것이기에 수사단계에서도 피의자에게 매우 유리한 자료가 될 것입니다. 특히 죄가 명백하여 자백하고 양형만 다투는 범죄에서는 될 수 있으면 빠르게 합의를 하는 것이 좋습니다. 수사 과정에서 합의를 진행하면 좋은 이유 중 다른 하나는 수사 과정에서 합의를 하는 경우 검사가 기소유예, 구약식 처분 등 비교적 경미한 처분을 내릴 수 있는 길이 열리기 때문입니다. 실제 음주사건에서 공판에 가는 것과 아닌 것의 차이는 엄청나게 큽니다. 그렇기에 피의자는 자신의 혐의가 재판으로 가기 전인 수사단계부터 적극적으로 사건의 피해자와 합의를 시도하는 것이 좋습니다.

╳ ╳ ╳

2019년 이후부터 진행된 검찰의 음주운전에 대한 강경 대응으로 음
주 교통사고의 경우 구약식 처분으로 벌금형을 선고하는 것보다 구
공판으로 기소되어 정식 재판을 통하여 처리하는 횟수가 많아졌습
니다. 이렇게 음주 관련 교통사건의 경우 특이한 상황이 아닌 이상
불기소의 경우는 거의 없고 검사는 필연적으로 기소를 하게 됩니다.
검사가 피의자를 기소하게 되면 이제 음주로 교통사고를 발생시킨
당사자의 신분은 피의자에서 피고인으로 바뀌게 됩니다. 피고인이
란 검사에 의해 '공소제기 되거나 공소제기 된 것으로 취급된 자'를
말하며 피의자가 피고인으로 특정이 되는 순간 형사재판이 시작되
는 것입니다. 검사가 기소를 한 이후 형사재판이 시작되면 공소장과
피고인 소환장이 피고인의 집으로 날아오게 되며 피고인은 재판에
출석할 준비를 해야 합니다. 법원으로부터 공소장을 송달받은 피고
인은 자신의 범죄에 대하여 인정할지, 부인을 할지, 만약 인정한다
면 어떻게 해야 선처를 받을지를 고민해야 합니다. 이 장에서는 음
주 관련 형사재판의 의미와 절차 그리고 처벌에 대하여 알아보도록
하겠습니다.

제4장

음주운전과
형사재판

음주사건
재판 처리절차

가. 공소장 부본과 피고인 소환장의 송달

검사가 피고인을 기소하게 되면 법원은 우편으로 피고인에게 공소장과 피고인 소환장을 송달해 줍니다. 이는 검사가 당신을 기소하였고 곧 당신에 대한 형사재판이 열릴 예정이니 당신은 피고인으로서 재판에 출석해야 한다는 의미입니다. 공소장과 소환장(공판기일 통지서)은 같이 올 수도 있고 먼저 공소장 송달 후에 법원의 사정에 따라 공판기일이 잡힌 후 소환장을 보내 줄 수도 있습니다. 법원으로부터 송달된 공소장에는 피고인의 개인정보, 죄명, 적용법조, 구속 여부, 변호인 여부, 공소사실 (범죄사실)이 적혀져 있습니다. 공소장 이후 송달된 피고인 소환장 혹은 공판기일 통지서에는 재판장이 공판기일을 지정하였으니 지정된 공판 일시 및 공판 장소에 출석하라는 내용이 적혀 있습니다. 공소장 부본의 송달과 피고인 소환장의 송달되었다면 이제 당신에 대한

재판이 시작된 것이므로 자신이 어떠한 범죄혐의로 재판에 넘겨졌는지
를 정확히 살피고 차분히 재판을 준비해야 할 것입니다.

Q&A
피고인은 공판기일에
꼭 출석해야 할까?

피고인은 공판기일에 반드시 출석해야 할까요? 형사재판에서는 피고
인 없이 재판을 진행할 수 없습니다. 민사재판에서는 대리인이 선임된
경우 당사자의 출석은 필수가 아니지만 형사재판에서는 피고인이 출
석하지 않으면 재판은 공전되고 다음 기일을 잡아 속행하게 됩니다.
만약 피고인이 정당한 사유 없이 공판 일시에 출석하지 않는 경우 재
판장은 피고인의 구인을 위한 영장을 통해 피고인을 강제로 데려오거
나 피고인을 구속시켜 구속재판을 하려고 구속영장을 발부할 수도 있
습니다. 따라서 피고인은 가급적이면 재판에 출석해야 합니다. 다만
피고인이 질병(특히 최근에는 코로나 등의 전염병) 기타의 사유로 출
석하지 못하는 경우 진단서 등 소명자료를 첨부하여 공판기일 변경신
청을 할 수 있습니다. 법원은 소명자료 없이 공판기일을 쉽게 변경해
주지 않으므로 가급적이면 정해진 공판기일에 출석하시는 것이 좋습
니다.

Q&A

의견서는 꼭 7일 이내에 제출하여야 할까?

법원으로부터 공소장을 송달받으면 법원의 의견서 양식이 같이 송달되어 옵니다. 의견서에는 '피고인의 진술 보장과 공판 절차의 원활한 진행을 위하여 의견서 양식을 송부받은 날로부터 7일 이내에 법원에 제출하시기 바랍니다.'라고 적혀 있습니다. 많은 피고인들이 당황하여 아직 준비도 되지 않은 상황에서 의견서를 서둘러 작성해 보고는 하지만 급조된 의견서는 재판에 큰 도움이 되지는 않습니다. 실무적으로 의견서를 반드시 7일 안에 제출해야 하는 것은 아니며 조금 늦게 낸다고 해서 피고인에게 불이익이 있는 것도 아니니 아직 준비가 되어 있지 않으면 양형자료를 충분히 준비해서 추후에 제출하는 것을 추천드립니다. 실제로 변호인이 선임된 재판의 경우 변호인은 보통 재판 3일 전쯤에 의견서를 내게 됩니다. 따라서 변호인이 선임되어 있지 않은 피고인 역시 공판기일 3일 전 법원 민원실에 의견서를 내어도 재판에는 아무런 지장이 없습니다. 따라서 판사에게 좋은 인상을 주고 싶으면 의견서를 급하게 7일 이내에 작성하는 것보다는 주변 전문가에게 도움을 얻어 일목요연하게 작성하여 재판 즈음에 내는 것이 좋을 것입니다.

나. 공판기일(재판일)

공판기일은 실제 당신의 재판이 열리는 날입니다. 피고인은 출석할 때 자신이 피고인 본인임을 확인하기 위해 신분증을 지참하여 재판에 나가야 합니다. 음주사건의 경우 피고인이 죄를 인정하고 자백하는 경우 보통 1회 공판으로 재판이 마무리됩니다. 즉 1회 공판에서 공소사실인정, 증거 동의, 검사의 구형, 피고인의 최후 변론의 순으로 형사재판의 모든 절차가 종료됩니다. 하지만 피고인이 일부 무죄를 다투거나 전부 무죄를 다투는 경우 첫 기일은 모두진술 및 쟁점 정리 정도만 하고 다음 기일부터 증거조사를 시작으로 보통 한 달 간격으로 공판이 지속적으로 열리게 됩니다. 구체적 재판 진행절차는 다음과 같습니다.

① 재판장의 진술거부권 고지 및 인정신문

재판장은 재판이 시작되면 피고인이 재판 내에서 진술하지 아니하거나 개개의 질문에 대하여 진술을 거부할 수 있음을 고지합니다. 이를 '진술거부권 고지'라고 합니다. 진술거부권의 고지 이후 재판장은 피고인의 성명, 주민등록번호, 직업, 주거, 등록기준지를 물어서 출석한 사람이 피고인이 틀림이 없는지를 확인합니다. 이렇게 출석한 피고인이 본인이 맞는지를 확인하는 절차를 '인정신문'이라고 하며 인정신문에서 피고인이 본인임을 확인해야 재판을 절차대로 시작할 수 있습니다.

> 판　사: 피고인 이희범 씨 앞으로 나오세요. 피고인은 재판에서 일체의 진술을 하지 아니하거나 개개의 질문에 대하여 진술을 하지 아니할 수 있습니다. 피고인이 '이희범' 씨 본인 맞습니까?
> 피고인: 네, 이희범입니다.
> 판　사: 생년월일이 어떻게 되나요?
> 피고인: 1983. 11. 28.입니다.

판　사: 직업은 무엇인가요?

피고인: 원래는 부천에서 미용업을 하다가 현재는 미용 관련 유튜버를 하고 있습니다.

판　사: 주소는 부천시 부일로 203, 214호가 맞나요.

피고인: 네.

판　사: 등록기준지는 어디인가요?

피고인: 경기도 광명시 OOO입니다.

판　사: 피고인은 주소의 변동이 있을 때에는 법원에 신고해야 합니다. 그렇지 않을 경우 피고인의 진술 없이 재판할 수 있습니다.

피고인: 네, 알겠습니다.

판　사: 피고인 자리에 앉으세요.

② 모두진술

　모두진술이란 검사가 피고인이 어떠한 죄를 저질렀으며 어떠한 처벌근거에 의해 당신을 기소했는지 알려주고 피고인에게 이를 인정하는지에 대해 묻는 절차입니다. 판사가 검사의 모두진술을 명하면 검사는 공소장에 의하여 공소사실·죄명 및 적용법조를 낭독합니다. 다만, 재판장은 필요하다고 인정하는 때에는 검사에게 공소의 요지를 진술하게 할 수 있습니다. 검사의 모두진술이 끝나면 재판장은 피고인에게 공소사실을 인정하는지 여부에 관하여 묻고, 피고인은 진술거부권을 행사하지 않는 이상 공소사실의 인정 여부를 진술해야 합니다.

판　사: 검사, 모두진술하세요.

검　사: 피고인은 2022. O. O경 부천시 길주로에서 신흥로 190 도로까지 약 1KM 구간에서 혈중알코올농도 0.122%의 술에 취한 상태로 77노7777호 AUDI 차량을 운전하여 도로교통법 제148조의 2(벌칙)을 위반하였다는 것입니다.

판　사: 피고인 검사의 공소사실을 들었죠? 공소사실에 대한 인정 여부 말씀하세요.

피고인: 네, 죄를 모두 인정합니다. 정말 죄송합니다.

*피고인이 공소사실을 인정하지 않을 경우

변호인이 선임되어 있을 경우 공소사실의 인정 여부를 대신 대답해 주므로 걱정하지 않아도 되지만 피고인 본인이 혼자 출석한 경우 공소장에 다툴 부분이 있으면 그 다투는 부분에 대하여 판사에게 명확하게 진술하여야 합니다. 공소사실을 '전부부인'하는지 '일부만 부인'하는지 아니면 '행위는 인정하나 법리를 다투고 싶은지' 명확하게 자신의 의견을 전달해야 합니다.

③ 재판장의 쟁점 정리

피고인의 모두진술 후 재판장은 피고인 또는 변호인에게 쟁점의 정리를 위하여 필요한 질문을 할 수 있고, 증거조사에 앞서 검사 및 피고인(변호인)으로 하여금 공소사실 등의 증명과 관련된 주장 및 입증계획 등을 진술하게 할 수 있습니다.

④ 증거인부 및 증거조사 (증인신문)

판사는 모두진술이 끝난 후 피고인(변호인)에게 증거에 관한 의견을 물어봅니다. 이는 검사가 제출한 증거가 증거능력이 있는지 피고인 측의 의견을 묻는 것입니다. 피고인은 검사가 제출한 증거목록이나 기록목록을 보고 증거에 동의하는지, 혹은 동의하지 않고 무죄를 다투는 경우 어느 증거에 동의하지 않는지 혹은 어느 증거는 증거능력은 인정되지만 검사의 입증취지를 부인하는지 등에 대한 의견을 밝혀야 합니다.

피고인이 자신에 대한 공소사실을 인정하고 자백한 때에는 판사는 간이공판절차에 의하여 간이하게 증거조사를 할 수 있습니다. 피고인이 혐의를 부인하는 경우는 피고인이 검사가 제출한 증거에 대하여 동의하면 그 증거들을 토대로 판결을 하게 되며, 동의하지 않으면 법정에서 그 증거의 진실성 여부를 다시 조사하게 됩니다. 예컨대, 사법경찰관이 작성한 피해자의 진술조서에 대하여 피고인이 동의하지 않으면 그 진술을 한 사람을 법정에 불러 증인신문하게 됩니다.

이후 재판에서 법원은 사건의 사실인정과 양형에 관한 심증을 얻기 위하여 각종의 증거방법(증인, 물증, 서류증거)을 조사합니다. 증거조사는 재판장의 쟁점 정리 및 검사·변호인의 증거관계 등에 대한 진술이 끝난 후에 합니다.

⑤ 피고인신문

피고인신문은 증거조사 종료 후 피고인에게 공소사실과 그 정상에 관하여 필요한 사항을 물을 수 있는 절차입니다. 재판장은 필요하다고 인정하면 증거조사가 완료되기 전이라도 피고인신문을 허가할 수 있습니다. 피고인신문의 순서는 검사와 변호인이 차례로 피고인에게 직접 신문하고 재판장은 검사와 변호인의 신문이 끝난 뒤에 신문합니다. 통상의 재판에서는 피고인신문은 많이 생략되는 편입니다.

⑥ 검사의 구형과 최후진술 및 변론종결

피고인신문과 증거조사를 마친 때에는 검사는 재판장의 명에 의해 사실과 법률적용에 관하여 의견을 진술하여야 합니다. 재판장은 공판절차에서 피고인의 처벌에 관하여 검사의 의견을 묻고 검사는 이에 대답하게 됩니다. 이를 구형이라 하고 검사는 피고인에게 얼마의 처벌이 합당한지 진술하게 됩니다. 그러나 구형은 검사의 의견일 뿐 법원은 검사의 구형에 좌우되지 않습니다. 재판장은 검사의 의견을 들은 후 피고인과 변호인에게 최종 의견을 진술할 기회를 주게 됩니다. 이렇게 피고인에게 마지막으로 판사를 설득할 수 있는 기회가 주어지는데 이것을 최후변론이라 합니다. 피고인(변호인)은 판사에게 자신이 재판에서 주장해 온 내용을 마지막으로 정리하여 진술하게 됩니다. 피고인의 최후진술이 있게 되면 판사는 변론의 종료를 알리고 변론을 종결하고 판결 선고기일을 정하게 됩니다.

판　사: 이것으로 증거조사를 모두 마치겠습니다. 검사 측이나 피고인 측 더 하실 말씀 있나요?

검사/피고인 : 없습니다.

판　사: 검사 측 구형에 관한 의견 진술하세요.

검　사: 피고인이 음주 전력이 있음에도 다시 음주운전을 한점, 피고인의 운전 거리가 상당하고 음주 수치가 높은 점을 고려할 때 피고인을 징역 2년형에 처해 주시길 바랍니다.

판　사 : 피고인 측 최후 변론하세요.

피고인: 제가 비록 5년 전 음주 전력이 있지만 5년에 가까운 세월 동안 단 한 번도 음주운전을 하였던 사실이 없었다는 사정을 참작하여 주시고 이 사건으로 어떠한 인적 피해나 물적 피해가 발생하지 않은 점, 경제적 사정이 좋지 않아 현재 임대아파트에 거주하고 있으며 배우자와 세 자녀를 위하여 가정을 이끌어가는 가장으로서 생계를 유지해야 할 필요성이 있는 점을 고려하여 주십시오. 이상의 점들을 고려하여 선처하여 주시기 바랍니다.

판　사 : 알겠습니다. 금일 변론종결하고 판결선고는 2022. 5. 4 오전 10시에 하도록 하겠습니다.

다. 선고기일

피고인은 선고기일에도 공판기일처럼 반드시 출석해야 합니다. 다만 피고인의 범죄가 일정 요건을 갖춘 경우 피고인 없이 선고가 가능하지만 대부분의 사건은 피고인이 출석하지 않으면 다음 기일로 선고기일을 연기하게 됩니다. 판사는 변론종결 시에 정해진 선고기일에 나와 피고인에 대한 판결을 선고하게 됩니다. 피고인이 판결의 선고일에 출석하게 되면 판사가 피고인을 호명하고 법정에 나가 본인에 대한 판결을 선고받습니다. 선고기일에서는 재판장은 주문을 낭독하고 그 이유의 요지를 설명합니다. 피고인이 무죄 혹은 벌금형, 집행유예나 선고유예 등을 선고받으면 집으로 돌아갈 수 있지만 징역형 등의 구속형을 받으면 당일 법정구속이 될 수도 있으니 주의해야 합니다.

라. 항소와 항소심

선고기일에 출석하였는데 생각보다 형이 너무 과하거나 자신 직업의 신분상 집행유예보다는 벌금형 등을 받아야만 하는 이유가 있는 경우의 피고인은 1심 절차에 어떻게 불복할 수 있을까요? 피고인은 1심 판결에 대하여 1심 판결을 선고한 법원에 판결 선고일로부터 7일 이내에 항소장을 접수하여 항소를 제기할 수 있습니다. 피고인이 항소를 제기하는 경우 피고인은 상급법원으로 가서 다시 한번 재판을 받을 수 있게 되고 항소법원은 항소인(검사 또는 피고인)이 주장하는 항소이유가 타당한지를 판단하게 됩니다.

항소심 역시 1심 법원과 마찬가지로 피고인에게 진술거부권, 변호인의 조력을 받을 권리 등 피고인의 모든 권리가 인정됩니다. 다만 항소심에서는 증거신청이 일부 제한될 수 있습니다. 피고인이 항소장을 원심법원에 제출하면 소송기록이 항소법원으로 송부되고 항소법원은 항소인에게 소송기록을 받았다는 것을 서면으로 통지해 줍니다. 항소인은 소송기록통지서를 접수한 날로부터 20일 이내에 왜 항소를 하였는지에 관한 항소이유서를 제출하여야 합니다. 이 기간은 불변기간으로서 항소인이 이 기간 내 항소이유서를 제출하지 않는 경우 판결 없이 항소를 기각할 수 있으니 주의해야 합니다.

Q&A

주요 항소이유는 무엇일까요?

사실오인 : 1심 법원이 잘못된 사실을 진실로 인정하여 유죄를 선고하였으므로 다시 판단하여야 한다.

법리오해 : 1심 법원이 법리를 잘못 적용하여 유죄를 선고하였으므로 다시 판단하여야 한다.

양형부당 : 피고인이 유죄는 맞지만 피고인의 형은 과중하며 피고인에게는 감형을 해야 할 사유가 존재하므로 다시 판단하여야 한다.

마. 상고와 상고심

만약 피고인이 항소심에서도 자신이 원하는 판결을 얻지 못한 경우 이에 불복할 수 있을까요? 피고인은 항소심 판결에 대하여 대법원에 상고를 제기할 수 있습니다. 상고장은 항소심 판결을 선고한 항소심 법원에 제출해야 하며 항소심 판결 선고일로부터 7일 이내에 제출해야 합니다. 상고가 된 이후에는 항소심과 마찬가지로 대법원으로부터 소송기록 통지서를 받은 날로부터 20일 이내에 상고이유서를 제출하여야 합니다.

Q&A

항소장, 항소이유서 제출 기간 계산법은?

피고인은 자신의 판결에 대하여 항소를 원할 경우 제1심 법원이 판결을 선고한 날짜를 기준으로 7일 이내에 항소장을 원심법원에 제출하여야 합니다(형법 제157조). 다만 민법에 따른 기간 계산에서는 기간을 계산할 때 초일을 산입하지 않으므로 이런 초일 불산입 원칙에 따라 선고일을 제외하고 7일 카운트를 하면 됩니다. 즉 2022. 1. 1.에 판결 선고를 받았다면 1. 8. 24:00까지 항소장을 원심법원에 제출해야 합니다. 항소이유서의 제출기한 역시 소송기록 접수통지서를 송달받은 날로부터 20일 이내에 항소법원에 항소이유서를 제출하여야 하므로 2022. 1. 1. 소송기록 접수통지서를 받았다면 2022. 1. 21. 24:00까지 항소이유서를 제출하면 됩니다. 다만 항소장이나 항소이유서 제출 기간의 마지막 날이 공휴일 혹은 임시 공휴일인 경우 그다음 날까지 항소이유서를 제출할 수 있습니다.

○○지방검찰청

2022. 4. 23.

사건번호2022년 형제○○○○호

수 신 자　　　○○지방법원 부천지원　발신자

검 　 사　　　김재은 ＿＿＿＿(인)

제 　 목　　　공소장

아래와 같이 공소를 제기합니다.

I. 피고인 관련사항

피 고 인　　　이희범 (831128-○○○○○○), 39세

직 　 업　　　미용사, 010-8694-8395

주 　 거　　　경기도 부천시 부일로 203, 214호

등록기준지　　경기도 광명시 ○○○○○

죄 　 명　　　도로교통법위반(음주운전)

적용법조　　　도로교통법 제148조의2 제1항, 제44조 제1항

구속여부　　　불구속

변 호 인　　　없음

II. 공소사실

[범죄전력]

피고인은 2011. 12. 19. 인천지방법원 부천지원에서 도로교통법위반(음주운전)죄로 벌금 100만 원을 발령받고, 2014. 4. 7. 의정부지방법원에서 같은 죄로 벌금 200만 원을 발령받았다.

[범죄사실]

피고인은 2022. 3. 28. 11:05경 경기도 부천시 부일로 203 송내역 근처에서 부천시 신흥로 190 신중동역 근처 이르기까지 약 4km 구간에서, 혈중알코올농도 0.162%의 술에 취한 상태로 777노OOOO AUDI승용차를 운전하였다.

이로써 피고인은 음주운전 금지규정을 2회 이상 위반하였다.

○○지방법원 공판기일통지서

사　　건　　2022고단○○○○　도로교통법위반(음주운전)

피 고 인　　이희범

위 사건에 관하여 다음과 같이 공판기일이 지정되었음을 통지합니다.

공 판 기 일　　2022. 9. 9. (목) 10:50

개 정 장 소　　○○지방법원 제453호 법정

2022. 8. 24.

법원주사보이득환

◇ 유 의 사 항 ◇

출석할 때에는 주민등록증을 가져오시기 바랍니다.

질병 기타의 사유로 출석하지 못할 때에는 의사의 진단서, 기타의 자료를 제출하여야 합니다.

공판기일의 변경신청을 할 때에는 공판기일변경이 필요한 사유와 그 사유가 계속되리라고 예상되는 기간을 명시하고 이를 소명할 수 있는 자료를 제출하여야 합니다.

법원에 제출할 서류에는 사건번호를 기재하시기 바랍니다.

※ 사건진행 ARS는 지역번호 없이 ☎1588-9100입니다. 바로 청취하기 위해서는 안내음성에 관계없이 '1'+'9'+[열람번호 000000 2021 000 1000]+'*'를 누르시면 곧바로 안내를 받을 수 있습니다.

※ 대법원 홈페이지(www.scourt.go.kr)를 이용하면 재판기일 등 각종 정보를
　열람할 수 있습니다.
※ 문의사항 연락처 : OO지방법원 형사3단독법원주사보 이득환
직통전화 : 032-710-8888(화, 목요일은 재판입니다.)
팩 스 : 032-719-4699 e-mail :

공판기일연기신청서

사　　건　　　2022 고단 OOOO 도로교통법위반(음주운전)

피 고 인　　　이 희 범

위 사건과 관련하여 2022. 9. 24. 공판기일이 지정되어 있습니다. 하지만 피고인은 현재 코로나 바이러스 양성판정을 받았습니다. 따라서 부득이 하게 전염병 예방을 위해 자가격리를 해야 하는 점을 고려하시어 지정된 위 공판기일을 연기하여 주시기 바라와 이에 신청하는 바입니다.

첨부서류

1. 코로나 양성판정 결과지

2022. 9. 19.

피고인 이희범

OO지방법원 형사O단독 귀중

항소장

사　　건	2022 고단 OOOO 도로교통법 위반(음주운전)
피 고 인	이 희 범

위 사건에 관하여, 피고인은 2022. 1. 1. 귀원으로부터 판결을 선고받았으나 이에 불복하므로 항소를 제기합니다.

2022. 1. 8.

피고인 이희범

OO지방법원 형사O단독　귀중

02 약식명령과 정식재판 청구

약식명령의 재판 절차는 법원이 검사가 제출한 증거기록을 검토하여 피고인에 대하여 공판 없이 벌금·과료·몰수를 처하는 재판 절차입니다. 약식명령은 주로 검사가 판단하기에 피고인의 범죄가 중하지 않아 정식재판 절차로 갔을 경우도 벌금형 이하의 형이 선고될 가능성이 높은 경우에 청구하게 됩니다. 즉 검사가 법원에 피고인에게 벌금형을 선고해 달라고 기소하는 것입니다. 법원은 검사가 약식명령을 청구하면 증거기록을 보고 약식명령을 발부합니다. 약식 재판 담당 판사는 약식명령서에 주형과 부수처분 범죄사실 적용법령을 명시하여 피고인을 벌금 얼마에 처하는지 서면으로 송달해 주게 됩니다.

만약 피고인이 법원이 발부한 약식명령상의 주형인 벌금이 너무 높은 경우 어떻게 불복할 수 있을까요? 약식명령서 상에는 '검사 또는 피고인은 이 명령등본을 송달받은 날로부터 7일 이내에 정식재판 청구를

한 권에 담은 음주운전 사고 · 사건처리

할 수 있습니다'라는 안내가 같이 옵니다. 즉 피고인은 약식명령에 불복하여 자신에 대한 정식재판을 열어 달라는 요청을 법원에 할 수 있습니다. 약식절차에서 주의할 점은 약식명령서를 송달받은 후 7일이 지나면 이 명령에 불복할 수가 없다는 것입니다. 약식명령에 불복하려는 피고인은 위 기간 내에 법원에 정식재판청구서를 제출하면 됩니다.

다만 2017년 형사소송법의 개정으로 약식명령에 대하여 정식재판을 청구하는 경우 약식명령에서 정한 벌금보다 벌금 상향이 가능하도록 형사소송법이 개정되었습니다. 특히 음주사건의 경우 정식재판청구로 벌금이 깎이는 경우는 그리 많지 않으니 단지 벌금을 줄여 보려는 목적의 정식재판 청구의 경우 신중히 결정하여야 합니다. 그렇지 않으면 일명 '올려치기'를 당하여 오히려 벌금형이 더 늘어나는 결과가 생길 수도 있습니다.

◆ 약식명령서 예시

000지방법원 약식명령

사   건   2022 고약 0000 도로교통법위반(음주운전)
피 고 인   이 희 범

주 형 과   피고인을 벌금 7,000,000(칠백만)원에 처한다.
부수처분   피고인이 위 벌금을 납입하지 아니하는 경우 금 100,000(일
            십만)원을 1일로 환산한 기간 위 피고인을 노역장에 유치
            한다.

범죄사실   별지 기재와 같다.
적용법령   도로교통법 제148조의2 제1항, 제44조 제1항

2022. 3. 25.

판사 김재은

검사 또는 피고인은 이 명령등본을 송달받은 날로부터 7일 이내에 정식재판의
청구를 할 수 있습니다.

정식재판청구서

사　　건　　　2022 고약 0000　도로교통법위반(음주운전)

피 고 인　　　이 희 범

위 피고인은 위 사건에 관하여 다음과 같이 정식재판을 청구합니다.

다　음

위 사건에 관하여 피고인은 벌금 7,000,000원에 처한다는 약식명령을 2022. 4. 19.에 송달받은 바 있으나 피고인은 위 명령에 불복이므로 정식재판을 청구합니다.

2022. 4. 23.

피고인 이희범

OO지방법원 형사O단독　귀 중

03 나도 국선변호인 신청이 가능할까?

피고인은 자신의 재판에서 변호인의 조력을 받을 권리가 있고 이에 따라 자신을 도와줄 변호인을 선임할 권리가 있는 것은 명백합니다. 다만 재판을 받아야 하는 피고인이 '사선 변호인'을 선임할 능력이나 여건이 되지 않는 경우에 변호인이 없다면 어떻게 될까요? 아마 국가 기관인 검찰 앞에서 자신의 방어권을 제대로 행사할 수 없을 것입니다. 이런 경우 법원은 의무적으로 국선변호인을 선정해야 하는 경우도 있고(구속사건, 미성년자, 고령, 장애, 사형 무기 3년 이상의 사건으로 기소된 때) 필요적 선임사유가 아닐지라도 임의적으로 변호인을 선정해 줄 수도 있습니다. 즉 법원은 피고인에게 법령상의 변호인 선임사유가 있는 경우 무조건 변호인을 선임해 주어야 하고 법령상 정한 사유가 아니라고 하더라도 피고인에게 빈곤이나 그밖에 사유가 있는 경우 혹은 피고인의 나이 지능 및 교육 정도를 참작하여 권리 보호를 위하여 필요하다고 인정되면 피고인의 명시적 의사에 반하지 않는 범위에서 변호인을 선정해 줄 수 있습니다.

통상적으로 공소장과 소환장이 오면 국선변호인 선정을 위한 고지서가 같이 오게 됩니다. 각급 지방법원마다 국선변호인제도가 활성화되어 있어 피고인이 국선변호인이 필요한 사유를 잘 소명하면 법원은 특이한 경우가 아니고서는 국선변호인을 선정해 줍니다.

최근에는 지방법원의 형사 재판부마다 전속 국선변호인이 8~10인가량 선정되어 있습니다. 일부는 국선전담 변호인분도 계시고 나머지 분들은 밖에서 사선으로 활동하시는 변호인들입니다. 이렇게 국선변호인제도도 잘 활용하면 양질의 법률서비스를 받을 수 있으니 사선 변호인을 선임할 여력이 안 된다면 재판부에 국선변호인 선임을 원한다고 선정청구서를 제출하여 자신의 방어권을 행사하는 것이 좋습니다.

Q&A

빈곤 그 밖의 사유로 국선변호인이 선정되기 위한 소명자료는?

사선 변호사를 선임할 여력이 안 되는 경우 당연히 국선변호인 선정신청을 하는 것이 좋습니다. 임의적 국선변호사 사건에서 피고인이 적극적으로 국선변호인이 필요한 소명자료를 내면 국선변호인이 선정될 확률이 높습니다. 여기서의 법원 제출 소명자료로는 소득에 대한 증빙, 주거자료, 가족사항, 그 밖에 생계가 어려움을 입증할 수 있는 부채증명서, 대출자료, 한부모 가족 증명서, 수급자 증명서, 북한이탈주민등록확인서 등 모든 자료가 포함됩니다. 이외에도 재판부에서 판단해서 피고인의 제반 사정에 비추어 사선 변호인 선정이 어렵다고 판단되면 변호인을 선정해 줄 수 있으니 사선 변호인을 선임할 여력이 되지 않는 피고인은 가급적 공소장과 같이 송달되어온 국선변호인 선정청구서를 그 사유와 함께 적어 법원에 제출하시는 것이 좋습니다.

한 권에 담은 음주운전 사고 · 사건처리

선고기일에 나올 수 있는 판결의 종류는?

선고기일에 법정에 가보면 오전 10시부터 자신들에 대한 판결 선고를 기다리는 피고인들이 떨리는 마음으로 방청석에 앉아서 판사의 선고를 기다리고 있습니다. 선고 시각이 되면 판사가 한 명 한 명 피고인을 호명하게 되고 호명된 피고인은 법정으로 나가서 자신에 대한 판사의 선고를 받게 됩니다. 그렇다면 선고기일에 나올 수 있는 판결의 종류와 그 의미는 어떻게 될까요?

가. 유죄의 판결

심리결과 피고인의 죄가 인정되면 판사는 유죄의 판결을 하게 됩니다. 판사는 피고인이 유죄인 경우 그 정도나 정상에 따라 실형을 선고할 수도 있고, 집행유예, 선고유예의 판결을 할 수도 있습니다. 판사는 유죄의 형을 선고하는 경우 판결 이유에 범죄된 사실, 증거의 요지와

법령의 적용을 명시하여야 합니다. 또한 법률상 범죄의 성립을 조각하는 이유 또는 형의 가중, 감면의 이유되는 사실의 진술이 있는 때에는 이에 대한 판단을 같이 명시해야 합니다.

① 실형

교도소에서 징역형이나 금고형을 복역하게 하는 형을 실형의 선고라고 합니다. 특히 재판받던 피고인에게 실형을 선고하면서 동시에 구속하는 경우가 있는데 이를 가리켜 흔히 '법정구속'이라고 합니다. 법정구속은 실형이 선고된 피고인이 도망갈 염려가 있으니 신변을 구속시키겠다는 의미입니다. 법정구속된 피고인은 항소심을 하더라도 보석신청이 없는 한 구치소에 구금되어 항소심을 받게 됩니다.

②집행유예

판사가 3년 이하의 징역이나 금고 또는 500만 원 이하의 벌금의 형을 선고할 경우에 정상에 참작할 만한 사유가 있는 때에는 1년 이상 5년 이하의 유예기간을 정하여 형의 집행을 유예할 수 있습니다. 특히 음주사건에서는 특히 집행유예가 많이 나오는 편입니다. 음주사건의 법정형이 높기도 하기 때문이기도 하고 피고인에게 한 번 더 기회를 준다는 의미로 판사는 집행유예를 많이 선고하기는 합니다. 일반적으로 집행유예는 '피고인을 징역 O년에 처한다. 다만 이 판결 확정일로부터 O년간 형 집행을 유예한다'라는 식의 주문이 선고됩니다. 이처럼 집행유예는 형을 선고하되 일정 기간 그 형의 집행을 미루어 두었다가 그 기간 동안 죄를 범하지 않고 성실히 생활하면 형 선고의 효력을 상실하게 하여 형의 집행을 하지 않는 제도입니다.

③선고유예

선고유예는 형의 선고 자체를 미루어 두었다가 일정 기간을 무사히 지나면 면소된 것으로 간주되는 제도입니다. 즉 판사는 1년 이하의 징역이나 금고, 자격정지 또는 벌금의 형을 선고할 경우에 양형의 조건을 참작하여 잘못을 뉘우치고 마음을 바르게 하여 성실히 생활할 의지를 뚜렷이 보이는 때, 즉 개전의 정상이 뚜렷한 때에는 형의 선고를 유예할 수도 있습니다. 선고유예는 판사가 해 주는 최고의 배려입니다.

나. 무죄 판결

검사가 기소한 사건에 대하여 유죄로 인정할 만한 증거가 없거나 공소사실이 범죄로 되지 아니한 때에는 법원은 무죄를 선고합니다. 무죄가 선고되었다는 건 검사가 잘못된 법령으로 기소했거나 당신에게 유죄를 인정할만한 증거가 충분하지 않았다는 뜻입니다. 무죄로 선고가 되고 항소하지 않아 판결이 확정되는 경우 무죄를 판결받은 피고인은 형사보상청구나 재판에 소요된 비용 등을 국가에 청구할 수 있습니다.

다. 기타 판결

판사는 판결에서 면소 판결이나 공소기각의 판결(결정)을 선고할 수도 있습니다. 면소 판결이란 동일한 사안에 대하여 이미 확정판결이 있는 때, 사면이 있는 때, 공소시효가 완성되었을 때, 범죄 후 법령의 개폐로 형이 폐지된 때 등 실체적 소송조건이 구비되지 않은 경우에 선고되는 종국판결입니다.

공소기각의 재판은 피고인 사건에 대하여 관할권 이외의 형식적 소송조건을 구비하지 못한 경우에 절차상의 하자를 이유로 사건의 실체에 대한 심리를 하지 않고 소송을 종결시키는 종국재판으로서 결정으로 하는 경우와 판결로서 하는 경우가 있습니다. 피고인에 대한 공소가 취소되었을 때, 피고인이 사망하거나 피고인인 법인이 존속하지 아니하게 되었을 때, 동일사건과 수 개의 소송 계속 또는 관할의 경합 규정에 의하여 심판할 수 없을 때, 공소장에 기재된 사실이 진실하다 하더라도 범죄가 될 만한 사실이 포함되지 아니한 때에는 판사는 결정으로서 공소기각을 하게 됩니다.

반면에 피고인에 대하여 재판권이 없는 때, 공소제기의 절차가 법률의 규정에 위반하여 무효인 때, 공소가 제기된 사실에 대하여 다시 공소가 제기되었을 때, 공소취소와 재기소의 규정에 위반하여 공소가 제기되었을 때, 고소가 있어야 죄를 논할 사건에 대하여 고소의 취소가 있는 때, 피해자의 명시한 의사에 반하여 죄를 논할 수 없는 사건에 대하여 처벌을 희망하지 아니하는 의사표시가 있거나 처벌을 희망하는 의사표시가 철회되었을 때(근로기준법 위반의 임금체불 사건, 단순폭행죄, 명예훼손죄 등 반의사불벌죄에서 피해자가 처벌을 원하지 않는다는 의사를 표시한 때)에는 판사는 판결로써 공소기각을 하게 됩니다.

Q&A

사회봉사, 수강명령, 보호관찰 이란?

음주 관련 사건에서 법원이 집행유예를 선고하는 경우 법원은 보호관찰을 명하거나 사회봉사 또는 수강명령을 명할 수 있습니다.(형법 제62조의 2) 이렇게 집행유예 3종 세트가 같이 명해진 경우는 피고인이 가까스로 실형을 피한 경우로서 피고인을 교정시설에 수용되지 않는 대신에 국가가 피고인을 지도하고 보살펴 피고인의 사회복귀를 돕겠다는 뜻입니다. 피고인에게 보호관찰 등 부가처분을 명하는 판결이 확정되면 피고인은 관할 보호관찰소에 신고하여 보호관찰관의 지도를 받으며 준수사항을 지켜야 합니다. 피고인이 직장, 학업을 하면서 봉사활동이나 교육 등을 받는 것이 쉽지는 않을 것입니다. 하지만 피고인이 고의로 준수사항을 위반하는 경우나 회피하는 경우 집행유예나 선고유예가 취소될 수도 있으니 주의해야 합니다.

○○지방법원 00지원

판 결

사　　건	2022고단000 도로교통법위반(음주운전)
피 고 인	이유림 (890313-200000), 댄서
주거	경기 부천시 삼작로 ㅇㅇㅇㅇ
등록기준지	제주시 한림읍
검　　사	최형욱(기소), 변경식(공판)
변 호 인	변호사 이희범
판결선고	2022. 6. 2.

주 문

피고인을 징역 1년에 처한다.

다만, 이 판결 확정일부터 2년간 위 형의 집행을 유예한다.

피고인에게 40시간의 준법운전강의 수강을 명한다.

이 유

범죄사실

피고인은 2017. 7. 28. 인천지방법원 부천지원에서 도로교통법위반(음주운전)죄로 벌금 100만 원의 약식명령을, 2019. 7. 8. 같은 법원에서 같은 죄로 벌금 200만 원의 약식명령을 각 받았다. 피고인은 2020. 11. 26.

22:36경 부천시 소향로 223 앞 도로 약 20m의 구간에서 혈중알코올농도 0.073%의 술에 취한 상태로 44하5052호 쏘나타 승용차를 운전하였다.

증거의 요지

1. 피고인의 법정진술
1. 음주운전단속결과통보, 주취운전정황보고
1. 판시 전과 : 범죄경력등조회회보서, 수사보고(피의자 전력)

법령의 적용

1. 범죄사실에 대한 해당법조 및 형의 선택

도로교통법 제148조의2 제1항, 제44조 제1항, 징역형 선택

1. 작량감경

형법 제53조, 제55조 제1항 제3호

1. 집행유예

형법 제62조 제1항

1. 수강명령

형법 제62조의2

양형의 이유

○ 유리한 정상 : 피고인의 자백, 벌금형을 넘는 전과가 없는 점
○ 불리한 정상 : 비교적 최근인 2017년, 2019년에 음주운전으로 2회 처벌받은 전력이 있는 점

위와 같은 정상들과 그 밖에 피고인의 연령, 성행과 환경, 범행의 동기 및 경위, 범행 후의 정황 등 변론에 나타난 모든 양형조건을 종합하여, 주문과 같이 형을 정한다.

판사 김효정 _____

05 검사의 구형과 선고형과의 상관관계

    구형은 처벌에 관한 검사의 의견입니다. 예전에는 공판에서 이루어지는 검사의 구형은 절대적 효력이 있었습니다. 만약 검사가 특정 형 이상을 구형하면 판사가 피고인을 무죄로 판결하더라도 구속 피고인을 석방할 수 없는 등 검사의 구형이 절대 권력이 될 수도 있었습니다. 하지만 현대에 들어와서는 검사의 구형은 법원을 구속하거나 판결의 효력을 제한할 수는 없습니다. 그럼에도 검찰은 음주 교통사건에 대한 강력 구형의 원칙을 고수하고 있고 음주 관련 사건의 경우 (특히 재범인 경우) 대부분이 구공판으로 넘겨지고 아무런 피해가 없어도 어느 정도의 음주 수치를 넘으면 2년 이상의 구형이 나오고 있는 것이 사실입니다. 사실 음주사건에서 어떤 경우는 좀 너무하다 싶은 구형이 나오기도 합니다. 아무리 검사의 구형이 재판에 공식적으로 영향을 미칠 수 없다 하더라도 2년 이상의 형을 구형하면 유죄를 넘어 중범죄로 속단될 수도 있기 때문입니다.

재판에서 피고인들은 검사가 2년 이상의 형을 구형하면 울면서 자신의 재판이 거기서 끝난 것처럼 좌절하시는 분들이 많습니다. 다만 위에서 언급했듯이 검사의 구형은 법적으로는 피고인에 대한 처벌 의견일 뿐이며 판사는 이에 구속되지 않으므로 크게 걱정하지 않으셔도 됩니다. 따라서 검사의 구형은 판사에게 피고인의 죄가 크구나 하는 인식을 심어줄 수 있을지언정 유무죄와는 상관없으므로 자신의 양형에 집중하는 것이 좋습니다.

피고인으로서는 검사의 구형 뒤에 최후변론을 하게 되므로 검사의 구형에 맞서 마지막 한 번의 반론기회가 주어집니다, 피고인에게 주어진 이 기회는 너무도 소중하기에 판사에게 자신의 유리함을 최대한 어필하고 와야 합니다. 따라서 검사의 구형에 당황하지 말고 자신이 얼마만큼 반성하고 있고 피해 회복을 위해 어떤 노력을 하였으며 형사처벌전력의 유무, 피해자의 과실 여부, 음주운전을 하게 된 경위, 운전 거리, 등 유리한 정상을 최후변론 시 남기시는 것이 좋습니다.

관련 법령

형법 제302조(증거조사 후의 검사의 의견진술) 피고인신문과 증거조사가 종료한 때에는 검사는 사실과 법률적용에 관하여 의견을 진술하여야 한다. 단, 제278조의 경우에는 공소장의 기재사항에 의하여 검사의 의견 진술이 있는 것으로 간주한다.

제303조(피고인의 최후진술) 재판장은 검사의 의견을 들은 후 피고인과 변호인에게 최종의 의견을 진술할 기회를 주어야 한다.

06 무죄 주장이 가능한 음주사건도 있을까?

음주운전 사건에서 피고인이 무죄를 주장하기란 쉽지 않습니다. 대부분의 음주사건은 증거가 명백하고 다툴 부분이 많지 않기 때문입니다. 그럼에도 음주운전 사건에서도 드물게 무죄 주장이 가능한 경우가 있을 수 있습니다. 물론 피고인이 아무런 준비 없이 무죄 주장을 하다가는 양형에서 불리해질 수 있으므로 반드시 전문가와 상의하여 그 가능 여부를 판단해야 합니다. 그렇다면 명백히 음주를 하였고 음주 후에 운전을 하였는데 무죄가 인정될 수 있는 경우는 어떤 경우가 있을까요?

가. 피고인의 '운전' 사실이 명백하게 증명되지 않은 경우

음주운전범죄에서 구성요건에 해당하는 사실은 엄격한 증명의 대상이 됩니다. 검사는 피고인이 운전을 하였다는 사실을 명백히 입증해야 하고 만약 피고인의 행위가 도로교통법상의 '운전'이 아니라면 이는 음주운전이라고 할 수 없습니다.

도로교통법 제2조 제26호는 '운전'이라 함은 도로에서 차를 그 본래의 사용방법에 따라 사용하는 것을 말한다고 규정하고 있는바, 여기에서 말하는 운전의 개념은 그 규정의 내용에 비추어 목적적 요소를 포함하는 것이므로 고의의 운전행위만을 의미하고 자동차 안에 있는 사람의 의지나 관여 없이 자동차가 움직인 경우에는 운전에 해당하지 않습니다(대법원 2004. 4. 23. 선고 2004도1109 판결 등 참조). 따라서 피고인의 의지와는 상관없이 차가 움직였거나 피고인이 운전의 고의를 가지지 않고 차가 움직인 경우는 무죄를 주장할 수 있습니다.

또한 피고인이 운전 즉시 적발된 경우가 아니라 운행을 종료하고 한참 후에 사후적발된 경우처럼 피고인이 술에 취한 사실은 명백히 인정되고 운전을 한 정황이 있는데도 CCTV나 블랙박스에 의해 피고인이 운전을 해서 차량을 움직였다는 명백한 증거가 없는 경우 이는 범죄사실의 객관적 증명이 된 경우라고 할 수 없으므로 무죄 주장이 가능할 수도 있습니다.

나. 음주 수치가 객관적으로 증명되지 않은 경우

피고인의 혈중알코올농도는 술에 취한 상태에서 운전을 하였는지의 기준이 되므로 음주운전죄를 적용하는 경우 검사는 피고인의 혈중알코올농도를 특정하여야 합니다. 혈중알코올농도의 측정방법으로는 호흡측정, 혈액측정 및 위드마크에 의한 측정 등이 있으나 모든 방법에는 오차가 존재하고 검사가 음주운전 당시 음주운전 수치를 명백히 입증하지 못하면 원칙적으로 피고인은 무죄입니다.

특히 피고인의 음주 수치가 처벌기준을 근소하게 넘는 경우 음주운전 시점이 혈중알코올농도의 상승 시점인지 하강 시점인지 확정할 수 없는 상황에서는 운전을 종료한 때로부터 상당한 시간이 경과한 시점에서 측정된 혈중알코올농도가 처벌기준치를 약간 넘었다고 하더라도, 실제 운전 시점의 혈중알코올농도가 처벌기준치를 초과하였다고 단정할 수는 없습니다. 개인마다 차이는 있지만 음주 후 30분~90분 사이에 혈중알코올농도가 최고치에 이르고 그 후 시간당 약 0.008%~0.03%(평균 약 0.015%)씩 감소하는 것으로 일반적으로 알려져 있는데, 만약 운전을 종료한 때가 상승기에 속하여 있다면 실제 측정된 혈중알코올농도보다 운전 당시의 혈중알코올농도가 더 낮을 가능성이 있기 때문입니다(대법원 2013. 10. 24. 선고 2013도6285 판결 등 참조).

그렇기에 피고인의 경우 최종 음주 시점과 운전 종료 시점으로부터 음주측정 시점까지 시간적 간격이 90분 이내이고 측정 수치가 근소한 차이라면 피고인이 운전 당시 혈중알코올농도 0.03% 이상의 술에 취한 상태에 있었다는 공소사실이 합리적 의심의 여지 없이 충분히 입증되었다고 보기 어려울 것입니다.

이외에도 음주 후 차량을 운전하였으나 운전을 종료한 후부터 음주측정을 하기 사이에 피고인이 술을 더 마신 경우도 운전 당시 음주 수치가 객관적으로 증명되지 않아 무죄 주장이 가능합니다.

다. 위법수집증거에 의해 음주 사실이 증명된 경우

형사소송법에서 위법수집 증거배제법칙이라는 것이 있습니다. 이는 위법한 절차에 의하여 수집된 증거의 경우 증거로서 부정되는 법칙을 말합니다(형사소송법 제308조의 2). 하지만 이는 모든 위법수집증거에 대하여 적용되지는 않고 증거수집절차에 중대한 위법이 있는 경우에 한하여 적용됩니다.

예를 들면 피의자의 위법한 체포상태에서 음주측정이 이루어진다면 이는 위법한 음주측정이고 그 요구에 따른 측정 결과는 적법한 절차에 따르지 아니하고 수집한 증거로서 형사재판에서 증거로 사용할 수 없습니다. 또한 의식불명자 등에 대한 강제 체혈의 경우 법원으로부터 영장 또는 감정처분 허가장을 발부받지 아니한 채 동의 없이 신체로부터 혈액을 채취하고 사후에도 지체 없이 영장을 발부받지 아니하였다면 이는 영장주의 원칙을 위반하여 수집하거나 그에 기초하여 획득한 증거로 유죄의 증거로 사용할 수 없습니다.

이렇게 헌법과 형사소송법이 정한 절차에 따르지 아니하고 수집한 증거는 기본적 인권보장을 위해 마련된 적법한 절차를 따르지 아니한 것으로 원칙적으로 유죄의 증거로 삼을 수 없고 검사가 이러한 증거로 피고인을 기소하였다면 무죄를 다툴 수 있습니다.

라. 위험운전치상죄에서 '정상적인 운전이 곤란한 상황'이 입증되지 않은 경우

일명 윤창호법으로 불리는 음주운전 치상죄는 음주 또는 약물의 영향으로 정상적인 운전이 곤란한 상태에서 자동차를 운전하여 사람을 상해에 이르게 한 사람을 처벌하겠다는 범죄입니다. 그런데 문제는 법령의 의미가 모호하다 보니 어떤 상황이 정상적인 운전이 곤란한지에 대한 객관적 기준이 없어 문제가 될 수 있습니다.

실제로 작년 법원이 혈중 혈중알코올농도 0.12%, 두 번이나 음주운전으로 벌금형을 받은 전과가 있는 피고인에게 "언행 부정확, 보행 비틀거림, 혈색 붉음이라고 된 경찰 정황 보고서만으로 피고인의 주의 능력, 반응속도, 운동능력이 상당히 저하된 상태라고 단정하기 어렵고 고인에 대한 음주측정 사진으로 보면 눈빛이 비교적 선명하다"며 "다음 날 이뤄진 조사에서도 사고 경위를 비교적 상세히 기억했다며 정상적인 운전이 가능할 수도 있었다"며 무죄를 선고해 논란이 되기도 하였습니다. 이처럼 검사는 위험운전 치상죄를 적용하려면 음주 사실 외에도 음주로 인하여 정상 운전이 전혀 불가능했다는 점까지 입증해야 할 수도 있습니다. 따라서 위험운전치상죄로 기소된 사람은 음주운전 당시 정황과 음주 수치에 따라 무죄 주장이 가능할 수도 있습니다.

마. 교특법 위반(치상), 위험운전치상죄에서 피해자의 '상해' 사실이 명백하지 않은 경우

　상해죄의 상해는 피해자의 신체의 완전성을 훼손하거나 생리적 기능에 장애를 초래하는 것을 의미합니다. 만약 사고로 인해 수반된 상처가 극히 경미하여 일상생활 중 통상 발생할 수 있는 상처나 불편 정도이고, 굳이 치료할 필요 없이 자연적으로 치유되며 일상생활을 하는 데 지장이 없는 경우에는 상해죄의 상해에 해당된다고 할 수 없습니다. 그리고 피해자의 신체의 완전성을 훼손하거나 생리적 기능에 장애를 초래하였는지는 객관적, 일률적으로 판단할 것이 아니라 피해자의 연령, 성별, 체격 등 신체, 정신상의 구체적 상태 등을 기준으로 판단하여야 합니다(대법원 2016. 11. 25. 선고 2016도15018 판결 등 참조).

　만약 사건 사고현장에서 피해자가 교통사고에 따른 충격이 그리 크지 않았을 것으로 보이거나, 피해자에 대한 진단서가 피해자의 주관적인 호소 등에 의존한 임상적 추정에 따른 것인 뿐이거나, 피해자가 사고 당일 병원을 방문하였으나 그 후에는 별다른 진료나 치료를 받지 않았고 거동이 불편하다거나 일상생활을 하는 데 특별한 지장이 있던 것도 아니었던 점 등이 보인다면 이는 피해자가 교통사고로 인하여 형법상의 상해를 입었다고 인정하기 부족할 수 있습니다. 즉 피고인이 일으킨 교통사고로 인하여 피해자들이 형법상 '상해'로 평가될 수 있는 상해를 입었다고 볼 수 없다면 비록 피고인이 음주운전을 하다가 교통사고를 일으켰다고 하더라도, 피고인에게 특정범죄가중처벌등에관한법률위반(위험운전치상)죄나 교통사고처리 특례법(치상)죄가 성립한다고 볼 수 없습니다.

바. 긴급피난에 해당하는 경우

작년 법원에서 재밌는 판결이 있었습니다. 피고인이 음주 상태에서 귀가하기 위해 대리운전기사를 호출하였고, 이후 대리운전기사가 출발하여 운전하는 도중에 목적지까지의 경로에 대하여 피고인과 이견이 생겨 갑자기 차를 정차한 후 그대로 하차·이탈하자, 피고인이 혈중알코올농도 0.097%의 술에 취한 상태로 도로의 약 3m 구간에서 자동차를 운전하였다고 도로교통법 위반(음주운전)으로 기소된 사안에서, 피고인이 위와 같이 운전한 행위는 자기 또는 타인의 법익에 대한 현재의 위난을 피하기 위한 행위로서 상당한 이유가 있어 형법 제22조 제1항의 긴급피난에 해당한다는 이유로 무죄를 선고한 것입니다(서울중앙지방법원 2020. 3. 23. 선고 2019고정2908 도로교통법위반).

위와 같이 피고인이 음주 상태에서 운전을 하였지만 운전한 행위는 자기 또는 타인의 법익에 대한 현재의 위난을 피하기 위한 행위거나 상당한 이유가 있는 경우 무죄 주장이 가능할 수도 있습니다.

07 처벌을 줄이는 양형자료는 어떤 것이 있을까?

　피고인이 재판에서 무죄를 다투는 경우가 아니라 자신의 죄를 자백하고 처벌을 줄이고 싶은 경우 정상(양형)자료를 통하여 판사의 선처를 구하는 것이 중요합니다. 음주 교통사고의 범죄마다 형법이나 특별법에 규정되어 있는 법정형이 존재하고 판사는 각 규정에 근거하여 선고할 형의 종류를 선택한 후 법률에 따라 가중감경을 하게 되는데 이렇게 정하여진 형이 처단형입니다. 양형은 처단형의 범위 내에서 판사가 피고인에게 선고할 선고형을 정하는 것으로 피고인의 사정을 고려하여 정해지게 됩니다.

　대법원 양형위원회에서는 2009년 성범죄 등 8개 범죄 등을 시작으로 지금까지 지속적으로 여러 가지 범죄군을 정하여 범죄별로 양형기준을 정하고 있습니다. 법관은 법원조직법 제81조 7에 의거 형의 종류를 선택하고 형량을 정하는 경우에 이 양형기준을 존중하여야 합니다. 물론 법관이 이런 양형위원회의 기준에 절대적으로 복종하여야 하는 것은 아니지만 실무에서 법관의 참고자료로 이용되는 것은 사실입니다.

따라서 처벌을 줄이기 위한 양형자료를 고려할 때에는 이러한 대법원 양형위원회의 양형기준을 참고하는 것이 좋습니다. 인터넷에 활성화되어 있는 음주운전 관련 카페나 일부 행정사들이 운영하는 음주 카페를 가면 마치 절대적인 양형자료가 있는 것처럼 홍보하지만 양형은 판사의 고유권한으로서 일반 양형인자와 특별 양형인자를 종합적으로 고려하여 피고인의 구체적 상황에 따라 달라지므로 그런 정보를 맹신해서는 안 됩니다.

가. 합의

교통사건의 경우. 원칙적으로 운전자가 자동차 종합보험에 가입한 경우 처벌할 수 없으나 보험에 가입했더라도 교통사고처리 특례법상 업무상 과실, 중과실 치사사건 및 12대 중과실 사고에 대하여는 가해자가 형사처벌을 면할 수 없게 되는데 이 경우에는 피고인이 종합보험에 가입했더라도 피해자와 형사합의를 하여야 합니다. 특히 음주 관련 사건은 위의 열두 가지 예외 사유 중 하나로서 종합보험에 가입했더라도 당연 처벌되므로 음주 관련 교통사건이 발생하게 되면 가해자는 민사적 배상 외에도 피해자에게 형사합의를 필수적으로 하여야 합니다.

형사합의란 피해자가 합의금을 받고 가해자의 처벌을 원치 않는다는 의사 표현을 하는 것으로서 형사합의를 하게 되면 피해자는 복잡한 민사소송을 거치지 않고 피해 회복을 할 수 있고 가해자에게는 그 합의가 재판에서 감안되어 형량이 가벼워지는 효과를 발휘하게 됩니다. 현재에는 상대방의 인적사항 및 주소를 파악하는 것이 개인정보 등의 보호를 사유로 파악하기 곤란한 관계로 형사공탁제도를 이용하는 것이 쉽지 않아 형사합의의 중요성이 커지고 있는 상황입니다.

실무적으로는 형사합의는 판사의 선고형을 결정하는 가장 중요한 요소가 됩니다. 특히 재범이상의 음주운전에서 피해자가 발생한 경우 형사합의의 여부는 실형이냐 집행유예를 가르는 중요한 양형 인자가 됩니다. 따라서 피해자가 발생한 음주 교통사고의 경우 피고인이 가장 먼저 고려해야 할 양형 요소는 피해자에게 진심으로 사과하며 반성의 뜻을 정하고 처벌불원 의사를 받아 내는 것입니다.

Q&A

음주 교통사고 형사합의 시 유의할 점은 무엇이 있을까요?

음주 교통사고 합의 시 피해자의 경우 합의금은 합의서를 작성해 준 즉시 주고받아야 합니다. 합의서를 먼저 써 주고 가해자가 돈을 나중에 주기로 해 놓고 주지 않으면 재고소를 할 수 없기에 합의금은 합의서 작성과 동시에 받는 것이 원칙입니다. 피해자 입장에서는 가해자가 돈이 없더라도 피해액의 일부라도 현금을 받고 합의서를 작성해 주어야 하고 가해자가 돈이 없다면 가해자의 가족으로 하여금 연대보증이라도 서도록 한 다음에 합의서를 작성해 주어야 합니다. 가해자 측에서는 합의서에 형사처벌을 원치 않는다는 의사표시가 들어가도록 문구를 넣어야 합니다. 합의서에는 인감증명서와 인감도장을 받는 것이 원칙이나 최근 재판부는 인감증명서와 인감도장이 아니더라도 신분증 사본 등으로 진정성이 있는 경우 이를 인정해 주고 있습니다. 교통사고 합의의 경우 합의서에 아무런 내용이 없이 합의를 하게 되면 이는 민사적 손해배상의 일부로 보게 되므로 나중에 가해자를 상대로 민사 소송을 하는 경우 그 금액만큼 공제될 수 있음을 유의해야 합니다. 따라서 교통사고 관련 합의서에는 '민사와 별도의 합의금임'을 명시하는 것이 좋습니다. 교통사고 발생 후 가해자가 자기 돈으로 형사합의금을 지불한 경우 자기의 보험회사에 합의금을 청구할 수 있고 피해자는 이럴 때를 대비해 위 청구채권까지 양도받는 것이 좋습니다. 그러지 않을 경우 나중에 피해자가 가해자의 보험회사로부터 받을 손해배상금 중 위 금액이 공제될 수도 있습니다.

합의서

아래의 교통사고 사건에 대하여 가해자와 피해자는 아래와 같이 합의한다.

1. 사고내용

사건	2022고단 OOOO 특정범죄가중처벌등에관한법률위반(위험운전치상)등
사고장소	경기도 부천시 부일로 203 근방
가해자	성명 :이희범 (831128-OOOOOO) 연락처: 010-8694-8395 주소 : 경기도 부천시 신흥로 190
피해자	성명 :김제은 (990000-OOOOOO) 연락처:032-710-8888 주소 :경기도 부천시 부일로 203,214호

2. 합의내용

(1) 가해자는 법률상손해배상금의 일부로 (金   원)을 피해자에게 지급하고, 피해자는 위 금원을 지급받고 가해자의 형사처벌을 원치 않는다.

(2) 가해자가 피해자에게 지급한 합의금과 관련하여 보험사를 상대로 취득하게 되는 보험금청구권은 피해자에게 채권양도하고, 이 사실을 보

험사에 통지하기로 한다.

(3) 위와 같은 합의내용을 확실하게 하기 위해 이 합의서를 3부 작성하여 1부는 수사기관 또는 법원에 제출하고 나머지는 가해자 측과 피해자 측에게 1부씩 보관한다.

3. 첨부서류
(1) 피해자의 인감증명서 1부

2022년 4월 24일

OO지방법원 귀중

나. 공탁

피해자가 합의를 거부하며 합의금 수령을 거부하거나 합의 의사는 있으나 피해자가 가해자가 제시하는 합의금 액수를 받아들이지 못해 형사합의가 어려운 경우 생각해 볼 수 있는 제도가 형사공탁 제도입니다. 법원은 형사공탁의 경우에도 합의만큼은 아니어도 합의에 준하는 양형자료로 인정해 줍니다.

가해자들은 피해자가 쉽게 합의를 해 주지 않으면 공탁을 하면 되지 않냐고 쉽게 물어보지만 현실적으로 피해자의 동의 없는 공탁은 불가능에 가깝습니다. 형사공탁을 위해서는 피해자의 개인정보가 필요한데 이는 가해자가 알기 쉽지 않고 법원에 정식적으로 피해자 정보 열람등사 신청을 해야만 가능한데 피해자가 이를 쉽게 알려 줄 리 없기 때문입니다. 만약 가해자가 피해자의 개인정보를 안다고 해도 함부로 남의 개인정보를 이용할 수도 없는 것입니다.

그렇다면 만약 피해자가 피고인의 개인정보 열람신청에 동의하여 피고인이 공탁을 할 수 있게 되었다면 공탁금은 얼마로 하는 것이 좋을까요? 공탁금은 합의금의 성격을 가지게 되고 더 정확히는 손해배상금의 일종입니다. 따라서 공탁 시 피고인이 공탁해야 할 공탁금은 피해자의 피해 회복을 할 수 있을 정도의 금액이어야 합니다. 법원이 보기에 공탁금이 너무 터무니없이 적어서 피해자의 피해 회복이 전혀 되지 않았다고 생각되면 양형에서 인정해 주지 않을 수도 있습니다.

법조계에서는 현행 공탁제도의 문제점을 지속적으로 제기하며 공탁제도를 개선해 달라는 요청을 하였고 이에 따라 2020. 11. 19. 공탁법이 일부 개정되었습니다. 이 개정안의 시행으로 2022년 12월부터 형사공탁의 경우 특례가 적용되어 피고인이 피해자의 인적사항을 알 수 없는 경우에도 그 피해자를 위하여 하는 변제공탁은 해당 법원 소재지의 공탁소에 할 수 있도록 하는 개정안이 시행되어 피해자의 인적정보를 몰라도 공탁을 할 수 있는 길이 열렸습니다.

관련 법령

공탁법 제5조의2(형사공탁의 특례)
① 형사사건의 피고인이 법령 등에 따라 피해자의 인적사항을 알 수 없는 경우에 그 피해자를 위하여 하는 변제공탁(이하 "형사공탁" 이라 한다)은 해당 형사사건이 계속 중인 법원 소재지의 공탁소에 할 수 있다.

금전 공탁통지서(형사사건용)

공 탁 번 호		년 금 제 호	년 월 일 신청	법령조항	
공 탁 자	성명 (상호, 명칭)		피 공 탁 자	성명 (상호, 명칭)	
	주소 (본점, 주사무소)			주소 (본점, 주사무소)	
공 탁 금 액		한글	보 관 은 행	은행 지점	
		숫자			
형 사 사 건	사건번호	OO지방법원 년 고단(합) 제 호			
	사건명				
공탁원인 사실					
반대급부 내용 등					

위와 같이 통지합니다. 대리인 주소
공탁자 성명인(서명) 성명인(서명)

1. 위 공탁금이   년 월 일 납입되었으므로 [별지] 안내문의 구비서류 등을 지참하시고 우리 법원 공탁소에 출석하여 공탁금 출급청구를 할 수 있습니다.
2. 공탁금액이 5천만 원 이하인 경우에는 법원 전자공탁홈페이지(http://ekt.scourt.go.kr)를 이용하여 인터넷으로 공탁금 출급청구를 할 수 있습니다. 이 경우 인감증명서(또는 본인서명사실확인서)는 첨부하지 아니합니다.
※ 전자공탁홈페이지에서 이체 가능한 은행을 확인 후, 청구하시기 바랍니다.

3. 공탁자가 회수제한신고를 한 경우에는 공탁자는 귀하의 동의가 없으면 위 형사사
   건에 대하여 불기소결정(단, 기소유예는 제외)이 있거나 무죄판결이 확정될 때까
   지 공탁금에 대한 회수청구권을 행사할 수 없습니다.
   그러나, 공탁자가 회수제한신고를 하지 않은 경우에는 귀하가 공탁금 출급청구를
   하거나, 공탁을 수락한다는 내용을 기재한 서면을 우리 공탁소에 제출하기 전에는
   공탁자가 공탁금을 회수할 수 있습니다.
4. 공탁금은 그 출급청구권을 행사할 수 있는 때로부터 10년 내에 출급청구를 하지
   않을 때에는 특별한 사유(소멸시효 중단 등)가 없는 한 소멸시효가 완성되어 국고
   로 귀속되게 됩니다.
5. 공탁금에 대하여 이의가 있는 경우에는 공탁금 출급청구를 할 때에 청구서에 이의
   유보 사유(예컨대 "손해배상금 중의 일부로 수령함" 등)를 표시하고 공탁금을 지급
   받을 수 있으며, 이 경우에는 후에 다른 민사소송 등의 방법으로 권리를 주장할 수
   있습니다.
6. 공탁통지서는 재발급 되지 않으므로 잘 보관하시기 바랍니다.
7. 사건 내용은 법원 전자공탁홈페이지에서 조회할 수 있으며, 통지서 하단에 발급확
   인번호가 기재되어 있는 경우에는 전자문서로 신청된 사건이므로 전자공탁홈페이
   지에서 공탁 관련 문서를 열람할 수 있습니다.

   년 월 일 발송

   법원 지원 공탁관   (인)

다. 봉사활동

피고인의 자백 및 반성은 대표적 형의 감경인자 입니다. 다만 이는 특별 양형 인자는 아니고 일반 양형 인자입니다. 그렇기에 피고인은 판사에게 자신이 반성하고 있다는 것을 보여 주는 것이 중요합니다. 그렇다면 피고인이 진심으로 반성하고 있다는 것을 판사가 어떻게 알 수 있을까요? 최근에는 반성문 대필 서비스도 나타나고 있을 만큼 반성문의 경우 반성의 의미보다는 형식적 제출의 의미가 더 커졌습니다. 제 경험상 음주사건에서 피해자가 존재하지 않는 사건이라면 (예를 들면 단순 음주사건이나 무면허 사건, 음주측정 불응 등) 피고인이 특별 감형을 받기는 쉽지 않습니다. 이런 경우 피고인의 진정성이 가장 느껴지는 것은 자원봉사입니다. 짧은 일회성 봉사가 아닌 최소 100시간의 봉사활동을 할 수 있는 피고인은 많지 않고 피고인이 바쁜 와중에도 이렇게 봉사기관을 찾아서 봉사를 한다면 이는 판사에게 진정으로 반성하고 있음을 보여주는 가장 좋은 자료일 것입니다.

자원봉사는 불구속 피고인의 경우 최소 50시간 이상, 여건이 된다면 100시간 이상 하시는 것을 권해드립니다. 사실상 직장에 다니시는 분이 100시간 이상의 자원봉사를 하는 것이 쉽지 않기 때문에 이렇게 자원봉사를 열심히 하면 충분히 감형이 될 수 있습니다.

라. 헌혈, 장기기증서약서

보통 반성문, 헌혈증서, 장기기증 서약서 등을 양형 3종 세트라고 하여 피고인들이 가장 많이 제출하는 양형자료라고 합니다. 하지만 재판부는 피고인이 실질적으로 얼마나 반성하며 개선의 의지를 보이는지를 이런 외관으로만 평가하지 않고 드러난 양형자료와 수사자료 등 모든 것을 고려하여 판단하기에 이런 양형자료의 경우 낼 수 있다면 당연히 내시는 것이 좋지만 다만 아무런 반성과 개선의 의지 없이 이러한 자료만 낸다고 하여 모두 양형에 고려되는 것은 아니라는 것을 명심해야 합니다.

마. 취업규칙 및 인사규정

직장마다 취업규칙이나 인사규정이 다르기 때문에 이를 일률적으로 말씀드릴 수는 없으나 어느 직장의 경우 직원이 형사소추되어 집행유예 이상의 유죄 판결을 받은 경우 당연 퇴직하는 규정이 있거나 유죄의 인정이 될 경우 직원을 해임할 수 있도록 정해 놓은 경우가 있습니다. 이런 경우 피고인은 집행유예가 나와서는 안 되고 꼭 벌금형이 나와야 합니다. 이런 경우 피고인은 고액의 벌금형이라도 기꺼이 받아들이며 반성하며 감내할 수 있으므로 판사님이 형을 정하실 때 피고인이 직장을 잃을 위험성이 있는 부분을 고려하여 형을 선고할 수 있도록 적극적으로 주장하면서 관련 규정 등 소명자료를 내야 합니다.

바. 탄원서

탄원이란 개인 또는 단체, 법인 등이 수사기관이나 법원에 피고인에 대하여 일정한 사정을 진술하여 피고인의 선처를 구하거나 혹은 엄벌을 구하는 의사표시입니다. 피고인들의 지인이 내는 탄원서는 주로 피고인이 품행이 나쁘지 않고 사회적 유대관계가 공고하므로 양형에서 고려해 달라는 뜻입니다. 반대로 피해자가 법원에 내는 탄원서는 피고인의 엄벌을 목적으로 피고인이 반성하고 있지 않고 전혀 피해 회복을 하지 않는 등 피고인의 사고 이후부터 재판 시까지의 태도를 전달하기 위해 제출합니다. 이렇게 탄원서는 직접적이 아닌 간접적으로 피고인의 구형에 영향을 미치게 됩니다.

탄원서의 양식이 구체적으로 정해진 것은 아니지만 탄원서란 제목으로 탄원하는 사람의 이름과 주소 연락처 주민등록번호 등 인적사항을 적어 탄원취지와 탄원 내용 작성날짜 등을 적어 신분증 사본을 첨부하여 탄원의 대상이 되는 수사기관이나 법원에 제출하면 됩니다. 탄원서 제출 시 탄원인의 신분증을 같이 첨부하는데 신분증 사본을 제출하는 이유는 탄원인이 진실한 의사로 진정하게 탄원서를 제출한다는 의미입니다.

Q&A

좋은 탄원서는
어떤 탄원서일까요?

사실 정해진 탄원서 양식은 없습니다. 다만 법원은 하루에도 수 천장의 탄원서를 받게 되므로 탄원서가 잘 전달되고 양형에 제대로 반영되게 하려면 몇 가지 사항을 지켜 작성하는 것이 좋습니다. 특히 형사사건의 경우 공판이 열리면 수사 과정부터의 모든 기록이 편철되어 법원으로 넘겨지므로 판사가 받는 서류의 양은 어마어마합니다. 수많은 음주 재판을 하면서 놀란 점은 판사님들이 과중한 업무 속에서도 탄원서 하나하나를 살펴 피고인의 주장과 어긋나거나 허위의 사실 등을 찾아내는 것을 보고 놀란 적이 많습니다. 그러므로 탄원서가 제대로 양형에 반영되기 위하여는 다음과 같은 요건을 갖추시는 것이 좋습니다. ① 사건번호, 피고인 이름 등을 반드시 기재하여 법원이 알기 쉽게 서류에서 나타나야 하고 ② 주장하는 바를 명확히 하여 육하원칙에 의해 핵심만 전달하도록 하고 ③ 객관적이고 사실적으로 작성해야 하며 ④ 진술을 뒷받침할 수 있는 근거가 있다면 같이 첨부하도록 합니다. 따라서 탄원서를 작성하거나 주위에 탄원서를 부탁할 경우는 이상의 사실들을 잘 참고하여 작성하여야 합니다.

사. 기타 자료들

기타 판사를 설득하여 양형에서 유리하게 반영될 제출 자료는 무엇이 있을까요? 우선 생계의 곤란을 증명하기 위한 자료 등이 있을 수 있습니다. 피고인이 생계가 어렵거나 부양할 가족이 있는 경우 판사가 실형을 선고하는 것에 부담을 느낄 수 있기 때문입니다. 따라서 대출증명서, 부채증명원, 가족관계증명서 등을 제출하여 생계를 유지해야 할 필요성을 잘 주장하시는 것이 좋습니다. 이외에도 음주운전 근절서약서, 음주 관련 교육 이수증, 기부 증명서 등 판사가 정상에 고려할 부분이 있는 경우 이를 참고자료로 내시는 것이 좋습니다.

양형위원회 양형기준

1. 일반 교통사고

유형	구분	감경	기본	가중
1	교통사고 치상	~ 8월	4월 ~ 1년	8월 ~ 2년
2	교통사고 치사	4월 ~ 1년	8월 ~ 2년	1년 ~ 3년

구분		감경요소	가중요소
특별양형인자	행위	• 피해자에게도 교통사고 발생 또는 피해 확대에 상당한 과실이 있는 경우 • 경미한 상해가 발생한 경우 (1유형) • 자전거를 운행하다가 일으킨 사고	• 중상해가 발생한 경우 (1유형) • 음주운전 등의 경우 • 교통사고처리 특례법 제3조 제2항 단서 (8호 제외) 중 위법성이 중한 경우 또는 난폭운전의 경우
	행위자 / 기타	• 농아자 • 심신미약 (본인 책임 없음) • 처벌불원 (피해 회복을 위한 진지한 노력 포함)	• 동종 누범
일반양형인자	행위	• 호의에 의한 무상동승자인 경우	• 중상해가 아닌 중한 상해가 발생한 경우 (1유형) • 그 밖의 교통사고처리 특례법 제3조 제2항 단서에 해당하는 경우
	행위자 / 기타	• 상당 금액 공탁 • 자동차종합보험 가입 • 진지한 반성 • 형사처벌 전력 없음	• 범행 후 증거은폐 또는 은폐 시도 • 이종 누범, 누범에 해당하지 않는 동종 전과

2. 위험운전 교통사고

유형	구분	감경	기본	가중
1	위험운전 치상	6월 ~ 1년 6월	10월 ~ 2년 6월	2년 ~ 5년
2	위험운전 치사	1년 6월 ~ 3년	2년 ~ 5년	4년 ~ 8년

구분		감경요소	가중요소
특별양형인자	행위	• 피해자에게도 교통사고 발생 또는 피해 확대에 상당한 과실이 있는 경우 • 경미한 상해가 발생한 경우 (1유형)	• 중상해가 발생한 경우 (1유형) • 교통사고처리 특례법 제3조 제2항 단서 (8호 제외) 중 위법성이 중한 경우 또는 난폭운전의 경우
	행위자 / 기타	• 농아자 • 심신미약 (본인 책임 없음) • 처벌불원 (피해 회복을 위한 진지한 노력 포함)	• 동종 누범 (도로교통법 제148조의2 위반범죄 포함)
일반양형인자	행위	• 호의에 의한 무상동승자인 경우	• 중상해가 아닌 중한 상해가 발생한 경우 (1유형) • 그 밖의 교통사고처리 특례법 제3조 제2항 단서에 해당하는 경우
	행위자 / 기타	• 상당 금액 공탁 • 자동차종합보험 가입 • 진지한 반성 • 형사처벌 전력 없음	• 범행 후 증거은폐 또는 은폐 시도 • 이종 누범, 누범에 해당하지 않는 동종 전과 (도로교통법 제148조의2 위반범죄 포함)

3. 교통사고 후 도주

유형	구분	감경	기본	가중
1	치상 후 도주	6월 ~ 1년 6월	8월 ~ 2년 6월	1년 ~ 5년
2	치상 후 유기 도주	1년 6월 ~ 2년 6월	2년 ~ 4년	3년 ~ 7년
3	치사 후 도주 (도주 후 치사)	2년 6월 ~ 4년	3년 ~ 5년	4년 ~ 8년
4	치사 후 유기 도주 (유기 도주 후 치사)	3년 ~ 5년	4년 ~ 6년	5년 ~ 10년

집행유예기준

구분	부정적	긍정적
주요 참작 사유	• 사망·중상해가 발생한 경우 또는 도주로 인하여 생명에 대한 현저한 위험이 초래된 경우 • 교통사고 후 유기 도주인 경우 • 교통사고처리 특례법 제3조 제2항 단서 중 위법성이 중한 경우 또는 난폭 운전의 경우 • 동종 전과 (5년 이내의, 금고형의 집행유예 이상 또는 3회 이상 벌금)	• 피해자에게도 교통사고 발생 또는 피해 확대에 상당한 과실이 있는 경우 • 경미한 상해가 발생한 경우 • 자전거를 운행하다가 일으킨 사고 (일반 교통사고에 한정) • 처벌불원 • 형사처벌 전력 없음
일반 참작 사유	• 2회 이상 금고형의 집행유예 이상 전과 • 그 밖의 교통사고처리 특례법 제3조 제2항 단서에 해당하는 경우 • 범행 후 증거은폐 또는 은폐 시도 • 사회적 유대관계 결여 • 약물중독, 알코올중독 • 피해 회복 노력 없음 • 진지한 반성 없음	• 사회적 유대관계 분명 • 자수 (교통사고 후 도주 범죄) • 진지한 반성 • 금고형의 집행유예 이상 전과 없음 • 피고인이 고령 • 피고인의 건강 상태가 매우 좋지 않음 • 피고인의 구금이 부양가족에게 과도한 곤경을 수반 • 자동차종합보험 가입 • 상당 금액 공탁

구분		감경요소	가중요소
특별양형인자	행위	• 피해자에게도 교통사고 발생 또는 피해 확대에 상당한 과실이 있는 경우 • 경미한 상해가 발생한 경우 (1, 2유형)	• 중상해가 발생한 경우 또는 도주로 인하여 생명에 대한 현저한 위험이 초래된 경우 (1, 2유형) • 음주운전의 등의 경우 • 교통사고처리 특례법 제3조 제2항 단서 (8호 제외) 중 위법성이 중한 경우 또는 난폭운전의 경우
	행위자 / 기타	• 농아자 • 심신미약 (본인 책임 없음) • 자수 • 처벌불원 (피해 회복을 위한 진지한 노력 포함)	• 동종 누범
일반양형인자	행위		• 중상해가 아닌 중한 상해가 발생한 경우 (1, 2유형) • 그 밖의 교통사고처리 특례법 제3조 제2항 단서에 해당하는 경우
	행위자 / 기타	• 상당 금액 공탁 • 자동차종합보험 가입 • 진지한 반성 • 형사처벌 전력 없음	• 이종 누범, 누범에 해당하지 않는 동종 전과

* 출처: 양형위원회

한 권에 담은 음주운전 사고 · 사건처리

✕ ✕ ✕

음주운전을 하게 되면 음주운전자에게 운전면허와 관련된 행정처분
이 필연적으로 뒤따르게 됩니다. 자동차 운전면허는 국가로부터 자
동차나 원동기 장치 자전거 등을 운전할 수 있는 공적 자격을 부여
받은 것인데 음주운전 등으로 그 자격을 잘못 사용하였다면 응당 그
에 대한 제한 처분이 뒤따르는 것은 당연하다고 할 것입니다. 하지
만 오늘날 차량의 운전은 많은 사람들에게 생계의 수단이 되고 있
고 당장 면허가 없으면 생계의 위험이 생기는 사람들이 있을 수 있
습니다. 그렇기에 차량 운전이 본인의 일이나 업무에 필수적인 경
우 사정에 따라 기회를 주어 면허를 구제할 수 있다면 얼마나 다행
스런 일일까요? 우리나라에서는 이렇게 꼭 면허가 필요한 사람들을
위하여 행정청의 운전면허 취소처분이나 정지 처분에 대하여 이의
신청을 하거나, 행정심판, 행정소송을 할 수 있도록 구제절차를 마
련하고 있습니다. 다만 경찰청, 위원회, 법원은 모든 생계형 음주운
전자를 구제해 주지는 않기에 음주로 인해 면허에 제한이 생긴 분들
은 자신의 개별 사정을 살펴 면허구제의 가능성을 판단하여야 하고
구제의 가능성이 있다면 어떠한 제도를 이용해 면허구제를 신청할
것인지 숙고하여 결정해야 할 것입니다. 이 장에서는 운전면허 정지
및 취소처분과 관련된 분쟁과 그 구제절차에 대하여 알아보도록 하
겠습니다.

제5장

음주운전 후 면허 제한과 그 구제

01 음주운전과 행정처분

가. 음주운전 시 운전면허 취소·정지처분 사유

도로교통법 제93조에서는 각 지방경찰청장이 운전면허를 받은 사람이 법령에서 정한 일정 사유에 해당하면 운전면허를 취소하거나 1년 이내의 범위에서 운전면허의 효력을 정지시킬 수 있도록 하고 있습니다. 특히 운전자가 술에 취한 상태에서 자동차 등을 운전한 경우 그 혈중알코올농도 수치에 따라 면허 정지 혹은 취소까지 가능하며 만약 위 규정을 1회 이상 위반한 사람이 다시 음주운전을 하여 운전면허 정지 사유에 해당된 경우, 음주측정 거부죄를 저지른 경우 등은 그 사람의 면허를 반드시 취소하도록 규정하고 있습니다.

제93조(운전면허의 취소 · 정지)

① 시 · 도경찰청장은 운전면허(연습운전면허는 제외한다. 이하 이 조에서 같다)를 받은 사람이 다음 각 호의 어느 하나에 해당하면 행정안전부령으로 정하는 기준에 따라 운전면허(운전자가 받은 모든 범위의 운전면허를 포함한다. 이하 이 조에서 같다)를 취소하거나 1년 이내의 범위에서 운전면허의 효력을 정지시킬 수 있다. 다만, 제2호, 제3호, 제7호, 제8호, 제8호의2, 제9호(정기 적성검사 기간이 지난 경우는 제외한다), 제14호, 제16호, 제17호, 제20호의 규정에 해당하는 경우에는 운전면허를 취소하여야 하고 (제8호의2에 해당하는 경우 취소하여야 하는 운전면허의 범위는 운전자가 거짓이나 그 밖의 부정한 수단으로 받은 그 운전면허로 한정한다), 제18호의 규정에 해당하는 경우에는 정당한 사유가 없으면 관계 행정기관의 장의 요청에 따라 운전면허를 취소하거나 1년 이내의 범위에서 정지하여야 한다

1. 제44조제1항을 위반하여 술에 취한 상태에서 자동차 등을 운전한 경우
2. 제44조제1항 또는 제2항 후단을 위반(자동차 등을 운전한 경우로 한정한다. 이하 이 호 및 제3호에서 같다)한 사람이 다시 같은 조 제1항을 위반하여 운전면허 정지 사유에 해당된 경우
3. 제44조제2항 후단을 위반하여 술에 취한 상태에 있다고 인정할 만한 상당한 이유가 있음에도 불구하고 경찰공무원의 측정에 응하지 아니한 경우

나. 음주운전 시 운전면허 취소 · 정지처분 기준

도로교통법상에서 정하고 있는 음주운전자의 면허 규제 사유로는

① 운전자의 혈중알코올농도가 0.03%~0.08% 미만인 경우 면허를 정지시키고 ② 0.08% 이상인 경우에는 운전면허를 취소시키며 ③ 면허 정지 수치 (0.03%~0.08% 미만)라도 기존 음주운전 전력이 있는 경우 면허를 취소시키고 ③ 술에 취한 상태의 기준(혈중알코올농도 0.03% 이상)을 넘어서 운전을 하다가 교통사고로 사람을 죽게 하거나 다치게 한 경우 면허를 취소시키며 ④경찰공무원의 음주측정에 불응 한때 역시 면허 취소 사유가 됩니다.

	운전면허 정지기준	운전면허 취소기준	필수적 면허 취소 행정처분기준*
개정전 (2019. 6. 이전)	0.05% ~ 0.10% 미만	0.10% 이상	3회
현재 (2019. 6. 이후)	0.03% ~ 0.08% 미만	0.08% 이상	2회
비고	* 음주운전으로 행정처분을 받은 사람이 다시 음주운전을 했을 경우의 면허취소 규정		

음주운전 시 면허 정지 · 취소기준

다. 면허 재취득 결격 기간

음주운전 혹은 음주운전 사고를 낸 후 이로 인하여 운전면허를 취소당한 사람은 언제쯤 면허를 다시 취득할 수 있을까요? 도로교통법에서는 면허의 재취득 결격 기간을 정하고 있습니다. 음주운전으로 면허를 제한당한 사람이 운전면허를 다시 취득하려면 운전면허 결격 기간

이 지나야 합니다(도로교통법 제82조 제2항 본문). 다만 음주운전으로 벌금 미만의 형이 확정되거나 선고유예의 판결이 확정된 경우 또는 기소유예의 경우 운전면허 재취득이 가능합니다

구분		단순 음주	대물사고	대인사고
음주 1회	0.03% ~ 0.08%	면허 100일 정지 (벌점 100점)	면허 정지 (벌점 100점)	면허 취소, 면허 재취득 결격 기간 2년
	0.08% ~ 0.2%	면허 취소, 면허 재취득 결격 기간 1년	면허 취소, 면허 재취득 결격 기간 2년	
	0.2% 이상			
	음주측정 거부			
음주 2회 이상, 음주측정거부 2회 이상		면허 취소, 면허 재취득 결격 기간 2년		
음주 교통사고 2회 이상		면허 취소, 면허 재취득 결격 기간 3년		
인사사고 후 도주, 음주 사망사고		면허취소, 면허 재취득 결격 기간 5년		

운전면허 재취득 결격 기간

제82조(운전면허의 결격사유)

② 다음 각 호의 어느 하나의 경우에 해당하는 사람은 해당 각 호에 규정된 기간이 지나지 아니하면 운전면허를 받을 수 없다. 다만, 다음 각 호의 사유로 인하여 벌금 미만의 형이 확정되거나 선고유예의 판결이 확정된 경우 또는 기소유예나 「소년법」 제32조에 따른 보호처분의 결정이 있는 경우에는 각 호에 규정된 기간 내라도 운전면허를 받을 수 있다. 〈개정 2015. 8. 11., 2018. 12. 24., 2020. 6. 9., 2021. 1. 12.〉

1. 제43조 또는 제96조제3항을 위반하여 자동차 등을 운전한 경우에는 그 위반한 날(운전면허효력 정지 기간에 운전하여 취소된 경우에는 그 취소된 날을 말하며, 이하 이 조에서 같다)부터 1년(원동기장치자전거면허를 받으려는 경우에는 6개월로 하되, 제46조를 위반한 경우에는 그 위반한 날부터 1년). 다만, 사람을 사상한 후 제54조제1항에 따른 필요한 조치 및 제2항에 따른 신고를 하지 아니한 경우에는 그 위반한 날부터 5년으로 한다.

2. 제43조 또는 제96조제3항을 3회 이상 위반하여 자동차 등을 운전한 경우에는 그 위반한 날부터 2년

3. 다음 각 목의 경우에는 운전면허가 취소된 날(제43조 또는 제96조제3항을 함께 위반한 경우에는 그 위반한 날을 말한다)부터 5년

가. 제44조, 제45조 또는 제46조를 위반(제43조 또는 제96조제3항을 함께 위반한 경우도 포함한다)하여 운전을 하다가 사람을 사상한 후 제54조제1항 및 제2항에 따른 필요한 조치 및 신고를 하지 아니한 경우

나. 제44조를 위반(제43조 또는 제96조제3항을 함께 위반한 경우도 포함한다)하여 운전을 하다가 사람을 사망에 이르게 한 경우

4. 제43조부터 제46조까지의 규정에 따른 사유가 아닌 다른 사유로 사람을 사상한 후 제54조제1항 및 제2항에 따른 필요한 조치 및 신고를 하지 아니한 경우에는 운전면허가 취소된 날부터 4년

5. 제44조제1항 또는 제2항을 위반(제43조 또는 제96조제3항을 함께 위반한 경우도 포함한다)하여 운전을 하다가 2회 이상 교통사고를 일으킨 경우에는 운전면허가 취소된 날(제43조 또는 제96조제3항을 함께 위반한 경우에는 그 위반한 날을 말한다)부터 3년, 자동차 등을 이용하여 범죄 행위를 하거나 다른 사람의 자동차 등을 훔치거나 빼앗은 사람이 제43조를 위반하여 그 자동차 등을 운전한 경우에는 그 위반한 날부터 3년

6. 다음 각 목의 경우에는 운전면허가 취소된 날(제43조 또는 제96조제3항을 함께 위반한 경우에는 그 위반한 날을 말한다)부터 2년

   가. 제44조제1항 또는 제2항을 2회 이상 위반(제43조 또는 제96조제3항을 함께 위반한 경우도 포함한다)한 경우
   나. 제44조제1항 또는 제2항을 위반(제43조 또는 제96조제3항을 함께 위반한 경우도 포함한다)하여 운전을 하다가 교통사고를 일으킨 경우
   다. 제46조를 2회 이상 위반(제43조 또는 제96조제3항을 함께 위반한 경우도 포함한다)한 경우
   라. 제93조제1항제8호 · 제12호 또는 제13호의 사유로 운전면허가 취소된 경우

02 복수운전면허 소지자의 면허 취소 정지의 범위

우리나라에서 발급하고 있는 운전면허로는 제1종 운전면허, 제2종 운전면허 및 연습운전면허 등이 있습니다. 이중 제1종 운전면허는 세부적으로 대형, 보통, 소형, 특수면허로 나뉘며, 제2종 운전면허는 보통, 소형, 원동기장치 자전거 면허로 나뉩니다. 보통 사람의 경우 한 가지 종류의 면허만 가지고 있지만 직업적 특성으로 대형면허나 특수면허를 소지하는 분들이 늘어나게 되었고 이런 분들은 제1종 혹은 제2종의 운전면허 역시 소지하고 있는 경우가 많기에 한 명의 당사자이지만 복수의 면허 소지자가 되는 경우가 있을 수 있습니다. 그렇다면 이렇게 복수면허를 소지하여 대형면허나 특수면허를 가진 사람이 승용차를 음주운전하게 되면 어떤 범위의 면허까지 취소 되게 될까요?

원칙적으로 한 명의 운전자가 복수의 운전면허를 가지고 있는 경우 운전면허의 취소나 정지 처분을 하는 경우에는 적발 당시 운전 차량에

한 권에 담은 음주운전 사고 · 사건처리

따라 개별 취소처분을 하여야 하고 다른 면허는 서로 별개의 것으로 취급하는 것이 원칙입니다. 하지만 2019년 도로교통법의 개정으로 법 제93조에서는 "운전자가 받은 모든 범위의 운전면허를 포함한다"라고 개정하여 복수운전면허 소지자에 대한 면허 취소·정지 시 그 소지 면허를 전부를 대상으로 한다고 명확히 하였습니다.

그동안 우리 법원은 복수의 면허를 취소하는 것에 대하여 행정처분의 일부 취소의 논지를 펼치면서 당해 취소처분의 원인 되는 행위와 관련된 일체의 면허를 모두 취소하는 것은 인정되나, 이와 관련 없는 면허의 취소처분까지는 재량권을 일탈한 위법한 행정처분이라는 논리를 펴고 있었습니다. 하지만 법률의 개정으로 앞으로는 복수운전자의 경우 면허 취소·정지 시 그 소지 면허 전부가 대상이 되는 것이 일반화될 것 같습니다. 다만 도로교통법 제93제 제1항 본문은 "취소하거나 1년 이내의 범위에서 운전면허의 효력을 정지시킬 수 있다"라고 하여 임의적 재량취소로 규정되었으므로 아직도 운전자의 사정에 따라 아직도 일부 면허는 구제받을 수도 있습니다. 따라서 본인이 대형면허나 특수면허의 소지자로서 음주단속에 걸려 소지하고 있는 모든 면허가 취소된 경우 사안에 따라서 구제가 가능할 수도 있으니 전문가와 상담하여 그 구제 가능성을 살펴보시기 바랍니다.

운전면허 정지 및 취소처분 절차

만약 음주운전자가 음주단속에 적발된 경우 각 지방경찰청은 어떠한 절차에 의해서 면허를 정지시키거나 취소하게 될까요? 면허를 취소하거나 정지하는 것은 운전자에게 불이익한 처분을 하는 것입니다. 이렇게 당사자에게 불이익한 처분을 하는 경우 처분청은 이를 미리 당사자에게 사전통지로 하여야 하고 의견제출의 기회를 부여해야 합니다. 그러므로 음주단속에 걸려 면허에 대한 취소나 정지를 하려는 지방경찰청장이나 지역경찰서장은 의무적으로 운전면허 정지·취소 사전처분 통지서를 당사자에게 발송하여야 합니다.

취소처분 사전통지를 받은 운전자는 이런 통지에 대하여 다툴 부분이나 억울한 부분이 있으면 이를 경찰서에 제출할 수 있고 이런 의견을 반영하여 지방경찰청장은 최종적으로 운전면허 취소 결정통지를 하게 됩니다.

이처럼 행정청이 당사자에게 의무를 부과하거나 당사자의 권익을 제한하는 경우 이를 미리 당사자에게 사전통지를 하여야 하고 의견제출의 기회를 부여해야 합니다. 만약 이런 절차를 거치지 않는 경우 처분이 위법하게 되어 처분의 취소 사유가 되게 됩니다. 운전자가 적법한 사전통지절차를 거쳐 지방경찰청장으로부터 최종적으로 면허 취소 결정통지를 받게 되면 이 통지를 받은 날로부터 행정심판이나 행정소송을 제기할 수 있습니다.

취소처분
사전통지
(경찰서장)

의견 진술
(운전자)

지방경찰청장의
취소 결정

경찰서장의
취소 상신

운전면허
취소 결정서
통지
(지방경찰청장)

〈경찰의 운전면허 정지 및 취소처분 흐름도〉

■ 도로교통법 시행규칙 [별지 제81호의2서식] 〈개정 2021. 12. 31.〉

운전면허 취소처분 사전통지서

년호

운전면허의 취소처분을 하기 위해 「도로교통법」 제93조제4항 및 같은 법 시행규칙 제93조제1항에 따라 처분의 내용을 미리 통지하오니 의견을 제출해 주시기 바랍니다.

대상자	성명		생년월일	
	면허번호		연락처	
	주 소			

통지내용	처분 내용	운전면허 취소처분
	법적 근거 및 처분 이유	「도로교통법」 제93조제1항제20호 본인의 운전면허를 실효시킬 목적으로 자진하여 운전면허를 반납
	의견제출 기한	즉 시 ※ 위 처분에 이의가 있으면 바로 의견을 제출해 주시기 바랍니다.

년 월 일

○○경찰서장 [직인]

안내전화: 담당자 ○○○

······························· 자르는 선 ·······························

운전면허 취소처분 사전통지 확인서

본인은 운전면허 취소처분의 내용과 의견 제출기한 등을 통지받았으며, 본인의 운전면허 자진반납 의사가 명백하고 그 요청에 따른 운전면허 취소처분 사전통지 내용에 이의가 없음을 확인하여 서명·날인합니다.

년 월 일

확인자 성명

OO 경찰서장 귀하

210mm×297mm[백상지(80g/㎡) 또는 중질지(80g/㎡)]

운전면허 취소처분 결정통지서

제 호

성 명		생년월일	
주 소			
면허번호			
행정처분 결정내용	운전면허 취소처분	년 월 일	
법적 근거 및 처분 이유	「도로교통법」 제93조제1항제20호 본인의 운전면허를 실효시킬 목적으로 자진하여 운전면허를 반납		

「도로교통법」 제93조제4항 및 같은 법 시행규칙 제93조제3항에 따라 위와 같이 행정처분 결정내용을 통지하오니, 년 월 일까지 시 · 도경찰청 교통(면허)계로 운전면허증을 반납(이미 반납한 경우는 제외)하시기 바랍니다.

년 월 일

시 · 도 경 찰 서 장 직인

안내전화: 담당자 ○ ○ ○

※ **이의신청 방법 및 행정심판 청구 방법 안내**

1. 위 운전면허 행정처분에 이의가 있는 사람은 처분 결정통지를 받은 날부터 60일 이내에 「도로교통법 시행규칙」 별지 제87호서식의 운전면허처분 이의 신청서에 이 결정통지서를 첨부하여 해당 시 · 도경찰청(경찰서)에 이의를 신청할 수 있습니다.
2. 이의를 신청한 사람은 그 이의신청과 관계없이 「행정심판법」에 따라 행정처분이 있음을 안 날부터 90일[이의를 신청하여 그 결과를 통보받은 사람(결과를 통보받기 전에 행정심판을 청구한 사람은 제외합니다)은 이의신청 결과를 통보받은 날부터 90일] 이내에 해당 시 · 도경찰청(경찰서)을 경유하여 행정심판을 청구하거나, 행정심판포털(www.simpan.go.kr)을 통하여 온라인으로 행정심판을 청구할 수 있습니다.
3. 위 운전면허 취소처분에 대한 행정소송은 행정심판의 재결을 거치지 않으면 제기할 수 없습니다.

210mm×297mm[백상지(80g/㎡) 또는 중질지(80g/㎡)]

운전면허 취소·정지에 대한 이의신청

가. 운전면허 취소(정지) 처분에 대한 이의신청이란?

지방경찰청장이나 경찰서장이 운전면허의 취소처분이나 정지 처분을 하려는 경우 음주운전자에게 처분에 대한 사전통지를 하게 되고, 사전통지 처분서에는 운전자는 이에 대하여 이의신청을 할 수 있다는 내용이 첨부되어 송달되어 집니다. 이렇게 경찰은 개별 운전자의 사정을 고려하여 일정한 요건을 갖춘 경우 운전면허에 대한 제한 처분의 감경제도를 운영하고 있습니다. 이런 감경제도를 운전면허 취소(정지) 이의신청제도라고합니다,

이의신청제도는 면허 관련 행정처분을 받은 사람들 중에서 운전이 본인의 직업과 연관되고 생계에 큰 영향을 미치는 운전자를 구제하기 위한 제도로서 2004년부터 시행되었습니다. 면허의 제한 처분을 받은

당사자에게 차량 운전이 필수 불가결적인 요소이고, 초범이며, 생계형 운전자인 경우 이의신청제도를 활용해 보는 것이 좋습니다.

나. 이의신청의 기간 및 자격

운전면허에 대한 취소처분 또는 정지처분이나 연습운전면허의 취소처분에 대해 이의가 있는 사람은 행정처분을 받은 날(취소결정통지서를 받은 날)로부터 60일 이내에 운전면허 취소처분을 행한 시·도경찰청장에게 이의를 신청할 수 있습니다(도로교통법 제94조). 이의신청의 심의는 공정성을 기하기 위해 운전면허 행정처분 이의심의위원회에서 하게 됩니다(도로교통법 시행규칙 제96조 참조).

다. 이의신청이 불가능한 사유

음주운전으로 운전면허 취소처분 또는 정지처분을 받은 경우 이에 대한 운전자의 이의신청의 가능 사유로는 ① 운전이 가족의 생계를 유지할 중요한 수단이 되거나 ② 모범운전자로서 처분 당시 3년 이상 교통봉사활동에 종사하고 있거나 ③ 교통사고를 일으키고 도주한 운전자를 검거하여 경찰서장 이상의 표창을 받은 경우 등이 있습니다.

다만 이 경우에도 ① 혈중알코올농도가 0.1%를 초과하여 운전한 경우 ② 운전 중 인적 피해 교통사고를 일으킨 경우 ③ 찰관의 음주측정 요구에 불응하거나 도주한 때 또는 단속경찰관을 폭행한 경우 ④ 과거

5년 이내에 3회 이상의 인적 피해 교통사고의 전력이 있는 경우 ⑤ 과거 5년 이내에 음주운전의 전력이 있는 경우에는 이의신청 불가 사유가 되므로 주의해야 합니다(도로교통법 시행규칙 별표28).

라. 감경의 효과

이의신청을 받은 심의 위원회는 운전자의 혈중알코올농도, 사건의 경위, 생계형 사유인지 여부 등을 판단하여 그 인용, 기각 여부를 결정하게 되고 이의신청이 인용되는 경우 운전면허 취소처분의 경우 면허정지 110일로 감경되고 운전면허 정지처분 대상자의 경우 그 집행일수의 2분의 1로 감경되게 됩니다.

관련 법령

도로교통법
제94조(운전면허 처분에 대한 이의신청)
① 제93조제1항 또는 제2항에 따른 운전면허의 취소처분 또는 정지처분이나 같은 조 제3항에 따른 연습운전면허 취소처분에 대하여 이의(異議)가 있는 사람은 그 처분을 받은 날부터 60일 이내에 행정안전부령으로 정하는 바에 따라 시·도경찰청장에게 이의를 신청할 수 있다. 〈개정 2013. 3. 23., 2014. 11. 19., 2017. 7. 26., 2020. 12. 22.〉

운전면허처분 이의신청서

접수번호	접수일자		처리기간	30일 (30일 연장 가능)

신청인	성 명		주민등록번호
	주 소 　　　　　　　　　　　(전화번호 :　　　　　　　)		

면허종별 및 번호	시 · 도경찰청	종별	번호

이의신청 사유	

「도로교통법」 제94조제1항 및 같은 법 시행규칙 제95조에 따라 위와 같이 운전면허처분 이의신청을 합니다.

년 월 일

신청인　　　　(서명 또는 인)

시 · 도 경 찰 청 장 귀 하

첨부서류	운전면허처분서	수수료 없음

처리절차						

신청서 작성	→	민원실 접수	→	심의위원회 결정	→	심의결과 통지
(신청인)		(시 · 도 경찰청장)		(시 · 도 경찰청장)		(신청인)

210㎜×297㎜[백상지 80g/㎡(재활용품)]

05 운전면허 취소·정지에 대한 행정심판

가. 운전면허 취소, 정지 처분에 대한 행정심판이란?

행정심판이란 행정청의 위법·부당한 처분 그밖에 공권력의 행사·불행사 등으로 권리나 이익을 침해받은 국민이 행정기관에 청구하는 권리구제절차를 말합니다. 행정심판의 종류로는 행정청의 침익적 처분으로 권리를 침해받은 국민이 행정청의 처분에 대하여 그 취소나 변경을 구하는 취소심판 혹은 무효임을 확인해 주는 무효확인 심판 등이 있습니다. 이중 음주운전 관련 면허 취소(정지)에 대한 행정심판은 주로 취소심판이 그 주를 이루며 취소심판은 처분의 취소 또는 변경을 구할 법률상 이익이 있는 자가 청구할 수 있으므로 (행정심판법 제13조) 시도경찰청으로부터 받은 운전면허 정지·취소처분 등을 당한 당사자는 행정청의 위법 또는 부당한 공권력의 행사로 인해 자신의 권익을 침해당했다며 그 취소 또는 변경을 구하는 행정심판을 제기할 수 있습니다.

나. 행정심판 청구 기간은?

행정심판법은 행정상 법률관계를 조속히 안정시키기 위해 심판청구 기간에 제한을 두고 있습니다. 행정심판은 처분이 있음을 알게 된 날부터 90일 이내 또는 처분이 있었던 날부터 180일 이내에 청구해야 합니다(행정심판법 제27조 제1항·제3항). 여기서의 처분이 있음을 알게 된 날이란 당사자가 통지, 공고 그 밖의 방법에 의해 해당 처분이 있음을 현실적·구체적으로 알게 된 날을 의미합니다(대법원 2006. 4. 28. 선고 2005두14851 판결). 따라서 운전면허 취소(정지)에 대한 행정심판은 이의신청과 관계없이 행정처분의 송달일로부터 90일 내 제기할 수도 있고 이의신청을 거친 경우에는 그 결과를 통보받은 날로부터 90일 이내 행정심판을 제기할 수 있습니다.

다. 행정심판 제출 기관 및 제출방법

운전면허 취소처분에 대한 행정심판을 청구하려는 자는 심판청구서를 처분청(지방경찰청)이나 중앙행정심판위원회로 제출하여 행정심판을 청구할 수 있습니다. 행정심판의 청구 기간이 준수되었는지를 판단하는 기준은 심판청구서를 처분청이나 중앙행정심판위원회원회로 제출한 시기를 기준으로 합니다. 행정심판청구서는 직접 서면으로 작성하여 처분청이나 위원회로 직접방문접수 하거나, 우편접수도 가능하고 최근에는 온라인행정심판 사이트(https://www.simpan.go.kr/nsph/sph140.do)를 통하여 진행할 수도 있습니다. 온라인 행정심판의 경우 진행 상황 및 재결결과를 신속하게 확인할 수 있으므로 공동인증서나 휴대폰 인증이 가능한 경우 온라인 행정심판으로 진행하는 것이 더 편리할 수 있습니다.

라. 행정심판의 절차

① 청구인은 중앙행정심판위원회 또는 처분청에 '행정심판서'를 제출합니다.

② 답변서 제출 : 해당 지방경찰청은 행정심판청구서 접수 후 7일 이내에 답변서를 작성하여 제출합니다.

③ 청구서 답변서 회부 : 경찰청은 심판청구서와 답변서를 중앙행정심판위원회에 즉시 회부합니다.

④ 답변서 송달 : 중앙행정심판위원회는 경찰청의 답변서 사본을 청구인에게 송부하여 반박기회를 부여합니다.

⑤ 보충서면 제출 : 청구인은 청구서에 기재한 내용 이외에 경찰의 답변서에 대한 반박문 및 추가로 보충할 내용을 작성하여 제출합니다.

⑥ 위원회 개최일 통보 : 중앙행정심판위원회에서는 심판청구서, 답변서, 추가자료 등을 검토한 후 위원회를 개최합니다.

⑦ 심리/의결 통보 : 중앙행정심판위원회에서 사건을 심리/의결하고, 그 결과를 경찰청에 통보합니다.

⑧ 재결 및 재결서 송부 : 경찰청이 청구인과 해당 지방경찰청에 각각 통보합니다.

면허 취소(정지)
처분

안 날 90일
처분 날 180일

행정심판 청구

처분청   중앙행정심판위원회

청구인에게   심리 / 의결
답변서 송달

보충서면 제출   재결서 송달

행정심판의 절차

마. 행정심판이 불가능한 경우는?

　행정심판에서 위원회가 당사자에 대한 면허 취소(정지)처분이 적법
한지 고려하는 사유로는 여러 가지가 있지만 주로 그 처분의 부당성과
가혹성,생계 사유 등을 고려하고 있습니다. 따라서 운전자의 혈중알코
올농도가 지나치게 높거나, 대인·대물 사고가 있는 경우, 음주운전을
한 사람에게 다시 운전면허 정지 이상의 사유가 발생한 경우(이진 아웃
이상), 음주측정 거부죄의 경우는 도로교통법에 따라 면허를 반드시 취

소하도록 하고 있어 실질적으로 행정심판을 제기한다 하더라도 그 구제가 쉽지 않을 수 있습니다.

다만 위와 같은 사유가 있더라도 개별 특수한 사유가 존재한다면 (예를 들면 긴급피난 등으로 운전한 경우) 구제 가능성이 있을 수 있으니 꼭 전문가와 상의하고 구제 여부를 판단하시길 바랍니다.

행정심판청구서

청 구 인   이희범

                경기도 부천시 부일로 203, 214호

피청구인   인천광역시경찰청장

                인천광역시 남동구 예술로152번길 9

자 동 차 운 전 면 허 취 소 처 분 취 소

청 구 취 지

피청구인이 2021. 4. 3.자 청구인에 대하여 한 자동차 운전면허(1종 보통, 1종 대형, 면허번호: 02-OO-0000-00)취소 처분은 이를 취소한다. 라는 재결을 구합니다.

청 구 원 인

1. 청구인의 지위 및 처분내용

가. 청구인의 지위

청구인은 인천시 부평구 십정동 OOO에서 부동산 중개업에 종사하는 자입니다. 청구인은 2021. 3. 15. 경기 부천시 중동 OO주차장(이하 '이 사건 주차장'이라고 합니다)에서 혈중알코올농도 0.039%의 음주 상태로 약 7m 상당의 거리를 운전하였다는 혐의로 수사 중에 있습니다.

나. 처분내용

이에 피청구인은 청구인이 2011. 11. 10. 음주 상태에서 자동차를 운전 하였던 사실이 있고, 다시 2021. 3. 15. 음주 상태에서 자동차를 운전하 였다는 이유로 도로교통법 제93조 제1항 제2호에 따라 청구인에 대하여 제1종 대형 및 보통 운전면허(11-13-612289-30)를 취소하는 처분(이하 '이 사건 처분'이라 합니다)을 하였습니다(갑 제1호증 자동차운전면허취 소처분 결정통지서).

2. 이 사건의 경위

청구인은 당일 아내와 식사 자리를 가지며 반주로 소주 세 잔 정도를 마셨습니다. 이후 대리운전으로 집으로 귀가하기 위하여 위 음식점으 로부터 도보 5분 거리에 있는 이 사건 주차장에 22:00경 도착하였고, 22:03경 코리아 OO 대리운전(1577-1577)에 전화를 하였으나 연결이 되 지 않아 22:06경 OO 대리운전(1877-3226)에 전화를 하여 대리 기사를 배정받고 아내와 함께 차에서 대기하고 있었습니다. (갑 제2호증의 1 내 지 2 대리운전 통화기록, 갑 제3호증 대리기사 배정 문자) 대리 기사를 기다리던 중 아내가 갑작스럽게 옆구리 통증을 호소하면서 급히 화장실을 가야만 하는 돌발 상황이 발생하였고, 청구인은 아내를 주차장 바로 옆 상가 화장실 앞에 내려주기 위하여 시동을 켜 7m가량 이동하였습니다(이하 '이 사건 운전'이라 합니다). 아내를 내려 준 뒤 그곳에서 대리기사를 기다리기 위해 시동을 끄고 차에서 내리자마자 음주단속을 하는 경찰관에게 적발되어 이 사건 처분에 이르렀습니다.

3. 이 사건 처분의 위법성

가. 이 사건 처분이 적법하기 위한 요건
청구인은 도로교통법 제93조 제1항 제2호에 위반하였다는 이유로 피청구인으로부터 이 사건 처분을 받았습니다. 그런데 청구인에 대한 이 사건 처분이 유효하려면 도로교통법 제44조 제1항을 위반한 자가 재차 위 조항을 위반한 사실이 인정되어야 하나, 청구인의 운전은 다음과 같은 이유로 긴급피난에 해당하여 위법성이 조각되는바 도로교통법상 음주운전죄가 성립하지 않으므로 결국 이 사건 처분은 위법하다 할 것입니다.

나. 긴급피난
청구인의 아내는 스트레스성 요실금과 요관결석 진단을 받아 약을 처방받고 치료 중인 상태였습니다(갑 제4호증 탄원서, 제5호증 진단서, 갑 제6호증 처방전). 요관결석의 경우 소변을 참으면 찢어질 듯한 고통을 겪게 되고 참을수록 증세가 더 악화되므로 소변을 잠시라도 참는 것이 거의 불가능한 질병입니다. 청구인으로서는 금방이라도 소변이 흘러나올 수도 있는 상황과 옆구리 통증으로 너무도 고통스러워 하고 있는 아내를 차에서 내리게 해 혼자 화장실을 걸어서 찾아가도록 놔둘 수만은 없는 상황이었습니다. 또한 아내와 청구인 단둘이 차에서 대리운전 기사를 기다리고 있었기에 고통스러워하는 아내를 도울 사람은 청구인밖에 없었고, 일각을 다투는 상황에서 주변에 도움을 요청할 시간적 여유도 전혀 없었습니다. 위 사정들을 종합하여 보면 청구인에게 이 사건 운전 외에 아내를 도울 다른 수단이 없었다는 사실은 사회통념상 명백하다 할 것입니다. 이 사건 운전은 현재의 위난에 처한 법익을 보호하기 위한 피난 행위에 해당함이 명백합니다. 또한 그로써 침해된 도로교통의 안전이라는 사회적 법익보다 신체의 안전이라는 법익이 우월하므로 긴급 피난 행위로써 보호되어야 할 마땅한 가치가 있습니다. 따라서 청구인의 운전행위는 긴급피난에 해당하여 위법성이 조각되므로 도로교통법 제44조 제1항 위반(음주운전)죄가 성립되지 않는바, 피청구인이 도로교통법 제93조 제1항 제2호를 근거로 청구인에 대하여 한 이 사건 취소처분은 위법하다 할 것입니다.

다. 청구인에 대한 면허 취소처분이 가혹한 사정

1) 설령 이 사건 운전이 긴급피난으로 인정되지 않는다 하더라도, 청구인에 대한 이 사건 취소처분은 다음과 같은 이유로 비례의 원칙에 위배되어 매우 가혹하다 할 것입니다.

2) 청구인에게는 음주운전을 할 의도가 전혀 없었습니다.

청구인은 이미 대리기사를 불러 기다리고 있는 상태였던바 음주운전을 의도할 조금의 여지조차 없었다는 것이 명백합니다(갑 제2호증의 1 내지 3 대리운전 통화기록, 갑 제3호증 대리기사 배정 문자). 청구인이 22:06경 대리운전에 연락하여 기사를 기다리는 도중에 돌발 상황이 발생하여 22:13경 주차장에서 나와 차량을 다소 이동한 것은 맞으나(갑 제7호증 계좌거래내역), 위와 같은 위급상황이 없었더라면 청구인이 음주운전을 할 이유가 전혀 없었던 것입니다.

3) 청구인의 음주 수치는 매우 경미한 정도에 해당합니다.
청구인이 이 사건 운전으로 적발 당시 측정된 음주 수치는 0.039%입니다. 음주 수치 역시 비교적 경미한 수준이었다는 점을 참작하여 주시기 바랍니다.

4) 청구인에게 운전면허는 생계의 수단입니다.
청구인은 공인중개사의 직업 특성상 매일 손님을 태워 여러 곳의 부동산을 운전을 하며 다녀야 하는데, 이 사건 처분으로 청구인의 운전면허가 취소된다면 청구인은 2년간 생계의 수단을 잃게 되는 매우 절박한 상황입니다.

5) 청구인의 깊은 반성의 태도
청구인은 경제적으로 어려운 상황 속에서도 평소 봉사활동을 통하여 지역사회에 작은 힘이라도 보태기 위하여 노력해 오던 자로서(갑 제13호증의 1 내지 3 봉사활동확인서), 청구인이 현재 이 사건 운전에 대하여 깊이 후회하고 반성하고 있다는 점을 알아주시기 바랍니다(**갑 제14호증 반성문**).

라. 소결

(1) 청구인의 음주운전 동기 및 경위를 보면 긴급피난으로서 위법성이 조각되므로 도로교통법상 음주운전죄가 성립하지 않는바, 결국 이 사건 면허취소처분은 위법하고, (2) 설령 긴급피난에 해당하지 않더라도 이 사건 처분으로 인하여 청구인이 받게 될 불이익이 보전되는 법익에 비하여 상당한 수준이므로 이 사건 처분은 비례의 원칙에 위배되어 위법하다 할 것입니다.

4. 결 어

앞서 검토한 내용을 종합하여 볼 때 피청구인의 청구인에 대한 운전면허취소처분은 위법하거나 부당한 처분이므로 이를 취소하여 주시기 바랍니다.

증 명 방 법

1. 갑 제1호증   자동차운전면허취소처분 결정통지서
1. 갑 제2호증의 1 내지 2   대리운전 통화기록

1. 갑 제3호증   대리기사 배정 문자

1. 갑 제4호증   탄원서

1. 갑 제5호증   소견서

1. 갑 제6호증   처방전

1. 갑 제8호증   계약사실확인원

1. 갑 제9호증   주민등록등본

1. 갑 제10호증   가족관계증명서

1. 갑 제11호증   사업자등록증

1. 갑 제12호증   탄원서

1. 갑 제13호증의 1 내지 3   봉사활동확인서

1. 갑 제14호증   반성문

첨 부 서 류

1. 위 증명방법   각 1부
1. 신청서부본   1부

2021. 4. 15.

청구인 이희범

중앙행정심판위원회 귀중

06 운전면허 처분 행정(취소)소송

가. 행정소송이란?

운전면허 취소 및 정지에 대한 이의신청, 행정심판을 모두 거쳤음에도 면허구제 방법이 없다면 최종적으로 행정소송을 생각해 볼 수 있습니다. 행정소송법은 행정소송절차를 통하여 행정청의 위법한 처분 그 밖에 공권력의 행사·불행사 등으로 인한 국민의 권리 또는 이익의 침해를 구제하고, 공법상의 권리관계 또는 법 적용에 관한 다툼을 적정하게 해결함을 목적으로 한다고 규정하고 있고(행정소송법 제1조), 면허를 취소하는 처분은 국가 공권력의 행사이므로 이런 공권력에 행사의 위법 부당함이 있다면 소송을 통하여 다툴 수 있습니다. 운전면허에 관한 소송은 운전면허 취소소송이 주를 이룹니다. 운전면허 취소로 인해 운전자의 직업을 유지하기 힘들고 생계적 위험이 있고 다른 구제절차를 통해 구제받지 못했다면 최종적으로 자신의 권익을 위하여 행정소송을 고려해 볼 수 있습니다.

나. 행정심판 전치주의

우리 행정소송법은 임의적 전치주의를 원칙으로 하여 행정심판을 거치지 아니하고도 행정소송을 제기할 수 있도록 하고 있으나 개별법에 근거가 있는 경우 예외적으로 행정심판 전치주의를 채택하고 있습니다(행정소송법 제18조 제1항). 도로교통법에서는 운전면허 취소(정지) 처분에 대한 행정소송은 행정심판의 재결을 거치지 않으면 이를 제기할 수 없다고 규정하고 있습니다(필요적 전치주의). 그러므로 자신에 대한 운전면허 정지·취소처분에 대한 행정소송을 제기하려는 자는 반드시 행정심판을 거쳐야 합니다. 그럼 당사자가 행정심판을 거치지 않고 행정소송을 제기하는 경우는 어떻게 될까요? 원칙적으로 행정심판의 재결이 있기 전에 소를 제기하는 경우 이는 소송요건을 불비한 것으로 각하 판결을 받게 됩니다. 다만 실무적으로는 비록 행정심판을 거치지 않은 경우라도 바로 각하하지 않고 재결을 기다리는 등 보완 후 본안 판단을 하고 있습니다.

다. 행정(취소)소송 제기기간

행정소송에서 말하는 '제소기간'이란 처분 등의 상대방 또는 제3자가 소송을 적법하게 제기할 수 있는 기간을 말합니다. 운전면허 취소처분에 대한 취소소송은 처분 등이 있음을 안 날부터 90일 이내에 제기해야 하고, 처분 등이 있은 날부터 1년이 지나면 제기하지 못합니다(행정소송법 제20조). 즉 위 기간을 모두 만족해야 하며 어느 하나의 기간이라도 지나게 되면 행정소송을 제기할 수 없게 됩니다. 다만 행정심판 전치주의를 취하고 있는 현행법에서는 실무적으로는 행정심판을 거쳐 행정소송을 제기하게 되므로 주로 행정심판의 재결서를 송달받은 날로부터 90일 이내 소송을 제기하게 됩니다.

물론 정당한 사유가 있는 경우에는 행정심판을 거치거나 거치지 않거나 모두 1년의 기간이 지나도 취소소송을 제기할 수 있습니다(행정소송법 제20조제 2항 단서조항). 여기서 말하는 '정당한 사유'는 불확정 개념으로서 정당한 사유가 있는지의 여부는 제소기간 도과의 원인 등 여러 사정을 종합하여 지연된 제소를 허용하는 것이 사회통념상 상당하다고 할 수 있는가에 의해 판단됩니다. 대법원 역시 행정소송법 제20조에서 말하는 정당한 사유는 당사자가 그 책임을 질 수 없는 사유나 천재, 지변, 전쟁, 사변 그 밖에 불가항력적인 사유보다는 넓은 개념이라고 판시하고 있습니다(대법원 1991. 6. 28. 선고 90누6521 판결).

관련 법령

행정소송법
제20조(제소기간)
① 취소소송은 처분 등이 있음을 안 날부터 90일 이내에 제기하여야 한다. 다만, 제18조 제1항 단서에 규정한 경우와 그 밖에 행정심판청구를 할 수 있는 경우 또는 행정청이 행정심판청구를 할 수

한 권에 담은 음주운전 사고 · 사건처리

있다고 잘못 알린 경우에 행정심판청구가 있은 때의 기간은 재결서의 정본을 송달받은 날부터 기산한다.

② 취소소송은 처분 등이 있은 날부터 1년(第1項 但書의 경우는 裁決이 있은 날부터 1年)을 경과하면 이를 제기하지 못한다. 다만, 정당한 사유가 있는 때에는 그러하지 아니하다.

③ 제1항의 규정에 의한 기간은 불변기간으로 한다.

운전면허 취소처분 취소소송 개요도

라. 면허 취소처분 취소소송의 판단 기준

운전면허 관련 행정(취소)소송에서 판사는 무엇을 고려하여 행정청의 운전면허 취소처분의 위법 부당을 판단하게 될까요? 도로교통법 제93조 제1항 본문 제1호는 술에 취한 상태에서 자동차를 운전한 경우 지방경찰청장은 행정자치부령으로 정하는 기준에 따라 운전면허를 취소하거나 1년 이내의 범위에서 운전면허의 효력을 정지시킬 수 있다고 규정하고 있고, 위 법의 위임을 받은 도로교통법 시행규칙 제91조 제1항은 운전면허를 취소 또는 정지시킬 수 있는 기준을 별표 28에 규정하고 있습니다. 도로교통법 시행규칙 별표 28 제2항 2번은 혈중알코올농도 0.08% 이상의 주취 상태에서 운전한 때에는 운전면허를 취소하도록 규정하고 있고, 제1의 바 ⑴ (가)항은 음주운전으로 운전면허 취소처분을 받은 경우 '운전이 가족의 생계를 유지할 중요한 수단이 될 때'를 처분기준의 감경 사유로 삼고 있습니다.

이런 도로교통법의 내용과 체계에 비추어 보면 도로교통법 제93조 제1항 본문 제1호에 따른 운전면허 취소 또는 정지처분은 지방경찰청장의 '재량 행위'이고 운전면허 취소 또는 정지처분의 기준을 정한 도로교통법 시행규칙 별표 28은 재량준칙에 해당하게 됩니다. 따라서 면허 취소처분이 위 도로교통법 시행규칙 별표 28에 따라 행하여졌다 하더라도 그 위법성은 행정청이 '처분'을 함에 있어 재량권을 일탈·남용한 위법이 있는지 여부에 따라 판단하게 됩니다.

마. 음주운전 면허 취소에서의 재량권 일탈 남용

보통 우리가 면허구제에 관한 행정소송을 제기하면 그 청구취지는 "피고가 원고에게 한 자동차 운전면허 취소처분을 취소하라"라고 쓰게 됩니다. 행정소송법 제27조는 행정청의 재량에 속하는 처분이라고 재량권의 한계를 넘거나 그 남용이 있는 때에는 법원은 이를 취소할 수 있다, 라고 규정하고 있으므로 운전면허 취소에 대한 행정소송은 당사자의 면허를 박탈하는 것이 왜 재량권의 일탈 남용인가를 밝히는 과정이 됩니다.

하지만 운전면허 관련 행정소송의 인용 건수를 보더라고 면허 취소처분에 대한 취소소송이 그리 쉽지만은 않습니다. 우리 법원은 운전이 생계의 수단인 운전자가 음주운전을 한 경우 그 개인적 사정을 배려하기보다는 음주운전을 방지하는 일반 예방적 측면에 무게를 두는 일관성을 유지해 오고 있기 때문입니다. 음주운전을 이유로 한 운전면허의 취소가 행정청의 재량행위라고 하여도 오늘날 자동차가 대중적인 교통수단이고 그에 따라 대량으로 자동차 운전면허가 발급되고 있는 상황이나 음주운전으로 인한 교통사고의 증가 및 그 결과의 참혹성 등에 비추어 볼 때, 음주운전으로 인한 교통사고를 방지할 공익상의 필요는 더욱 강조되어야 하고 운전면허 취소에 있어서는 일반의 수익적 행정행위의 취소와는 달리 그 취소로 인하여 입게 될 당사자의 불이익보다는 이를 방지하여야 할 일반 예방적 측면이 더욱 강조되어야 하며, 특히 당해 운전자가 자동차 운전을 업으로 삼고 있는 자인 경우에는 더욱더 그러하다고 볼 여지가 많기 때문입니다(2007두 17021 판결 등 참조).

따라서 본인의 사정을 고려하여 행정소송을 결정하되 꼭 전문가와 상의 후 음주운전 면허 취소에서의 재량권 일탈 남용이 있는가를 검토하여 취소소송제기 여부를 판단하시기 바랍니다.

Q&A
행정소송에서 구제받기 위해 당사자는 어떤 점을 주장하면 좋을까?

행정청이 운전면허를 받은 사람에게 음주운전으로 인하여 면허를 취소하거나 면허를 정지하는 것은 일종의 재량행위입니다. 행정소송법 제27조에서는 "행정청의 재량에 속하는 처분이라도 재량권의 한계를 넘거나 그 남용이 있는 때에는 법원은 이를 취소할 수 있다"라 규정하고 있으므로 당사자는 행정청의 행위가 재량권을 벗어난 부분을 주장해야 합니다. 모든 사건에 기준을 똑같이 적용할 수는 없겠지만 실제 취소소송에서는 음주운전을 하게 된 동기 및 경위, 운전 거리, 사고 및 피해 여부, 생계형 사유의 유무, 기타 개인별 참작 사유 등을 고려하여 그 취소 여부를 고려하고 있습니다. 최근 하급심에서는 와이프의 신장 투석을 위해 병원 방문 음주운전을 한 운전자의 면허를 구제한 사례가 있고 대리기사를 부르고 주차장에 도착 후 매우 짧은 거리를 운전한 운전자의 면허를 구제한 사례도 있습니다. 이처럼 행정소송에서는 위의 열거한 사유를 중심으로 면허 취소가 가져오는 당사자의 불이익을 잘 주장하여야 면허구제의 가능성을 올릴 수 있습니다.

07 면허 취소(정지)처분과 집행(효력)정지

집행정지란 취소소송 혹은 취소심판이 제기된 경우에 그 집행 또는 절차의 속행으로 회복하기 어려운 손해를 예방하기 위하여 긴급할 필요가 있을 때 법원이 당사자의 신청 또는 직권에 의해 그 처분의 집행을 잠정적으로 (본안 판결 시까지) 정지하도록 결정하는 것을 말합니다(행정소송법 제23조 제2항). 보통 음주단속으로 인해 적발되면 면허 취소(정지) 절차에 의해 면허가 당연 취소됩니다. 하지만 만약 면허 취소처분의 부당함이 존재하는 경우에 위법성이 밝혀지기도 전에 면허가 취소되어 생계를 유지하기 힘들게 된다면 이는 신청인의 회복하기 어려운 손해나 중대한 손해를 입을 우려가 있게 됩니다. 그래서 이런 경우를 대비해 신청인은 자동차 운전면허 취소(정지)처분의 부당함을 소송으로 다투기 전에 그 취소처분의 효력이 발생하는 것을 막기 위하여 자동차 운전면허 취소처분 효력정지신청을 할 수 있습니다. 이런 효력정지신청이 받아들여지면 취소처분의 효력이 취소 소송(심판)의 본안 판결 시까지 정지됩니다.

Q&A
집행정지의
요건은?

집행정지는 행정처분의 효력을 잠정적으로 정지시키기 위해 본안의 소 제기 와 동시 혹은 본안의 계속 중에 신청하는 것으로 ① 집행정지의 이익이 있어야 하고 ② 본안소송이 적법하게 계속 중이어야 하며 ③ 회복하기 어려운 손해 발생의 우려가 있으며 ④ 긴급성 ⑤ 공공복리에 중대한 영향을 미치게 할 우려가 없어야 하고 ⑥ 본안청구가 이유 없음이 명백하지 아니할 것의 요건을 갖추어야 합니다.

집행정지가 인용되는 경우 집행정지 결정은 그 사건에 관하여 당사자인 행정청과 그 밖의 관계 행정청을 기속하게 됩니다. 따라서 운전면허 취소처분 효력정시 신청 인용결정이 있는 경우 해당 처분의 구속력을 일단 정지시킴으로써 해당 행정처분 등이 없었던 것과 같이 되므로 운전을 계속할 수 있게 됩니다.

한 권에 담은 음주운전 사고 · 사건처리

제23조(집행정지)

① 취소소송의 제기는 처분 등의 효력이나 그 집행 또는 절차의 속행에 영향을 주지 아니한다.

② 취소소송이 제기된 경우에 처분 등이나 그 집행 또는 절차의 속행으로 인하여 생길 회복하기 어려운 손해를 예방하기 위하여 긴급한 필요가 있다고 인정할 때에는 본안이 계속되고 있는 법원은 당사자의 신청 또는 직권에 의하여 처분 등의 효력이나 그 집행 또는 절차 속행의 전부 또는 일부의 정지(이하 "執行停止"라 한다)를 결정할 수 있다. 다만, 처분의 효력정지는 처분 등의 집행 또는 절차의 속행을 정지함으로써 목적을 달성할 수 있는 경우에는 허용되지 아니한다.

③ 집행정지는 공공복리에 중대한 영향을 미칠 우려가 있을 때에는 허용되지 아니한다.

④ 제2항의 규정에 의한 집행정지의 결정을 신청함에 있어서는 그 이유에 대한 소명이 있어야 한다.

⑤ 제2항의 규정에 의한 집행정지의 결정 또는 기각의 결정에 대하여는 즉시항고할 수 있다. 이 경우 집행정지의 결정에 대한 즉시항고에는 결정의 집행을 정지하는 효력이 없다.

⑥ 제30조제1항의 규정은 제2항의 규정에 의한 집행정지의 결정에 이를 준용한다.

자동차 운전면허취소처분
효력정지신청

신 청 인   이희범(831128-OOOOOOO)

                경기도 OO시 OO동

피신청인   OO지방경찰청장

                경기도 OO시 OO동

자 동 차 운 전 면 허 취 소 처 분 효 력 정 지 신 청

신 청 취 지

피신청인이 2022. 3. 28.자 신청인에 대하여 한 자동차 운전면허(1종 보통, 면허번호 : 02-OO-0000-00)취소 처분의 효력은 OO지방법원 2022 구단 0000 자동차운전면허취소처분 취소청구사건의 본안 판결 확정 시까지 이를 정지한다.

라는 결정을 구합니다.

신 청 이 유

1. 신청인 지위 및 처분 내용

가. 신청인의 지위

신청인은 00루0000호 화물차의 운전업무에 종사하는 자로서, 2022. 1. 6. 12:00경 음주 상태에서 위 화물차를 운전하여 부천시 00 로를 지나가던 중 피해자의 차를 손괴하고도 피해자를 구호하는 등 필요한 조치를 취하지 않고 그대로 도주하였다는 범죄사실로 2021. 12. 11. 벌금 5백만 원의 약식명령을 받고 정식재판을 청구하여, 2022. 2. 9.경 무죄의 판결을 받은 자입니다

나. 처분의 내용

피신청인은 도로교통법 제93조 제1항 6호(사고후 미조치)를 근거로, 신청인의 위 자동차 운전면허를 2019. 4. 13.자로 취소한 자입니다(이하 '이 사건 처분'이라고 합니다)(소갑제1호증).

2. 이 사건 처분의 부당성

가. 무죄 판결

(1) 신청인에 대한 관련 형사 사건 재판부는 아래의 여러 증거를 종합적으로 고려하여, 피고인에 대한 특정범죄가중처벌 등에관한 법률 위반

(도주차량) 및 도로교통법 위반(사고 후미 조치)의 점 및 도로교통법 위반(음주운전)에 대하여 무죄를 선고하였고, 교통사고처리특례법 위반에 점에 대하여는 공소기각하였습니다.

(2) 관련 형사 사건 재판부가 무죄 판결을 한 이유를 요약하면, 이 사건 당시 신청인의 혈중알코올농도가 증명되지 않았고 신청인이 뇌전증 발작으로 인하여 이 사건 사고의 발생 사실을 인식하지 못하였을 가능성을 배제할 수 없다는 것입니다.

나. 소결

(1) 신청인은 오래전부터 뇌전증(일명 간질) 치료를 받고 있습니다. 삼성서울병원의 회신에 의하면, **운전 중 뇌전증에 의한 복합부분발작이 발생하는 경우 행동은 어느 정도 유지하지만, 주변에서 일어나는 일에 대하여 인식하지 못하고 기억하지 못하는 경우**가 있고(소갑제3내지5호증),

(2) 부천순천향 병원의 **위 회신 내용은 신청인의 주장 및 피해자의 진술과 대부분 일치**하는 것이었습니다. 물 치료를 받고 신청인은 사업체를 새롭게 인수하여 운영하는 과정에서 극심한 스트레스를 받았고, 정신적, 신체적으로 매우 무리를 하게 되었습니다(소갑제6호증). 이 같은 사정이 복합적으로 작용하여, 약물치료 중임에도 신청인에게 급작스런 복합부분발작이 발생한 것으로 보입니다.

3. 효력정지의 필요성

가. 이 사건 처분의 취소 가능성

이상과 같이 이 사건 처분의 근거가 되었던 범죄 행위에 대한 무죄 판결이 있었고, 향후 관련 형사 사건이 무죄로 확정될 경우 이 사건 처분은 위법·부당한 처분으로서 취소되어야 할 운명입니다.

나. 효력정지가 시급한 사정

(1) 신청인은 현재 주유소를 운영하고 있는데 소규모 영세 주유소이기 때문에 신청인이 직접 매일 거래처에 기름을 배달해야 하므로, 신청인에게 운전은 생계와 곧바로 직결되는 것입니다.

(2) 신청인은 이 사건 사고 발생 후인 2015. 4. 17. 결혼을 하였고, 한 가정의 가장으로서 가족들의 생계를 책임져야 할 입장인데, 신청인은 현재 이 사건 처분으로 인해 적자를 무릅쓰고 다른 사람을 고용하여 기름 배달을 하고 있습니다.

(3) 관련 형사 사건 무죄 판결이 있었음에도, 신청인이 계속하여 운전을 계속할 수 없는 상황에 있는 것은 적절하지 않다고 보여지므로, 신청인의 생계유지를 위하여 이 사건 처분의 효력을 정지할 필요성이 인정된다고 할 것입니다.

다. 소결

앞서 본 바와 같이, **형사 무죄 판결이 있었던 사실과 피고인이 생계유지를 위해 운전을 반드시 해야 하는 점 등을 고려**하였을 때, 신청인에 대한 이 건 운전면허취소처분의 효력이 그대로 유지된다면, 후일 신청인이 운전면허취소처분 취소소송의 본안 판결에서 승소하더라도, 신청인의 생계와 가정생활에 막대한 피해를 입을 것이 명백하다 할 것이므로, 신청인은 운전면허취소처분 취소소송의 본안 판결 확정 시까지 신청인이 입을 피해를 미연에 방지하고자 부득이 이건 신청에 이르게 되었습니다.

4. 결어

이상의 점을 종합적으로 고려하시어, 이 사건 처분의 효력을 정지시켜 주시길 앙망합니다.

소 명 방 법

1. 소갑제1호증	자동차운전면허취소결정통지서
1. 소갑제2호증	형사판결문
1. 소갑제3호증	소견서(부천순천향병원)
1. 소갑제4, 5호증	각 사실조회회신서

첨 부 서 류

1. 위 소명방법   각 1부
1. 인지 및 송달료 납부서   각 1부

                            2022. 2. 29

                        신청인 이희범

                    00지방법원 귀중

형사재판 선고유예, 기소유예 시 면허 재취득 가능 여부

운전면허 취소(정지) 처분의 경우 행정심판이나 행정소송을 통한 구제율은 그리 높지 않습니다. 특히 음주사건의 경우 명백한 증거들이 많고 재범 이상인 경우가 많아 다른 면허 취소 사건과 비교하여 더욱 구제가 더 어려울 수밖에 없습니다. 음주운전 사건은 행정 사건과 별개로 형사 사건 역시 진행되게 되게 됩니다. 음주운전자는 법을 어겼으므로 형벌을 위해 형사절차를 진행해야만 하는 것이죠. 만약 이런 형사소송절차에서 운전자가 선고유예나 기소유예가 처분을 받는 경우 행정 절차와는 별개로 면허의 재취득 기회가 생길 수 있습니다.

하지만 최근 검찰의 음주사건 강경 대응에 따라 음주사건에서 기소유예를 받는 것은 매우 힘들어졌습니다. 제 경험을 보아도 정말 특이한 사항이 있지 않은 이상 음주사건에서 기소유예는 찾아보기 힘들어졌습니다. 다만 음주사건이 재판까지 진행될 경우 판사는 형사재판에서 형을 정함에 있어서 범행동기 수단 결과, 정황, 범인의 연령, 성행, 지능과 환경 등을 참작하여야 하므로 (형법 제51조) 음주 수치가 매우 낮고, 운 행거리가 매우 짧고 운전을 할 수밖에 없었던 상황 (이동 주차, 대리기사의 이탈 등) 등을 형사사건에서 잘 주장하면 판사님이 본형을 선고하면서 피고인을 배려해 주어 선고를 유예해 주실 수도 있습니다. 이렇게 형사재판에서 벌금형 미만 혹은 선고유예가 확정되는 경우 도로교통법 제82조 제2항 단서에 따라 운전자는 결격 기간 내에도 운전면허를 재취득할 수 있습니다.

관련 법령

제51조(양형의 조건) 형을 정함에 있어서는 다음 사항을 참작하여야 한다.
1. 범인의 연령, 성행, 지능과 환경
2. 피해자에 대한 관계
3. 범행의 동기, 수단과 결과
4. 범행 후의 정황

형법 제59조
1년 이하의 징역이나 금고, 자격정지 또는 벌금의 형을 선고할 경우에 제51조의 사항을 고려하여 뉘우치는 정상이 뚜렷할 때에는 그 형의 선고를 유예할 수 있다. 다만, 자격정지 이상의 형을 받은 전과가 있는 사람에 대해서는 예외로 한다.

Q&A

기소유예 vs 선고유예
무엇이 다른가요?

기소유예와 선고유예는 정확히 무엇이 다를까요? 기소유예는 검찰의 불기소처분 중에 하나로서 피의사실이 일부 인정되나 형법 제51조를 고려하여 기소까지는 하지 않겠다는 의미입니다. 즉, 기소유예가 되는 경우 재판이 열리지 않으며 기소편의주의를 취하고 있는 우리나라의 현실상 검사가 공소를 제기하지 않으므로 피고인에 대한 처벌은 거기서 마무리가 됩니다, 이는 불기소처분이므로 기소에 의해 개시되는 형사재판을 받지 않게 되고, 따라서 형사재판의 유죄 판결을 전제로 하는 전과가 생기지 않는다는 장점이 있습니다. 반면 선고유예는 법원의 처분으로서 검사가 기소한 사건에 대하여 법원이 판단하기에 그 정도가 경미한 범인에 대하여 일정한 기간 형(刑)의 선고를 유예하고, 그 유예기간을 사고 없이 지내면 형의 선고를 면하게 하는 제도로 이해하시면 됩니다. 기소유예와 선고유예 모두 면허구제와 관점에서는 꼭 받아야 하는 형사 처분이라고 보시면 됩니다.

09 공무원의 음주운전과 징계

가. 공무원의 신분상 특징으로 인한 징계

2019년도 윤창호법의 시행으로 국민들에게 음주에 대한 강화된 처벌이 적용되면서 동시에 공무원에 대한 음주운전 징계기준 역시 강화되었습니다. 공무원의 경우 도로교통법상의 처벌, 면허 취소 등 행정처분과 별개로 음주에 대한 징계 처분이 법률에 정해져 있고 음주운전을 한 공무원은 필연적으로 그 징계를 받을 수밖에 없습니다. 그동안 음주운전을 한 공무원의 경우 면책, 감봉 등 경징계에 해당하는 처분이 나오는 경우가 많았으나 이제 그 횟수나 사고 발생 여부에 따라 파면 해임 등 중징계 처분 역시 많이 나오고 있는 추세입니다.

나. 공무원 징계의 종류 및 징계기준

공무원 징계의 경우 파면·해임·강등·정직·감봉·견책(譴責)으로 구분하게 됩니다. 이 중 파면, 해임 등은 신분을 배제하는 중징계이고 강등·정직은 신분을 제한하는 중징계, 감봉·견책은 신분을 제한하는 경징계에 해당합니다. 공무원 징계령 시행규칙 [별표1의 5]에서는 각 음주사건의 경우 징계위원회가 징계사건을 의결할 때 참고하도록 기준을 정하여 놓았습니다. 공무원 징계위원회의 경우 운전자의 음주횟수, 인적·물적 피해, 운전 관련 공무원 여부 등을 참고하여 그 징계를 정하게 됩니다.

음주운전 징계기준

■ 공무원 징계령 시행규칙 [별표 1의5] 〈개정 2021. 12. 30.〉

음주운전 유형			처리기준	비고
최초 음주운전을 한 경우	혈중알코올농도가 0.08퍼센트 미만인 경우		정직 – 감봉	1. "음주운전"이란 「도로교통법」 제44조 제1항을 위반하여 음주운전을 한 것을 말한다. 2. "음주측정 불응"이란 「도로교통법」 제44조제 2항을 위반하여 음주측정에 불응한 것을 말한다. 3. "운전업무 관련 공무원"이란 운전직류 및 집배운영직류 공무원 등 운전을 주요 업무로 하는 공무원을 말한다. 다만, 운전업무 관련 공무원이 음주운전을 하였더라도 운전면허취소나 운전면허정지 처분을 받지 않은 경우에는 혈중알코올농도에 따른 징계 처리기준을 적용한다. 4. 음주운전 횟수를 산정할 때에는 행정안전부령 제253호 공무원 징계령 시행규칙 일부개정령의 시행일인 2011년 12월 1일 이후 행한 음주운전부터 산정한다.
	혈중알코올농도가 0.08 퍼센트 이상 0.2퍼센트 미만인 경우		강등 – 정직	
	혈중알코올농도가 0.2퍼센트 이상인 경우		해임 – 정직	
	음주측정 불응의 경우		해임 – 정직	
2회 음주운전을 한 경우			파면 – 강등	
3회 이상 음주운전을 한 경우			파면 – 해임	
음주운전으로 운전면허가 정지 또는 취소된 상태에서 운전을 한 경우			강등 – 정직	
음주운전으로 운전면허가 정지 또는 취소된 상태에서 음주운전을 한 경우			파면 – 강등	
음주운전으로 인적·물적 피해가 있는 교통사고를 일으킨 경우	상해 또는 물적 피해의 경우		해임 – 정직	
	사망사고의 경우		파면 – 해임	
	사고 후 「도로교통법」 제54조 제1항에 따른 조치를 하지 않은 경우	물적 피해 후 도주한 경우	해임 – 정직	
		인적 피해 후 도주한 경우	파면 – 해임	
운전업무 관련 공무원이 음주운전을 한 경우	면허취소 처분을 받은 경우		파면 – 해임	
	면허정지 처분을 받은 경우		해임 – 정직	

다. 징계처분에 불복하는 방법

공무원의 경우 징계의 종류와 처분 기간에 따라서 퇴직급여, 월 보수, 승급의 제한 등 불이익이 될 수 있는 여지가 많으므로 억울할 수 있는 상황에 경우 징계에 불복하여 그 처분을 감경받거나 취소할 수 있는 방안을 강구 해야 합니다. 그렇다면 공무원에 대한 징계처분으로 징계를 받은 공무원은 이 처분에 대하여 어떻게 불복할 수 있을까요?

① 소청심사 청구

소청이란 징계처분 기타 그의 의사에 반하는 불이익처분을 받은 자가 그 처분에 불복이 있는 경우에 관할 소청심사위원회에 심사청구하는 행정심판을 말합니다. 지방공무원법 제67조 제1항은 "임용권자가 공무원에 대하여 징계처분을 할 때와 강임·휴직·직위해제 또는 면직처분을 할 때에는 그 공무원에게 처분의 사유를 적은 설명서를 교부하여야 한다"라고 규정하고 있고, 같은 법 제2항은 "제1항에 따른 설명서를 받은 공무원이 그 처분에 불복할 때에는 설명서를 받은 날부터 30일 이내 또는 공무원이 제1항에서 정한 처분 외에 본인의 의사에 반하는 불이익처분을 받았을 때에는 그 처분이 있는 것을 안 날부터 30일 이내에 심사위원회에 그 처분에 대한 심사를 청구할 수 있다. 이 경우 변호사를 대리인으로 선임할 수 있다"라고 규정하고 있습니다. 따라서 음주운전으로 징계를 받은 공무원은 직접 혹은 변호사를 선임하여 처분사유설명서를 교부받은 때 또는 처분사유설명서를 받지 않은 경우에는 그 처분이 있음을 안 날로부터 30일 이내에 관할 지방공무원 소청심사위원회에 소청을 제기할 수 있습니다.

이때 공무원이 국가공무원경우 국가공무원법에 의거 인사혁신처 소청심사위원회에 소청심사·청구가 가능하고, 지방공무원인경우 지방공무원법에 의거 지방시·도 소청심사위원회에 소청심사·청구가 가능합니다. 교육행정기관 및 교육기관 소속의 일반직 지방공무원은 시·도교육 소청심사위원회에 소청심사·청구하고 각급 학교 교원은 교원소청심사위원회에서 소청심사를 청구하게 됩니다. 소청심사 위원회의 결정은 처분행정청을 기속하며 감사원의 재심요구가 없는 한 행정기관의 최종 결정으로 확정됩니다. 소청심사는 특별한 사정이 없는 한 60일 이내에 처리되도록 되어 있습니다.

② 행정소송 제기

소청에서도 처분의 감경이나 구제를 받지 못한 경우 소청인(공무원)이 위원회의 결정을 받아들일 수 없다면, 소청결정문을 받은 날로부터 90일 이내에 관할 행정법원(지방법원 합의부)에 행정소송을 제기할 수 있습니다. 지방공무원법에서는 "징계 처분, 그 밖에 본인의 의사에 반한 불리한 처분이나 부작위에 관한 행정소송은 심사위원회의 심사·결정을 거치지 아니하면 제기할 수 없다"라고 규정하고 있으므로(필요적 전치주의) 소청심사위원회에 소청을 제기하지 않고 곧바로 직위해제처분취소의 행정소송을 제기할 수는 없지만 소청절차를 거친 경우 행정소송을 통하여 구제를 고려해 볼 수 있습니다.

음주운전 관련 최신 판례 및 재결례

‖ 음주운전 관련 최신판례 모음

1. 수원지방법원 성남지원 2022. 2. 10. 선고 2021고단3336 도로교통법위반 (음주측정거부)

[범죄사실] 음주운전전력2회, 음주측정거부

피고인은 2008. 12. 30. 서울중앙지방법원에서 도로교통법위반(음주운전)죄로 벌금 200만 원의 약식명령을 발령받고, 2010. 8. 19. 서울남부지방법원에서 도로교통법위반(음주운전)죄 등으로 징역 8월에 집행유예 2년을 선고받았다.

피고인은 2021. 8. 11. 20:34경 성남시 분당구 B아파트 근처 도로에서부터 C에 있는 D은행 앞 도로에 이르기까지 약 700m 구간에서 술을 마신 상태로 (차량번호 1 생략) 그랜저 승용차를 운전한 후 시동이 걸린 채 정차한 위 승용차 운전석에서 잠을 자던 중 '차 한 대가 도로변에 서 있다, 운전자가 정신이 없어 보인다'라는 취지의 112신고를 받고 현장에 출동한 E파출소 소속 경사 F로부터 피고인이 횡설수설하고 약간 비틀거리며 걸으며 혈색이 붉고 음주감지기에 음주가 감지되는 등 피고인이 술에 취한 상태에서 운전을 하였다고 인정할 만한 상당한 이유가 있어 같은 날 20:34경부터 20:50경까지 사이에 총 4회에 걸쳐 음주측정기에 입김을 불어 넣는 방법으로 음주측정에 응할 것을 요구받았음에도 불구하고, 정당한 사유 없이 음주측정기에 입김을 불어 넣는 시늉만 하거나 음주측정기에 입을 대지 않는 방법으로 이를 회피하였다.
이로써 피고인은 도로교통법 제44조 제1항 또는 제2항을 2회 이상 위반하였다.

[판결] 징역 1년 2월

2. 서울서부지방법원 2022. 1. 27. 선고 2021고단2880 도로교통법위반(음주운전)

[범죄사실] **음주운전전력 1회, 0.157%, 운전거리 12㎞**

피고인은 2017. 음주운전으로 벌금형을 선고받았다.

피고인은 2021. 9. 5. 18:44경 서울 종로구 B 앞 도로에서부터 서울 마포구 월드컵로 240에 있는 '서울월드컵경기장' 북문 앞 도로에 이르기까지 약 12㎞ 구간에서 혈중알코올농도 0.157%의 술에 취한 상태로 (차량번호 1 생략) 스포티지 승용차를 운전하였다.

[판결] **징역 8월, 집행유예 2년, 준법운전강의 40시간**

3. 서울북부지방법원 2022. 1. 27. 선고 2021고단2723 도로교통법위반(음주운전)

[범죄사실] **음주운전전력 2회, 0.038%, 운전거리 200m**

피고인은 2014. 6. 26. 서울중앙지방법원에서 도로교통법위반(음주운전)죄로 벌금 150만 원의 약식명령을, 2017. 6. 23. 수원지방법원 안양지원에서 같은 죄로 벌금 200만 원의 약식명령을 각각 발령받았다.

피고인은 2021. 6. 29. 21:45경 서울 강북구 B 인근 도로에서 혈중알코올농도 0.038%의 술에 취한 상태로 (차량번호 1 생략) 다마스밴 승용차를 약 200m 운전하였다.

[판결] 징역 6월, 집행유예 2년, 준법운전강의 40시간

4. 광주지방법원 2022. 1. 26. 선고 2021고단4542 도로교통법위반(음주운전)

[범죄사실] 음주운전전력 1회, 0.133%, 운전거리 5km

피고인이 2014. 7. 14. 도로교통법위반(음주운전)죄로 벌금 150만 원의 약식명령을 받았다.

피고인은 2021. 11. 11. 21:27경 혈중알코올농도 0.133%의 술에 취한 상태로 광주 서구 B에 있는 'C'라는 상호의 술집 앞 도로에서 광주 북구 D 아파트 E동 지하주차장까지 약 5km 구간에서 (차량번호 1 생략) QM6 승용차를 운전하였다.

[판결] 징역 10월, 집행유예 2년, 준법운전강의 40시간

5. 울산지방법원 2022. 1. 21. 선고 2021고단2874 도로교통법위반(음주운전) 교통사고처리특례법위반(치상)

[범죄사실] 음주운전전력 2회, 0.074%, 운전거리 1.2km, 피해자 1명 6주 부상(합의)

1) 도로교통법위반(음주운전)

피고인은 2021. 5. 16. 12:20경 울산 울주군 B에 있는 C 인근 밭부터 D에 있는 E 교차로에 이르기까지 약 1.2킬로미터의 구간에서 혈중알코올농도 0.074%의

술에 취한 상태에서 (차량번호 1 생략) 아반떼엑스디 승용자동차를 운전하였다.

2) 교통사고처리특례법위반(치상)

피고인은 위 1항 기재 승용자동차의 운전업무에 종사하는 사람이다.

피고인은 위 1항 기재 일시경 혈중알코올농도 0.074%의 술에 취한 상태로 위 자동차를 운전하여 울산 울주군 D에 있는 E교차로 편도 2차로의 도로를 온양 쪽에서 온산 쪽으로 진행하게 되었다.

그곳 전방은 교통신호기가 설치된 사거리였으므로 자동차의 운전업무에 종사하는 사람으로서는 속도를 줄이고 전방 및 좌우를 잘 살피며 교통신호기의 신호에 따라 안전하게 운전하여야 할 업무상 주의의무가 있었다.

그럼에도 불구하고 피고인은 전방을 잘 살피지 아니한 채 정지신호를 위반하여 그대로 직진하여 진행한 과실로 마침 피고인 운전 자동차 진행방향 전방 왼쪽에서 신호에 따라 온산 쪽으로 좌회전하던 피해자 F(34세) 운전 (차량번호 2 생략) 아반떼 자동차의 뒷 범퍼 부분을 피고인 운전 자동차의 앞 범퍼 부분으로 들이받았다. 결국 피고인은 위와 같은 업무상과실로 피해자에게 약 6주간의 치료가 필요한 요추의 염좌 및 긴장 등의 상해를 입게 하였다.

[판결] 징역 10월 집행유예 2년

6. 의정부지방법원 고양지원 2022. 1. 21. 선고 2021고단2595 도로교통법위반(음주운전)

[범죄사실] 음주운전 전력 없음, 0.190%, 운전거리 6km

피고인은 2021. 10. 12. 16:00경 경기 고양시 덕양구 B빌라 앞 도로에서부터 같은

구 C건물 D동 앞 도로에 이르기까지 약 6km 구간에서 혈중알코올농도 0.190%
의 술에 취한 상태로 (차량번호 1 생략) 그랜저 카니발 승합차를 운전하였다.

[판결] 징역 10월, 집행유예 2년, 사회봉사 40시간, 준법운전강의 40시간

---

7. 인천지방법원 2022. 1. 21. 선고 2021고단6527 도로교통법위반(무면허운전) 도로교통법위반(음주운전)

[범죄사실] 음주운전전력 3회, 0.051%, 운전거리 100m, 무면허운전

피고인은 2018. 10. 12. 도로교통법위반(음주운전)죄 등으로 징역 6월에 집행유
예 2년을 선고받은 자이다.

피고인은 2021. 6. 21. 23:00경 인천 부평구 B에 있는 C 인근 도로에서부터 같
은 구 D에 이르기까지 약 100m 구간에서 자동차운전면허를 받지 아니하고 혈
중알코올농도 0.051%의 술에 취한 상태로 (차량번호 1 생략) 스타렉스 화물차를
운전하였다.

[판결] 징역 1년, 집행유예 2년, 사회봉사 120시간, 준법운전강의 40시간

---

8. 수원지방법원 안산지원 2022. 1. 21. 선고 2021고단4184 교통사고처리특례법위반(치상) 도로교통법위반(음주운전)

[범죄사실] 음주운전전력 1회, 0.122%, 운전거리 10Km, 피해자 부상 2주(합의)

1) 도로교통법위반(음주운전)

피고인은 2021. 9. 7. 18:30경 시흥시 이하 불상지부터 광명시 가학동에 있는 수원광명고속도로 수원 방향 23km 성채터널 끝 지점에 이르기까지 약 10km 구간에서 혈중알코올농도 0.122%의 술에 취한 상태로 (차량번호 1 생략) 코란도 스포츠 화물차를 운전하였다.

2) 교통사고처리특례법위반(치상)

피고인은 (차량번호 1 생략) 코란도스포츠 화물차의 운전업무에 종사하는 사람이다. 피고인은 2021. 9. 7. 18:30경 혈중알코올농도 0.122%의 술에 취한 상태에서 위 화물차를 운전하여 광명시 가학동에 있는 수원광명고속도로 수원방면 23km 지점에서 광명 방향에서 수원 방향으로 편도 3차로 중 1차로를 따라 진행하게 되었다. 이러한 경우 자동차의 운전업무에 종사하는 사람은 전방 및 좌우를 잘 살피고 조향장치와 제동장치를 정확히 조작하여 사고를 미연에 방지하여야 할 업무상 주의의무가 있었다. 그럼에도 불구하고 피고인은 이를 게을리한 채 술에 취한 상태로 그대로 진행하다가 마침 차량 정체로 서행하고 있던 피해자 B(남, 24세)이 운전하는 (차량번호 2 생략) 투싼 승용차의 뒷부분을 피고인의 코란도스포츠 화물차의 앞부분으로 들이받았다. 결국 피고인은 위와 같은 업무상과실로 피해자에게 약 2주간의 치료가 필요한 요추의 염좌 및 긴장 등의 상해를 입게 하였다.

[판결] 징역 1년, 집행유예 2년, 준법운전강의 40시간

9. 서울중앙지방법원 2021고단6903 특정범죄가중처벌등에관한법률위반(위험운전치상), 도로교통법위반(음주운전)

[범죄사실] 음주운전전력 3회, 0.182%, 운전거리 60m, 피해자 2명 부상 2주 (합의)

피고인은 (차량번호 1 생략) 레인지로버 승용차의 운전업무에 종사하는 사람이다.

1) 특정범죄가중처벌등에관한법률위반(위험운전치상)

피고인은 2021. 10. 8. 18:38경 혈중알코올농도 0.182%의 술에 취한 상태로 위 승용차를 운전하여 서울 강남구 B 주변 도로를 C 아파트 방면에서 학동로 방면으로 진행을 하다가 후진을 하게 되었다.

당시는 야간이고 그곳은 차량의 통행이 빈번한 편도 1차로의 도로였으므로 이러한 경우 자동차 운전업무에 종사하는 사람에게는 전방 및 후방을 잘 살피고 조향 및 제동장치를 정확하게 조작하여 후진하는 등 사고를 미리 방지하여야 할 업무상 주의의무가 있었다.

그럼에도 불구하고 피고인은 술에 취하여 이를 게을리한 채 그대로 후진한 과실로 피고인 차량 후방에서 정차 중인 피해자 D(42세) 운전의 벤츠 승용차의 앞 범퍼 부분을 피고인 차량의 뒷 범퍼 부분으로 들이받았다.

결국 피고인은 음주의 영향으로 정상적인 운전이 곤란한 상태에서 위 승용차를 운전하여 피해자 D에게 약 2주간의 치료가 필요한 경추의 염좌 및 긴장 등의 상해를, 피해 차량 동승자인 피해자 E(32세)에게 약 2주간의 치료가 필요한 무릎의 기타 및 상세불명 부분의 염좌 및 긴장의 상해를 각 입게 하였다.

2) 도로교통법위반(음주운전)

피고인은 2021. 10. 8. 18:38경 서울 강남구 F 주변 도로에서부터 제1항 기재 장소에 이르기까지 약 60m 구간에서 혈중알코올농도 0.182%의 술에 취한 상태로 위 승용차를 운전하였다.

[판결] **징역 1년, 집행유예 2년, 준법운전강의 40시간**

---

10. 서울중앙지방법원 2021고단5000 특정범죄가중처벌등에관한법률위반 (위험운전치상), 도로교통법위반(음주운전)

[범죄사실] **음주운전전력 없음, 0.192%, 운전거리 11km, 피해자 부상 2주 (미합의)**

피고인은 (차량번호 1 생략) 젠트라 승용차의 운전 업무에 종사하는 사람이다.

1) 특정범죄가중처벌등에관한법률위반(위험운전치상)

피고인은 2021. 4. 19. 18:05경 혈중알코올농도 0.192%의 술에 취한 상태로 위 승용차를 운전하여 서울 서초구 잠원동 소재 올림픽대로 잠실 방향 한남대교 남단 방면에서 경부고속도로 부산 방향 합류지점 도로로 2차로 중 2차로를 따라 직진하게 되었다.

이러한 경우 자동차의 운전업무에 종사하는 피고인은 교통상황을 잘 살피고 조향 및 제동 장치를 정확하게 조작하면서 안전하게 운전하여 사고를 미연에 방지하여야 할 업무상 주의의무가 있었다.

그럼에도 불구하고 피고인은 음주의 영향으로 발음을 더듬고, 보행이 비틀거리며, 얼굴이 붉은색일 정도로 정상적인 운전이 곤란한 상태에서 만연히 운행한 과실로 같은 방향 전방에 차량 정체로 정차하고 있던 피해자 B(40세)이 운전하는 (차량번호 2 생략) 차량의 뒤 범퍼 부분을 피고인의 차량 앞 범퍼 부분으로 충돌하였다.

결국 피고인은 음주의 영향으로 정상적인 운전이 곤란한 상태에서 위 승용차를 운전한 과실로 피해자에게 약 2주간의 치료가 필요한 '요추의 염좌 및 긴장' 등의 상해를 입게 하였다.

2) 도로교통법위반(음주운전)
피고인은 제1항 기재 일시경 서울 광진구 C 회사 사무실 앞 도로부터 제1항 기재 사고장소까지 약 11km 구간에서 혈중알코올농도 0.192%의 술에 취한 상태로 위 차량을 운전하였다.

[판결] 징역 1년, 집행유예 2년, 사회봉사 80시간, 준법운전강의 40시간

---

11. 부산지방법원 서부지원 2022. 1. 21. 선고 2021고단1635 도로교통법위반(음주운전) 교통사고처리특례법위반(치상)

[범죄사실] 음주운전전력 없음, 0.143%, 운전거리 1.3km, 피해자 8주 부상(합의)

1) 도로교통법위반(음주운전)
피고인은 2021. 7. 12. 22:30경 혈중알코올농도 0.143%의 술에 취한 상태로 부산 서구 B에 있는 'C' 앞 도로에서부터 D에 있는 'E' 앞 도로에 이르기까지 약 1.3㎞ 구간에서 (차량번호 1 생략) 쏘렌토 승용차를 운전하였다.

2) 교통사고처리특례법위반(치상)
피고인은 위 쏘렌토 승용차의 운전업무에 종사하는 사람이다.
피고인은 2021. 7. 12. 22:40경 부산 서구 D에 있는 E 앞 도로를 위 차량을 운전하여 송도해수욕장 방면에서 암남공원 방면으로 시속 40km의 속도로 진행하게 되었다.

자동차의 운전업무에 종사하는 사람에게는 술에 취하지 않은 상태에서 조향 및 제동장치, 그 밖의 장치를 정확히 조작하여야 하고, 전방 및 좌우를 잘 살펴 운전하여 사고를 미리 방지하여야 할 업무상 주의의무가 있었다.

그럼에도 불구하고 피고인은 제1항과 같이 술에 취한 상태에서 위와 같은 주의의무를 다하지 아니하고 차량을 운전한 과실로 위 차량의 전방 우측에 세워져 있던 전신주를 피고인 차량의 앞 범퍼 부분으로 들이받았다.

결국 피고인은 위와 같은 업무상과실로 위 피고인 차량에 동승한 피해자 F로 하여금 약 8주간의 치료가 필요한 우측 쇄골 골절 등의 상해를 입게 하였다.

[판결] 징역 1년, 집행유예 2년

---

12. 서울동부지방법원 2022. 1. 21. 선고 2021고단3207 도로교통법위반(음주운전) 교통사고처리특례법위반(치상)

[범죄사실] 음주운전 1회 전력, 0.062%, 운전거리 90km, 피해자 2명, 2주 부상(일부 합의)

1. 도로교통법위반(음주운전)

피고인은 2021. 10. 23. 03:16경 강원 원주시 문막읍에 있는 도로에서부터 서울 성동구 고산자로 71에 있는 성수대교 북단 사거리 앞 도로에 이르기까지 약 90km 구간에서 혈중알코올농도 0.062%의 술에 취한 상태로 (차량번호 1 생략) 티볼리 승용차를 운전하였다.

2. 교통사고처리특례법위반(치상)

피고인은 위 일시경 위와 같이 술에 취한 상태로 위 티볼리 승용차를 운전하여 위 성수대교 북단 사거리를 성수대교 남단 쪽에서 응봉교 쪽으로 진행하게 되었다. 이러한 경우 자동차의 운전업무에 종사하는 사람에게는 전방 및 좌우를 잘 살피고 조향 및 제동장치를 정확하게 조작하야 사고를 미리 방지해야 할 업무상의 주의의무가 있었다. 그럼에도 불구하고 피고인은 술에 취해 이를 게을리한 채 그대로 진행한 과실로 피고인의 승용차 앞에서 신호대기로 정차 중이던 피해자 B(남, 56세)이 운전하는 (차량번호 2 생략) 택시의 뒷부분을 피고인의 승용차 앞부분으로 들이받았다.

결국 피고인은 위와 같은 업무상의 과실로 피해자 B에게 약 2주간의 치료가 필요한 요추의 염좌 및 긴장 등의 상해를, 위 택시의 승객인 피해자 C(남, 47세)에게 약 2주간의 치료가 필요한 경추의 염좌 및 긴장 등의 상해를 각각 입게 하였다.

[판결] 징역 6월, 집행유예 2년, 사회봉사 80시간 및 준법운전강의 40시간

---

13. 의정부지방법원 고양지원 2022. 1. 20. 선고 2021고단2510 도로교통법위반(음주운전) 도로교통법위반(사고후미조치) 특정범죄가중처벌등에관한법률위반(도주치상)

[범죄사실] 음주운전전력 없음, 0.277%, 운전거리 5.9Km, 도주치상, 대물뺑소니, 피해자 전치 2주(합의)

1) 특정범죄가중처벌등에관한법률위반(도주치상) 및 도로교통법위반(사고후미조치)

피고인은 (차량번호 1 생략) 어코드 승용차의 운전업무에 종사하는 사람이다.

피고인은 2021. 10. 11. 19:00경 혈중알코올농도 0.277%의 술에 취한 상태로 위 승용차를 운전하여 고양시 일산서구 일현로 61에 있는 탄현지하차도 앞 편도 3차로 도로를 덕이동 방향에서 중산동 방향으로 2차로를 따라 진행하게 되었다.

당시 그곳은 신호등이 설치되어 있는 교차로였으므로 이러한 경우 자동차의 운전업무에 종사하는 사람에게는 전방 및 좌우를 제대로 살피고, 제동 및 조향 장치를 정확히 조작하여 사고를 미연에 방지하여야 할 업무상 주의의무가 있었다.

그럼에도 불구하고 피고인은 술에 만취하여 이를 게을리한 채 그대로 진행한 과실로 위 어코드 승용차 전방에서 신호대기로 정차 중이던 피해자 B(남, 54세) 운전의 포터 화물차의 뒷 범퍼 부분을 위 어코드 승용차의 앞 범퍼 부분으로 들이받았다.

결국 피고인은 위와 같은 업무상과실로 피해자에게 2주간의 치료가 필요한 경추의 염좌 및 긴장 등의 상해를 입게 함과 동시에 위 포터 화물차를 수리비 636,371원 상당이 필요할 정도로 손괴하고도 즉시 정차하여 피해자를 구호하는 등 필요한 조치를 취하지 아니하고 그대로 도주하였다.

2) 도로교통법위반(음주운전)

피고인은 2021. 10. 11. 19:00경 파주시 C 앞 도로에서부터 고양시 일산서구 일현로 61에 있는 탄현지하차도 앞 도로에 이르기까지 약 5.9km 구간에서 혈중알코올농도 0.277%의 술에 취한 상태로 (차량번호 1 생략) 어코드 승용차를 운전하였다.

[판결] 징역 1년, 집행유예 2년, 사회봉사 80시간, 준법운전강의 40시간

14. 부산지방법원 서부지원 2021고단1727 특정범죄가중처벌등에관한법률위반(도주치상), 도로교통법위반(사고후미조치), 도로교통법위반(음주운전)

[범죄사실] 음주전력 없음, 0.180%, 운전거리 20km, 도주치상, 대물 뺑소니, 피해자 전치 2주(미합의)

1) 도로교통법위반(음주운전)

피고인은 2021. 7. 19. 19:40경 혈중알코올농도 0.180%의 술에 취한 상태로 부산 북구 B에 있는 'C' 앞 도로에서부터 경남 김해시 D아파트 E동 앞 도로에 이르기까지 약 20km의 구간에서 (차량번호 1 생략) 디스커버리 승용차를 운전하였다.

2) 특정범죄가중처벌등에관한법률위반(도주치상), 도로교통법위반(사고후미조치)

피고인은 위 디스커버리 승용차의 운전업무에 종사하는 사람이다.

피고인은 2021. 7. 19. 19:40경 혈중알코올농도 0.180%의 술에 취한 상태에서 위 승용차를 운전하여 부산 북구 B에 있는 'C' 앞 도로에서 C 방면에서 남산 정역 방면으로 차량을 후진하여 시속 약 20km의 속도로 진행하였다.

자동차의 운전업무에 종사하는 사람에게는 술에 취하지 않은 상태에서 전방 및 좌우를 잘 살피고 조향 및 제동 장치를 정확히 조작하여 사고를 미리 방지하여야 할 업무상 주의의무가 있었다.

그럼에도 불구하고 피고인은 이를 게을리한 채 술에 취한 상태에서 차량을 운전하여 그대로 후진한 과실로, 편도 2차로의 도로 중 1차로에서 신호를 대기 중이던 피해자 F(여, 53세) 운전의 (차량번호 2 생략) 올란도 승용차의 조수석 문짝 부분을 피고인 차량의 좌측 뒷범퍼 부분으로 들이받았다.

결국 피고인은 위와 같은 업무상과실로 피해자에게 약 2주간의 치료가 필요한 어깨 관절의 염좌 및 긴장 등 상해를 입게 함과 동시에 피해자로 하여금 피해

차량을 수리하는데 2,001,912원이 들도록 손괴하고도 즉시 정차하여 피해자를 구호하는 등 필요한 조치를 취하지 아니하고 그대로 도주하였다.

[판결] 징역 1년, 집행유예 2년, 사회봉사 160시간, 준법운전강의 40시간

15. 광주지방법원 장흥지원 2022. 1. 20. 선고 2021고단170 교통사고처리특례법위반(치상) 도로교통법위반(음주운전)

[범죄사실] 음주운전전력 1회, 0.187%, 0.097km, 운전거리 17km, 피해자 2주 부상(합의)

1) 교통사고처리특례법위반(치상)

피고인은 (차량번호 1 생략) 트랙스 승용차의 운전업무에 종사하는 사람이다.

피고인은 2021. 8. 22. 09:20경 위 승용차를 운전하여 전남 장흥군 B아파트 앞 편도 2차로 도로를 장흥대교 방면에서 장흥교오거리 회전교차로 방면으로 진행 중이었다.

당시 그곳은 황색 실선의 중앙선이 설치되어 있으므로 이러한 경우 자동차의 운전업무에 종사하는 사람으로서는 도로의 중앙 우측 부분을 통행하여야 하고 술에 취한 채 운전하지 아니할 업무상 주의의무가 있었다.

그럼에도 불구하고 피고인은 이를 게을리하여 혈중알코올농도 0.096%의 술에 취한 상태로 도로의 중앙 좌측 부분을 통행하여 운전한 과실로 장흥교오거리 회전교차로 방면에서 장흥대교 방면으로 진행 중인 피해자 C(남, 78세) 운전의 (차량번호 2 생략) 스포티지 승용차의 앞범퍼 부분을 피고인 차량의 앞범퍼 부분으로 들이받았다. 결국 피고인은 위와 같은 업무상과실로 피해자에게 약 2주간의 치료가 필요한 경추의 염좌 및 긴장 등의 상해를 입게 하였다.

2) 도로교통법위반(음주운전)

피고인은 제1항 기재 일시경 전남 장흥군 D 앞 도로에서부터 같은 군 B아파트 앞 도로에 이르기까지 약 17km의 구간에서 혈중알코올농도 0.096%의 술에 취한 상태로(차량번호 1 생략) 트랙스 승용차를 운전하였다.

[판결] 징역 1년, 집행유예 2년, 준법운전강의 40시간

---

16. 대구지방법원 의성지원 2022. 1. 20. 선고 2021고단324 도로교통법위반 (음주운전) 교통사고처리특례법위반(치상)

[범죄사실] 음주전력 2회, 0.075%, 운전거리 40km, 피해자 전치 2주(합의)

1) 교통사고처리특례법위반(치상)

피고인은 (차량번호 1 생략) 쏘나타 승용차의 운전업무에 종사하는 사람이다.

피고인은 2021. 7. 11. 19:04경 (차량번호 1 생략) 쏘나타 승용차를 운전하여 경북 청송군 파천면 옹점리에 있는 청주-영덕고속도로 하행 160km 지점에 있는 파천3터널의 편도 2차로 도로의 2차로에서 1차로로 차선을 변경하게 되었다.

피고인의 전방 2차로에는 피해자 B(여, 48세)가 운전하는 (차량번호 2 생략) 쏘나타 승용차가 진행하고 있었으므로, 자동차의 운전업무에 종사하는 사람에게는 전방과 좌우를 주시하고 조향장치를 적절하게 조작하고 안전하게 차선을 변경하여 교통사고를 방지하여야 할 업무상 주의의무가 있었다.

그럼에도 불구하고 피고인은 술에 취하여 이를 게을리한 채 차선을 1차로로 변경한 과실로, 차선을 변경하다가 중심을 잃고 진행방향 우측의 터널 내벽을 충격한 후 전방에서 2차로를 따라 진행하고 있던 피해자의 쏘나타 승용차의 뒷 범퍼를 피고인의 쏘나타 승용차의 전면부로 충격하였다.

피고인은 위와 같은 업무상과실로 피해자에게 약 2주간의 치료를 요하는 경추의 염좌 및 긴장 등의 상해를 입게 하였다.

2) 도로교통법위반(음주운전)
피고인은 2021. 7. 11. 19:04경 경북 영덕군 지품면 이하 지번을 알 수 없는 장소 앞 도로에서부터 위 파천3터널에 이르기까지 약 40km의 구간에서 혈중알코올농도 0.075%의 술에 취한 상태로 (차량번호 생략) 쏘나타 승용차를 운전하였다.

[판결] 징역 1년, 집행유예 3년

---

17. 부산지방법원 서부지원 2022. 1. 20. 선고 2021고단1842 도로교통법위반(음주운전) 교통사고처리특례법위반(치상)

[범죄사실] 음주전력 1회, 0.143%, 운전거리 3km, 피해자 2주 부상(합의)

1) 도로교통법위반(음주운전)
피고인은 2021. 7. 5. 23:10경 부산 동래구 온천동에 있는 상호불상의 식당 인근 도로에서부터 부산 북구 만덕동에 있는 만덕교차로 인근 도로에 이르기까지 약 3km 구간에서 혈중알코올농도 0.143%의 술에 취한 상태로 (차량번호 1 생략) 스타렉스 승합차를 운전하였다.

2) 교통사고처리특례법위반(치상)
피고인은 (차량번호 1 생략) 스타렉스 승합차의 운전업무에 종사하는 사람이다.
피고인은 2021. 7. 5. 23:10경 위 승합차를 운전하여 혈중알코올농도 0.143%의 술에 취한 상태로 부산 북구 B에 있는 'C' 앞 편도 5차로의 도로를 만덕2터널 쪽에서 남해 고속도로 쪽으로 3차로를 따라 진행하게 되었다.

이러한 경우 운전업무에 종사하는 사람에게는 전방을 주시하고 조향 및 제동 장치를 정확하게 조작하여야 할 업무상 주의의무가 있었다.

그럼에도 불구하고 피고인은 이를 게을리한 채 술에 취하여 진행한 과실로 피고인 전방에 신호대기 중이던 피해자 D(여, 28세) 운전의 (차량번호 2 생략) 아반떼 승용차를 위 승합차로 들이받았다. 결국 피고인은 위와 같은 업무상의 과실로 피해자에게 약 2주간의 치료가 필요한 요추의 염좌 및 긴장 등의 상해를 입게 하였다.

[판결] 징역 1년, 집행유예 2년, 사회봉사 160시간, 준법운전강의 40시간

---

18. 수원지방법원 2022. 1. 20. 선고 2021고단6125 교통사고처리특례법위반 (치상) 도로교통법위반(음주운전)

[범죄사실] 음주전력 없음, 0.249%, 운전거리 26km, 피해자 전치 2주(미합의)

1. 교통사고처리특례법위반(치상)

피고인은 (차량번호 1 생략) 스파크밴 승용차의 운전업무에 종사하는 사람이다.

피고인은 2021. 10. 11. 06:05경 위 승용차를 운전하여 화성시 B 앞 편도 2차로 도로에서 향남 방향에서 우정 방향으로 2차로를 따라 진행하게 되었다.

자동차의 운전업무에 종사하는 사람은 술에 취한 상태에서 자동차를 운전하여서는 아니 되며, 전방 및 좌우를 잘 살피고 안전하게 운전하여 사고를 미리 방지하여야 할 업무상 주의의무가 있었다.

그럼에도 불구하고 피고인은 이를 게을리한 채 혈중알코올농도 0.249%의 술에 취한 상태로 그대로 진행한 과실로 마침 1차로를 따라 진행하고 있던 피해자 C(남, 50세)이 운전하는 (차량번호 2 생략) 포터 화물차의 조수석 앞펜더 부분을 위 스파크밴 승용차의 좌측면 부분으로 충격하였다.

피고인은 위와 같은 업무상과실로 피해자에게 약 2주간의 치료가 필요한 요추의 염좌 및 긴장 등의 상해를 입게 하였다.

2. 도로교통법위반(음주운전)

피고인은 2021. 10. 11. 06:05경 오산시 D에 있는 'E' 주차장에서부터 화성시 B 앞 도로에 이르기까지 약 26km 구간에서 혈중알코올농도 0.249%의 술에 취한 상태로 위 스파크밴 승용차를 운전하였다.

[판결] 징역 1년, 집행유예 2년, 사회봉사 120시간, 준법운전강의 40시간

---

19. 서울남부지방법원 2022. 1. 20. 선고 2021고단1664 교통사고처리특례법 위반(치상) 도로교통법위반(음주운전)

[범죄사실] 음주전력 1회, 0.146%, 운전거리 160m, 피해자 전치 2주(합의)

1. 도로교통법위반(음주운전)

피고인은 2021. 1. 24. 21:10경 서울 구로구 B 앞 도로에서부터 같은 구 C 앞 도로에 이르기까지 약 160m의 구간에서 혈중알코올농도 0.146%의 술에 취한 상태로 (차량번호 1 생략) 쏘나타 승용차를 운전하였다.

2. 교통사고처리특례법위반(치상)

피고인은 (차량번호 1 생략) 쏘나타 승용차의 운전업무에 종사하는 사람이다.

피고인은 제1항 기재 일시경 위 승용차를 운전하여 서울 구로구 D 앞 도로 편도 3차선 도로를 가리봉오거리 쪽에서 E교회 쪽으로 2차로를 따라 진행하게 되었다.

이러한 경우 자동차의 운전업무에 종사하는 사람에게는 그 차의 조향장치, 제동장치, 그 밖의 장치 등을 정확히 조작하고, 전방 및 좌우의 교통상황을 잘 살펴 안전하게 운전하여 사고를 미리 방지해야 할 업무상 주의의무가 있다.

그럼에도 불구하고 피고인은 이를 게을리한 채 술에 취하여 진행한 과실로 같은 방향 3차로에 정차 중이던 피해자 F(남, 31세)이 운전하는 (차량번호 2 생략) 그랜저 승용차의 좌측 사이드미러 부분을 피고인이 운전하는 쏘나타 승용차 우측 부분으로 충격하였다. 결국 피고인은 위와 같은 업무상 과실로 피해자 F에게 약 2주간의 치료가 필요한 무릎의 타박상 등의 상해를, 위 그랜저 승용차 동승자인 피해자 G(남, 32세)에게 약 2주간의 치료가 필요한 발목의 염좌 및 긴장 등의 상해를 각 입게 하였다.

[판결] 징역 6월, 집행유예 2년

---

20. 청주지방법원 2022. 1. 20. 선고 2021고단1500 교통사고처리특례법위반 (치상) 도로교통법위반(음주운전)

[범죄사실] 음주전력 3회, 0.109%, 운전거리 2km, 피해자 전치 2주 (합의)

1. 교통사고처리특례법위반(치상)

피고인은 (차량번호 1 생략) 봉고Ⅲ 화물차의 운전업무에 종사하는 사람이다.

피고인은 2021. 5. 1. 15:05 위 화물차를 운전하여 충북 괴산군 B 앞 사거리를 사리치안센터 방면에서 괴산읍내 방면으로 불상의 속도로 진행하게 되었다.

당시 그곳은 비정형 사거리 교차로이므로 이러한 경우 자동차의 운전업무에 종사하는 사람에게는 전방 및 좌우를 잘 살피고 조향장치와 제동장치를 정확히 조작하여 운전함으로써 사고를 미리 방지하여야 할 업무상 주의의무가 있었다.

그럼에도 피고인은 술에 취하여 이를 게을리한 채 운전한 과실로 때마침 반대편 차로에서 진행하고 있던 피해자 C(남, 52세) 운전의 (차량번호 2 생략) 시외버스 좌측 앞부분을 피고인의 위 화물차 좌측 앞부분으로 들이받았다.

결국 피고인은 위와 같은 업무상과실로 피해자 C에게 약 2주간 치료가 필요한 경추의 염좌 및 긴장 등 상해를, 위 피해버스에 동승하고 있던 피해자 D(여, 20세)에게 약 2주간 치료가 필요한 경추의 염좌 및 긴장 등 상해를, 피해자 E(여, 22세)에게 약 2주간 치료가 필요한 요추의 염좌 및 긴장 등의 상해를 각각 입게 하였다.

2. 도로교통법위반(음주운전)

피고인은 2021. 5. 1. 15:05 충북 괴산군 F에 있는 불상의 장소에서 같은 군 B 앞 사거리에 이르기까지 약 2㎞ 구간에서 혈중알코올농도 0.109%의 술에 취한 상태로 (차량번호 1 생략) 봉고Ⅲ 화물차를 운전하였다.

[판결] 징역 2년, 집행유예 3년, 준법운전강의 40시간

---

21. 서울남부지방법원 2022. 1. 20. 선고 2021고단4871 특정범죄가중처벌등에관한법률위반(위험운전치사) 도로교통법위반(음주운전)

[범죄사실] 음주전력 없음, 0.105%, 운전거리 5.5km, 피해자사망(유족과 합의)

1) 도로교통법위반(음주운전)

피고인은 2021. 10. 27. 22:16경 서울 금천구 B 지하 주차장 앞 도로에서부터 같은 구 C 앞 도로에 이르기까지 약 5.5km 구간에서 혈중알코올농도 0.105% 의 술에 취한 상태로 (차량번호 1 생략) 싼타페 승용차를 운전하였다.

2) 특정범죄가중처벌등에관한법률위반(위험운전치사)

피고인은 제1항 기재 싼타페 승용차량의 운전업무에 종사하는 사람이다.

피고인은 제1항의 일시경 위 차량을 운전하여 서울 금천구 C 앞 도로를 금천 고가교 방면에서 말미사거리 방면으로 편도 3차로 중 2차로를 따라 정확히 알 수 없는 속도로 진행하게 되었다. 당시는 야간이고, 도로 오른쪽에는 보행자의 통행을 위한 보도가 설치되어 있었으므로, 이러한 경우 자동차의 운전업무에 종사하는 사람에게는 자동차의 통행이 허용된 도로를 따라 운행하며 전방 좌 우를 잘 살피고 조향 및 제동장치를 정확하게 조작하는 등 안전하게 운전하여 사고를 미연에 방지하여야 할 업무상 주의의무가 있었다. 그럼에도 불구하고 피고인은 위와 같이 음주의 영향으로 전방 차량이 출발하였음에도 수 초간 차 량을 정차하거나, 차로가 감소하는 것을 인식하지 못하고 그대로 진행하는 등 비정상적인 운행을 하고, 횡설수설하고 비틀거리는 등 정상적인 운전이 곤란 한 상태에서 황색 실선으로 표시된 안전지대를 침범하여 곧바로 보도로 돌진 한 과실로, 때마침 보도를 걸어오던 피해자 D(여, 19세)을 피고인 차량의 오른쪽 범퍼 부분으로 충격하였다.

결국 피고인은 음주의 영향으로 정상적인 운전이 곤란한 상태에서 위 차량을 운전하여 피해자를 같은 날 23:28경 서울 구로구 E에 있는 F병원에서 두부 손 상 등으로 사망에 이르게 하였다.

[판결] 징역 3년, 집행유예 4년

22. 대구지방법원 2021. 12. 28. 선고 2021노3558 도로교통법위반(무면허운전) 도로교통법위반(음주운전) 특정범죄가중처벌등에관한법률위반(위험운전치사)

[범죄사실] 음주운전전력 4회, 0.254%, 운전거리 500m, 피해자사망(합의), 무면허 운전

피고인은 2007. 9. 5. 대구지방법원 포항지원에서 도로교통법위반(음주운전)죄로 벌금 300만 원을 선고받고, 2016. 4. 15. 대구지방법원 경주지원에서 같은 죄로 벌금 150만 원의 약식명령을 발령받고, 2020. 11. 26. 같은 지원에서 같은 죄로 징역 1년에 집행유예 2년을 선고받고 2020. 12. 4. 판결이 확정되어 현재 집행 유예 기간 중이다.

1) 특정범죄가중처벌등에관한법률위반(위험운전치사)
피고인은 (차량번호 1 생략) 포터Ⅱ 화물차의 운전업무에 종사하는 사람이다.

피고인은 2021. 5. 1. 14:30경 혈중알코올농도 0.254%의 술에 취하여 정상적인 운전이 곤란한 상태에서 위 화물차를 운전하여 경주시 B 부근 도로를 포항 방 면에서 감포읍 방면으로 진행하게 되었다.

그곳은 왕복 2차로의 도로가 이면도로로 바뀌어 병목구간이 시작되는 곳이었 으므로, 이러한 경우 운전업무에 종사하는 사람에게는 전방을 잘 살피고 조향 및 제동장치를 정확하게 조작하는 등 안전하게 운전하여 사고를 미리 방지하 여야 할 업무상 주의의무가 있었다.

그럼에도 불구하고 피고인은 술에 취하여 말을 더듬거리고 혈색이 많이 붉으 며 걸음이 비틀거릴 정도로 음주의 영향으로 정상적인 운전이 곤란한 상태에 서 위 화물차를 운전한 업무상과실로 진행방면의 전방에 있던 경주시 B에 있 는 집의 담벼락을 위 화물차의 전면부로 들이받았다.

결국 피고인은 위와 같은 업무상과실로 위 화물차의 조수석에 타고 있던 피해자 C(여, 43세)으로 하여금 같은 날 17:52경 경주시 D, E병원에서 다발성 중증 외상으로 사망에 이르게 하였다.

2) 도로교통법위반(음주운전), 도로교통법위반(무면허운전)

피고인은 2021. 5. 1. 14:30경 경주시 F, G카페 앞 도로에서부터 B 앞 도로에 이르기까지 약 500m의 구간에서 혈중알코올농도 0.254%의 술에 취한 상태로 자동차운전면허 없이 (차량번호 1 생략) 포터Ⅱ 화물차를 운전하였다.

이로써 피고인은 도로교통법의 음주운전 금지규정을 2회 이상 위반하여 술에 취한 상태에서 자동차운전면허 없이 위 화물차를 운전하였다.

[판결] 징역 2년

---

23. 대구지방법원 안동지원 2021. 11. 30. 선고 2021고단372 도로교통법위반(음주운전) 교통사고처리특례법위반(치사) 대구지방법원 안동지원

[범죄사실] 음주전력 없음, 0.101%, 운전거리 1.5km, 피해자사망(미합의)

1)교통사고처리특례법위반(치사)

피고인은 (차량번호 1 생략) 싼타페 승용차의 운전업무에 종사하는 사람이다.

피고인은 2021. 5. 8. 14:28경 혈중알코올농도 0.101%의 술에 취한 상태로 위 승용차를 운전하여 영주시 B에 있는 C주유소 앞 편도 2차로의 도로를 상망육교 방면에서 봉화삼거리 방면으로 1차로를 따라 알 수 없는 속도로 진행하게 되었다.

그곳은 삼거리 교차로이고 피고인의 진행방향 전방의 우측에 보행자의 통행을 위한 보도가 설치되어 있었으므로 이러한 경우 자동차의 운전업무에 종사하는 사람에게는 전방 및 좌우를 잘 살피고 조향 및 제동장치를 정확하게 조작하며 차로를 따라 안전하게 운전하여 사고를 미연에 방지하여야 할 업무상 주의의무가 있었다.

그럼에도 불구하고 피고인은 술에 취하여 이를 게을리한 채 보도를 침범하여 진행한 과실로 피고인의 맞은편에서 걸어오던 피해자 D(여, 70세)의 가슴과 얼굴 부분을 위 승용차의 앞 범퍼 부분으로 들이받아 피해자로 하여금 바닥에 넘어지게 하였다.

결국 피고인은 위와 같은 업무상과실로 피해자로 하여금 같은 날 17:11경 영주시 E에 있는 F병원에서 치료를 받던 중 중증의 두경부, 흉부 손상으로 사망에 이르게 하였다.

2) 도로교통법위반(음주운전)

피고인은 제1항 기재 일시경 영주시 G 앞 도로에서부터 B에 있는 C주유소 앞 도로에 이르기까지 약 1.5km 구간에서 혈중알코올농도 0.101%의 술에 취한 상태로 (차량번호 1 생략) 싼타페 승용차를 운전하였다.

[판결] 징역 2년 6월

---

24. 전주지방법원 2021. 11. 24. 선고 2021고단1441 특정범죄가중처벌등에 관한법률위반(위험운전치사) 도로교통법위반(음주운전)

[범죄사실] 음주전력 없음, 0.159%, 운전거리 2.6km, 피해자사망(유족과 합의)

1) 특정범죄 가중처벌 등에 관한 법률 위반(위험운전치사)

피고인은 (차량번호 1 생략) 봉고 III 화물차의 운전업무에 종사하는 사람이다.

피고인은 2021. 3. 30. 15:19경 혈중알코올농도 0.159%의 술에 취한 상태에서 위 화물차를 운전하여 전북 진안군 B회관 앞 도로를 C 방면에서 D 방면으로 진행하게 되었다.

그곳은 황색 실선의 중앙선이 설치되어 있는 곳이므로, 이러한 경우 자동차의 운전업무에 종사하는 사람에게는 전방 좌우를 잘 살피고 조향 및 제동장치를 정확히 조작하는 한편 차선을 지켜 안전하게 운전함으로써 사고를 미연에 방지하여야 할 업무상 주의의무가 있었다.

그럼에도 불구하고 피고인은 얼굴이 붉고 눈이 충혈된 한편 발음이 어눌하고 똑바로 걷지 못하며 비틀거리는 등 음주의 영향으로 정상적인 운전이 곤란한 상태에서, 위와 같은 주의의무를 게을리한 채 중앙선을 침범하여 진행한 과실로, 마침 반대편 차로 길가에 주차되어 있던 (차량번호 2 생략) 포터 II 화물차의 앞부분을 피고인 차량의 앞부분으로 들이받고, 그 충격으로 위 포터 II 화물차가 뒤로 튕겨 나가 위 포터 II 화물차 후방에서 걸어오던 피해자 E(남, 62세)을 위 포터 II 화물차로 들이받게 하였다. 결국 피고인은 음주의 영향으로 정상적인 운전이 곤란한 상태에서 위 봉고 III 화물차를 운전하여 피해자로 하여금 2021. 6. 8. 09:18경 전주시 덕진구 건지로 20에 있는 전북대학교병원에서 치료 중 뇌간 압박으로 사망에 이르게 하였다.

2) 도로교통법 위반(음주운전)

피고인은 제1항 기재 일시경 전북 진안군 B 앞 도로부터 제1항 기재 장소에 이르기까지 약 2.6km 구간에서 혈중알코올농도 0.159%의 술에 취한 상태로 제1항 기재 (차량번호 1 생략) 봉고 III 화물차를 운전하였다.

[판결] 징역 3년, 집행유예 4년, 사회봉사 80시간, 준법운전강의 40시간

25. 제주지방법원 2021. 11. 23. 선고 2021고단964 도로교통법위반(음주운전) 특정범죄가중처벌등에관한법률위반(위험운전치사)

[범죄사실] 음주전력 없음, 0.126%, 운전거리 2km, 피해자사망(유족합의)

1) 특정범죄가중처벌등에관한법률위반(위험운전치사)

피고인은 (차량번호 1 생략) 스포티지 자동차의 운전업무에 종사하는 사람이다.

피고인은 2021. 3. 21. 03:00경 혈중알코올농도 0.126%의 술에 취한 상태로 위 차량을 운전하여 제주시 B 앞 사거리 교차로를 제주시청 쪽에서 아라동사무소 쪽으로 진행하던 중 음주의 영향으로 정상적인 운전이 곤란한 상태에서 전방 및 좌우를 잘 살피지 아니하고 조향 및 제동장치를 정확하게 조작하지 못한 과실로 피고인 진행방향 전방 도로변에 서 있던 피해자 C(남, 34세)을 피고인 차량의 우측 앞부분으로 들이받아 피해자로 하여금 우측 측후두부 개방성 골절 등으로 그 자리에서 사망에 이르게 하였다.

2). 도로교통법위반(음주운전)

피고인은 2021. 3. 21. 03:00경 제주시 D에 있는 E교회 앞에서부터 같은 시 B 앞까지 약 2km 구간에서 혈중알코올농도 0.126%의 술에 취한 상태로 (차량번호 1 생략) 스포티지 자동차를 운전하였다.

[판결] 징역 3년, 집행유예 5년, 보호관찰 3년, 사회봉사 500시간, 준법운전 강의 40시간

26. 의정부지방법원 2021. 11. 15. 선고 2021고단1748 특정범죄가중처벌등에관한법률위반(위험운전치사) 도로교통법위반(음주운전)

[범죄사실] 음주전력 없음, 0.180%, 운전거리 3.2km, 피해자사망(유족과 합의)

1) 특정범죄가중처벌등에관한법률위반(위험운전치사)

피고인은 (차량번호 1 생략) 포르쉐 카이엔 승용차의 운전업무에 종사하는 사람이다.

피고인은 2020. 12. 19. 22:10경 혈중알코올농도 0.180%의 술에 취한 상태에서 위 승용차를 운전하여 경기 남양주시 B 앞 편도 2차로 도로를 C 방면에서 D 방면으로 2차로를 따라 알 수 없는 속도로 진행하게 되었다.

당시는 야간이어서 시야가 어두웠고, 그곳은 곡선구간이었으므로 이러한 경우 자동차의 운전업무에 종사하는 사람에게는 곡선구간에서 속도를 줄이고, 전방과 좌우를 잘 살피며, 제동 및 조향장치를 정확하게 조작하는 등 안전하게 운전하여 교통사고를 미연에 방지하여야 할 업무상 주의의무가 있었다.

더욱이 피고인은 같은 날 자신이 운영하는 E 식당에서 소주와 맥주 등을 마시고 운전하는 바람에 발음이 부정확하게 말을 하고, 눈이 충혈된 채 몸을 많이 비틀거리며 보행하는 등 음주의 영향으로 정상적인 운전이 곤란한 상태였다.

그럼에도 불구하고 피고인은 술에 취해 전방 주시를 태만히 하고 제동장치를 정확하게 조작하지 못한 업무상과실로 곡선구간에서 속도를 줄이지 못한 채 중앙선을 넘어 맞은편에 있던 가로수를 피고인의 승용차로 들이받았다.

결국 피고인은 위와 같이 음주의 영향으로 정상적인 운전이 곤란한 상태에서 승용차를 운전한 업무상과실로 피고인의 승용차에 동승한 피해자 F(남, 51세)로 하여금 2020. 12. 20. 12:32경 서울 성동구 G에 있는 H병원에서 치료를 받던 중 다발성 늑골 골절 및 혈흉에 의한 저혈량 쇼크로 사망에 이르게 하였다.

2) 도로교통법위반(음주운전)

피고인은 2020. 12. 19. 22:10경 경기 남양주시 I에 있는 피고인 운영의 E 식당 앞 도로에서부터 J 앞 도로에 이르기까지 약 3.2km의 구간에서 혈중알코올농도 0.180% 술에 취한 상태로 (차량번호 1 생략) 포르쉐 카이엔 승용차를 운전하였다.

[판결] 징역 3년, 집행유예 4년, 사회봉사 80시간, 준법운전강의 40시간

---

27. 광주지방법원 목포지원 2021. 7. 19. 선고 2021고단561 도로교통법위반 (음주운전) 특정범죄가중처벌등에관한법률위반(위험운전치사)

[범죄사실] 음주전력 없음, 0.10%, 운전거리 5km, 동승자 2명 사망(미합의)

1) 특정범죄가중처벌에관한법률위반(위험운전치사)

피고인은 (차량번호 1 생략) K9 승용차를 운전하는 업무에 종사한 사람이다.

피고인은 2021. 5. 6. 00:13경 혈중알코올농도 0.1%의 술에 취한 상태에서 위 승용차를 운전하여, 목포시 B에 있는 C 인근 도로를 D 방면에서 갓바위터널 방면으로 진행하게 되었다.

이 경우 자동차의 운전업무에 종사하는 사람은 술에 취해 차를 운전하면 시야가 좁아져 주변 교통상황에 대한 판단력이 흐려지고 제동 및 조향장치를 적절히 조작할 수 없게 되므로, 술을 마신 상태에서는 차를 운전하지 않아야 할 업무상 주의의무가 있다. 그럼에도 피고인은 이를 게을리한 채 위와 같이 술에 취하여 정상적인 운전이 불가능한 상태에서 위 승용차를 운전하다가, 위 도로의 연석을 타고 올라 가로수를 충격하는 교통사고를 야기하였다.

결국 피고인은 음주의 영향으로 정상적인 운전이 곤란한 상태에서 위 승용차를 운전하여 위와 같은 교통사고를 일으켜, 위 승용차에 동승한 피해자 E(18세) 및 피해자 F(18세)이 각 사망에 이르게 하였다.

2) 도로교통법위반(음주운전)

피고인은 제1항 기재 일시경 목포시 소재 G 인근에 있는 'H' 앞 도로에서부터 목포시 B에 있는 C 앞 삼거리에 이르기까지 약 5km 구간에서 혈중알코올농도 0.1%의 술에 취한 상태로 (차량번호 1 생략) 승용차를 운전하였다.

[판결] 징역 3년

---

28. 인천지방법원 2021. 10. 27. 선고 2021고단5962 도로교통법위반(음주운전) 특정범죄가중처벌등에관한법률위반(위험운전치사)

[범죄사실] 음주전력 1회, 0.229%, 운전거리 1.3km, 동승자 사망(유족합의)

피고인은 2011. 5. 18. 인천지방법원에서 도로교통법위반(음주운전)죄로 벌금 150만 원의 약식명령을 받았다.

1) 도로교통법위반(음주운전)

피고인은 2021. 4. 9. 22:30경 인천 남동구 B 소재 C 부근 도로에서부터 같은 구 D 앞 도로에 이르기까지 약 1.3km 구간에서 혈중알코올농도 0.229%의 술에 취한 상태로(차량번호 1 생략) k7 승용차를 운전하였다.

이로써 피고인은 음주운전으로 처벌받은 전력이 있음에도 술에 취해 위 승용차를 운전하였다.

2) 특정범죄가중처벌등에관한법률위반(위험운전치사)

피고인은 (차량번호 1 생략) k7 승용차의 운전업무에 종사하는 자이다.

피고인은 2021. 4. 9. 22:30경 혈중알코올농도 0.229%의 술에 취한 상태로 발음이 부정확하고, 근처에서 술냄새가 감지되는 등 정상적인 운전이 곤란한 상태에서 위 승용차를 운전하여 인천 남동구 D 앞 도로를 논고개길네거리 방면에서 논현경찰서 방면으로 진행하게 되었다. 당시는 야간이었고, 그곳은 시속 50km 이하의 제한속도가 적용되는 구간이었으므로 이러한 경우 자동차의 운전업무에 종사하는 사람에게는 제한속도를 준수하며 그 차의 조향 및 제동장치, 그 밖의 장치를 정확히 조작하는 등으로 안전하게 운전하여 미리 사고를 방지하여야 할 업무상 주의의무가 있었다. 그럼에도 불구하고 피고인은 이를 게을리한 채 위와 같이 술에 취한 상태에서 시속 약 82~84km의 속력으로 위 승용차를 과속 운전한 업무상과실로 위 승용차 진행방향 전방 인도 상에 설치된 오봉변전소 담벽을 위 승용차 앞 범퍼 부분으로 들이받았다. 피고인은 위와 같이 음주의 영향으로 정상적인 운전이 곤란한 상태에서 위 승용차를 운전하여 위 승용차 조수석에 동승하고 있던 피해자 E(44세)로 하여금 같은 날 심장진탕 등으로 인하여 사망에 이르게 하였다.

[판결] 2년 6월, 집행유예 4년, 준법운전강의 40시간

---

29. 인천지방법원 2021. 9. 10. 선고 2021노2075 도로교통법위반(음주운전) 특정범죄가중처벌등에관한법률위반(위험운전치사)

[범죄사실] 음주전력 없음, 0.08%, 운전거리2km, 피해자사망(미합의)

피고인은 사실혼 배우자 B 소유인 (차량번호 1 생략) 벤츠 E300 승용차를 운전하는 업무에 종사하는 사람이다.

1) 도로교통법위반(음주운전)

피고인은 2020. 12. 16. 21:05경 인천 미추홀구 C에 있는 'D' 식당 앞길에서부터 인천 동구 송현로에 있는 인천김포고속도로 김포 방향 6.4km 지점에 이르기까지 약 2km 구간에서 혈중알코올농도 0.080%의 술에 취한 상태로 위 벤츠 E300 승용차를 운전하였다.

2) 특정범죄가중처벌등에관한법률위반(위험운전치사)

피고인은 2020. 12. 16. 21:05경 인천 동구 송현로 소재 인천김포고속도로 김포 방향 6.4km 지점에 있는 북항터널 내 편도 3차로 도로 중 2차로를 따라 인천항 방면에서 남청라TG 방면으로 위 벤츠 E300 승용차를 운전하여 진행하였다.

당시는 야간이고 위 장소는 제한속도가 100km/h로 지정된 고속도로로 그곳을 진행하는 다른 승용차가 있었으므로, 이러한 경우 자동차 운전업무에 종사하는 피고인은 제한속도를 준수하고 전방 주시를 철저히 하며 가속 및 제동장치를 정확하게 조작하는 등 안전하게 운전하여 사고를 미연에 방지하여야 할 업무상 주의의무가 있었다.

그럼에도 불구하고 피고인은 제1항 기재와 같은 음주의 영향으로 졸음운전을 하다가 그 전방에서 규정 속도를 준수하여 진행하고 있던 피해자 E(여, 41세) 운전의 (차량번호 2 생략) 마티즈 승용차를 발견하지 못하고 가속 페달을 계속하여 밟아 시속 216~229km/h까지 가속한 상태에서 브레이크 페달을 밟지도 못한 채 피고인 운전의 벤츠 E300 승용차의 우측 앞 범퍼 부분으로 위 마티즈 승용차의 좌측 뒤 범퍼 부분을 추돌하여 위 마티즈 승용차가 그 충격으로 우측 전방으로 튕겨 나가면서 위 북항터널 우측 벽면을 들이받고 전소되게 함으로써 피해자를 그 자리에서 즉사하게 하였다.

이와 같이 피고인은 음주의 영향으로 정상적인 운전이 곤란한 상태에서 위 벤츠 E300 승용차를 운전하다가 교통사고를 내고 그로 인하여 피해자가 사망에 이르게 하였다.

[판결] 징역 6년

30. 의정부지방법원 고양지원 2021. 8. 12. 선고 2021고단1112 특정범죄가 중처벌등에관한법률위반(위험운전치사) 도로교통법위반(음주운전)

[범죄사실] 음주전력 없음, 0.157%, 운전거리 4km, 피해자사망(유족합의)

1. 특정범죄가중처벌등에관한법률위반(위험운전치사)
피고인은 (차량번호 1 생략) 프라이드 승용차의 운전업무에 종사하는 사람이다.
피고인은 2021. 1. 2. 02:00경 혈중알코올농도 0.157%의 술에 취한 상태로 위 승용차를 운전하여 파주시 B 앞 편도 1차로의 도로를 금촌동 쪽에서 비석사거리 쪽으로 진행하던 중 음주의 영향으로 정상적인 운전이 곤란한 상태에서 전방 및 좌우를 잘 살피지 아니하고 조향 및 제동장치를 정확하게 조작하지 못한 과실로, 오른쪽으로 굽은 위 도로에서 속도를 제어하지 못하고 차량이 미끄러지면서 위 승용차가 전복되었고 이 과정에서 위 승용차 조수석에 동승한 피해자 C(남, 24세)가 열려진 조수석 창문을 통해 튕겨져 나가 바닥에 부딪혔다.
결국 피고인은 위와 같은 업무상과실로 피해자로 하여금 현장에서 다발성 외상으로 사망에 이르게 하였다.

2. 도로교통법위반(음주운전)
피고인은 위 제1항 기재 일시경 혈중알코올농도 0.157%의 술에 취한 상태로 파주시 D에 있는 피고인이 일하는 'E' 식당 앞 도로에서부터 F에 있는 'G주점' 앞 도로를 경유해 위 제1항 기재 사고 장소에 이르기까지 약 4km 구간에서 위 프라이드 승용차를 운전하였다.

[판결] 징역 2년, 집행유예 3년, 사회봉사 160시간, 준법운전강의 40시간

---

31. 서울남부지방법원 2021. 4. 15. 선고 2020고단4145 도로교통법위반(음주운전)

[범죄사실] 음주운전 4회, 0.140%, 운전거리 300m

피고인은 2018. 11. 30. 부산지방법원 동부지원에서 약사법위반죄로 징역 1년을 선고받아 2019. 11. 30. 그 형의 집행을 종료하였다. 피고인은 2014. 3. 17. 의정부지방법원에서 도로교통법(음주운전)죄로 벌금 400만 원의 약식명령을, 2017. 1. 23. 같은 법원에서 도로교통법(음주운전)죄로 벌금 200만 원의 약식명령을 각 고지받고, 2017. 11. 8. 같은 법원에서 도로교통법(음주운전)죄로 벌금 1,000만 원을 선고받았다. 피고인은 2020. 6. 24. 00:59경 서울 영등포구 B에 있는 C안과 앞길에서부터 같은 구 D 앞길에 이르기까지 약 300m 구간에서 혈중알코올농도 0.140%의 술에 취한 상태로 E 아이써티 승용차를 운전하였다. 이로써 피고인은 음주운전 금지 규정을 2회 이상 위반하였다.

[판결] 실형 1년

32. 부산지방법원 동부지원 2021. 8. 13. 선고 2021고단1029 도로교통법위반(음주운전)

[범죄사실] 음주운전 2회, 0.103%, 운전거리 300m

피고인은 2013. 9. 5. 부산지방법원 동부지원에서 도로교통법위반(음주운전)죄로 벌금 150만 원의 약식명령을 발령받았다.

피고인은 2021. 5. 5. 05:40경 포항시 북구 B 소재 C 앞 도로에서부터 포항시 북구 D 앞 도로에 이르기까지 약 300m 구간에서 혈중알코올농도 0.103%의 술에 취한 상태에서 (차량번호 1 생략) 싼타페 승용차를 운전하였다.

이로써 피고인은 도로교통법의 음주운전 금지규정을 위반한 전력이 있는 사람으로서 재차 위 음주운전 금지규정을 위반하여 위 승용차를 운전하였다.

[판결] 벌금 1,000만 원

33. 부산지방법원 서부지원 2021. 6. 3. 선고 2020고단2706 도로교통법위반(음주운전)

[범죄사실] 음주운전 2회, 0.109%, 운전거리 6km

피고인은 2018. 4. 17. 부산지방법원에서 도로교통법위반(음주운전)죄로 징역 8월에 집행유예 2년을 선고받았다. 피고인은 2020. 10. 23. 20:35경 진주시 B시장 앞 도로에서부터 같은 시 C에 있는 D 주유소 앞 도로까지 약 6km 구간에서 혈중알코올농도 0.109%의 술에 취한 상태로 (차량번호 1 생략) 그랜저 승용차량을 운전하였다.

이로써 피고인은 음주운전 금지규정을 2회 이상 위반하였다.

[판결] 징역 1년

---

34. 수원지방법원 평택지원 2021. 5. 13. 선고 2020고단1846 도로교통법위반(음주운전)

[범죄사실] 음주운전 3회 ,0.234% ,운전거리 1km

피고인은 2013. 8. 28. 수원지방법원 평택지원에서 도로교통법위반(음주운전)죄 등으로 징역 6월, 집행유예 1년을 선고받고 2013. 9. 5. 그 판결이 확정되었고, 2016. 11. 17. 같은 법원에서 같은 죄 등으로 징역 1년, 집행유예 2년을 선고받고 2016. 11. 25. 그 판결이 확정되었다. 피고인은 위와 같이 음주운전 처벌전력이 2회 있음에도, 2020. 6. 13. 19:27경 혈중알코올농도 0.234%의 술에 취한 상태로 (차량번호 1 생략) 아반떼 승용차를 운전하여 평택시 안중읍 일원부터 평택시 B건물, C동 주차장 앞길까지 약 1km 구간을 진행하였다.

[판결] 징역 1년

---

35. 인천지방법원 2021. 5. 26. 선고 2020고단10441 도로교통법위반(음주운전) 도로교통법위반(무면허운전) 도로교통법위반(사고후미조치)

[범죄사실] 음주운전4회, 0.196%, 운전거리2km, 무면허운전, 대물뺑소니

피고인은 2010. 7. 15. 인천지방법원에서 도로교통법위반(음주운전)죄 등으로 징역 10월을 선고받았고, 2019. 2. 28. 같은 법원에서 도로교통법위반(음주측정거부)죄로 징역 8월에 집행유예 2년을 선고받았고, 2020. 2. 5. 같은 법원에서 도로교통법위반(음주운전)죄 등으로 벌금 1,500만 원을 선고받았다.

1) 도로교통법위반(사고후미조치)

피고인은 (차량번호 1 생략) 스포티지 승용차의 운전업무에 종사하는 사람이다.

피고인은 2020. 9. 24. 01:07경 자동차운전면허를 받지 아니하고 혈중알코올농도 0.196%의 술에 취한 상태로 위 승용차를 운전하여 인천 서구 B 앞 도로를 C모텔 방면에서 D 방면으로 진행하게 되었다. 그곳은 도로가에 다른 차량이 주차된 곳이므로 이러한 경우 자동차의 운전업무에 종사하는 사람에게는 전방 및 좌우를 잘 살피고 조향 및 제동장치를 정확하게 조작하며 안전하게 운전함으로써 사고를 미리 방지해야 할 업무상 주의의무가 있었다.

그럼에도 불구하고 피고인은 이를 게을리한 채 술에 취하여 전방을 제대로 주시하지 아니한 과실로 피고인의 진행방향 오른쪽 앞에 주차된 피해자 E 소유인 (차량번호 2 생략) 에쿠스 승용차의 우측 앞 범퍼 부분, 피해자 F 소유의 (차량번호 3 생략) 투리스모 승합차의 좌측 앞 범퍼 부분을 위 스포티지 승용차의 우측 앞부분으로 들이받아 불상의 수리비가 들도록 각 손괴하고, 계속하여 피고인의 진행방향 오른쪽 앞에 주차된 피해자 G 소유의 (차량번호 4 생략) 그랜저 승용차의 우측 앞 범퍼 부분을 위 스포티지 승용차의 우측 앞부분으로 들이받아 불상의 수리비가 들도록 손괴하고도 피해자들에게 인적사항을 제공하지 아니하고 그대로 현장을 이탈하였다.

2) 도로교통법위반(음주운전), 도로교통법위반(무면허운전)

피고인은 2020. 9. 24. 01:07경 인천 서구 B 앞 도로에서부터 같은 구 H 앞 도로에 이르기까지 약 2km 구간에서 자동차운전면허를 받지 아니하고 혈중알코올농도 0.196%의 술에 취한 상태로 위 스포티지 승용차를 운전하였다.

이로써 피고인은 음주운전 금지규정을 2회 이상 위반함과 동시에 자동차운전면허를 받지 아니하고 위 승용차를 운전하였다.

[판결] **징역 1년 10월 및 벌금 300,000원**

36. 서울동부지방법원 2021. 9. 9. 선고 2021고단1376 도로교통법위반(음주운전)

[범죄사실] **음주운전 2회, 0.129%, 운전거리500m**

피고인은 2013. 5. 6. 서울북부지방법원에서 도로교통법(음주운전)죄로 벌금 400만 원의 약식명령을 발령받았다.

피고인은 2021. 4. 4. 21:05경 서울 송파구 B 앞 도로에서부터 서울 송파구 C 앞 도로에 이르기까지 약 500m 구간에서 혈중알코올농도 0.129%의 술에 취한 상태로 (차량번호 1 생략) 이륜자동차를 운전하였다.

이로써 피고인은 도로교통법상 음주운전 금지 규정을 2회 이상 위반하였다.

[판결] **징역 1년, 집행유예 2년**

37. 의정부지방법원 고양지원 2021. 9. 7. 선고 2021고단1185 도로교통법위반(음주운전)

[범죄사실] **음주운전 3회, 0.130%, 운전거리 25m**

피고인은 2011. 7. 27. 서울중앙지방법원에서 도로교통법위반(음주운전)죄로 벌금 200만 원의 약식명령을 받았고, 2016. 8. 29. 의정부지방법원에서 도로교통법위반(음주운전)죄로 벌금 100만 원의 약식명령을 받았다. 피고인은 2021. 4. 24. 01:34경 혈중알코올농도 0.130%의 술에 취한 상태로 고양시 일산동구 B 오피스텔 앞 도로 약 25m 구간에서 (차량번호 1 생략) 스포티지 승용차를 운전하였다. 이로써 피고인은 도로교통법 음주운전 금지 규정을 2회 이상 위반하였다.

[판결] 징역 1년 2월, 집행유예 2년, 사회봉사 80시간 및 준법운전강의 40시간

38. 전주지방법원 군산지원 2021. 7. 16. 선고 2020고단1419 도로교통법위반(음주운전)

[범죄사실] 음주운전 2회, 0.190%, 운전거리 250m

피고인은 2008. 7. 21. 창원지방법원에서 도로교통법(음주운전)죄로 벌금 200만 원의 약식명령을 발령받았다. 피고인은 2020. 9. 4. 19:35경 군산시 B에 있는 'C' 앞 도로에서부터 군산시 D에 있는 E 앞 삼거리에 이르기까지 약 250m 구간에서 혈중알코올농도 0.190%의 술에 취한 상태로 F 그랜저 승용차를 운전하였다. 이로써 피고인은 음주운전 금지규정을 2회 이상 위반하였다.

[판결] 벌금 10,000,000원

39. 수원지방법원 성남지원 2021. 8. 27. 선고 2020고단4440 도로교통법위 반(음주운전) 도로교통법위반(무면허운전)

[범죄사실] 음주운전 6회, 0.161%, 운전거리 1km

피고인은 2018. 10. 24. 수원지방법원 성남지원에서 도로교통법위반(음주운전) 죄 등으로 징역 8월에 집행유예 2년의 형을 선고받고, 2013. 12. 16. 같은 법원 에서 도로교통법위반(음주운전)죄 등으로 벌금 700만 원의 약식명령을, 2012. 8. 13. 같은 법원에서 도로교통법위반(음주운전)죄로 벌금 400만 원의 약식명령을, 2010. 8. 13. 수원지방법원에서 도로교통법위반(음주운전)죄로 벌금 70만 원의 약식명령을 각 발령받았다.

1) 피고인은 2020. 7. 29. 01:43경 성남시 분당구 분당로 50, 분당구청 앞 도로 에서부터 같은 구 B 앞 도로까지 약 2.3km 구간을 혈중알코올농도 0.214%의 술에 취한 상태로, 자동차 운전면허를 받지 아니하고 (차량번호 1 생략) 펠리세이 드 승용차를 운전하였다. 이로써 피고인은 도로교통법 제44조 제1항을 2회 이 상 위반하였다.

2) 피고인은 2021. 4. 21. 21:49경 성남시 분당구 구미동에 있는 구미어린이공 원 앞 도로에서부터 같은 구 C 앞 도로에 이르기까지 약 1km 구간에서 자동 차운전면허를 받지 아니하고 혈중알코올농도 0.161%의 술에 취한 상태로 (차량 번호 1 생략) 펠리세이드 승용차를 운전하였다.

[판결] 징역 2년

40. 춘천지방법원 2021. 6. 10. 선고 2021고단223 도로교통법위반 (음주운전)

[범죄사실] 음주운전 6회, 0.137%, 운전거리 1km

피고인은 2006. 11. 16. 춘천지방법원에서 도로교통법위반(음주운전)죄로 벌금 100만원을, 2007. 2. 8. 같은 법원에서 도로교통법위반(음주운전)죄 등으로 징역 6월 및 집행유예 1년을, 2009. 5. 21. 같은 법원에서 도로교통법위반(음주운전) 죄 등으로 징역 1년 6월 및 집행유예 2년을, 2012. 9. 14. 같은 법원에서 도로 교통법위반(음주운전)죄 등으로 징역 1년 및 집행유예 2년을, 2013. 7. 17. 같은 법원에서 도로교통법위반(음주운전)죄 등으로 징역 6월 및 집행유예 2년을 선고 받은 전력이 있다.

피고인은 2021. 2. 10. 22:21경 춘천시 B에 있는 C 앞 도로에서부터 같은 시 D 앞 도로까지 약 1km 구간에서 혈중알코올농도 0.137%의 술에 취한 상태로 (차량번호 1 생략) 그랜저 승용차를 운전하였다.

이로써 피고인은 음주운전 금지규정을 2회 이상 위반하였다.

[판결] 징역 1년

41. 창원지방법원 2019. 8. 29. 선고 2019고단1860 도로교통법위반(음주운전), 사문서위조, 위조사문서행사, 도로교통법위반(무면허운전)

[범죄사실] 음주전력 2회, 0.182%, 운전거리 1km, 무면허, 사문서위조 및 동행사

피고인은 2015. 8. 25. 창원지방법원에서 도로교통법위반(음주운전)죄 등으로 벌

금 300만 원의 약식명령을 발부받고, 2016. 10. 25. 같은 법원에서 도로교통법위반(음주운전)죄 등으로 징역 6월, 집행유예 2년을 선고받았다.

1) 도로교통법위반(음주운전) 및 도로교통법위반(무면허운전)

피고인은 2017. 5. 5. 13:50경 김해시 C에 있는 D부동산 앞 도로에서부터 김해시 E아파트 공사현장 앞 도로에 이르기까지 약 1km 구간에서 자동차운전면허를 받지 아니하고 혈중알코올농도 0.182%의 술에 취한 상태로 F 싼타페 차량을 운전하였다.

2) 사문서위조 및 위조사문서행사

피고인은 2017. 5. 5. 13:50경 김해시 E아파트 공사현장 앞 도로에서 위 1항 기재와 같이 운전하다가 정차 중인 차량을 들이받아 출동한 경찰관인 순경 G으로부터 인적사항을 요구받자 마치 피고인이 H인 것처럼 H의 이름과 주민등록번호를 말하고 음주측정 후 순경 G으로부터 제시받은 주취운전자 정황진술보고서의 운전자 의견 진술란에 "선처를 부탁합니다. 죄송합니다"라고 기재한 다음 H의 이름을 기재하고 그 옆에 피고인의 무인을 날인하는 등 행사할 목적으로 사실 증명에 관한 사문서인 H 명의의 주취운전자정황진술보고서 중 운전자의견진술서를 위조하고, 이를 순경 G에게 교부하였다.

이로써 피고인은 행사할 목적으로 사실증명에 관한 사문서인 H 명의 운전자의견진술서를 위조하고, 이를 행사하였다.

[판결] 실형 1년

42. 전주지방법원 2019. 10. 10. 선고 2019고단163 판결 도로교통법위반(음주운전), 도로교통법위반(무면허운전)

[범죄사실] 음주전력 3회, 0.08%, 운전거리 100m, 무면허운전

피고인은 2010. 3. 5. 전주지방법원 정읍지원에서 도로교통법위반(음주운전)으로 벌금100만 원을, 2015. 7. 13.전주지방법원에서 도로교통법위반(음주운전) 등으로 벌금 300만 원을 각 선고받고, 2017. 9. 14. 전주지방법원 정읍지원에서 도로교통법위반(음주운전) 등으로 징역 1년 2월, 집행유예 2년을 선고받고 같은 달 22. 그 판결이 확정되었다.

피고인은 2018. 10. 16. 00:15경 전주시 완산구 C에 D 마사지샵 앞 도로에서부터 같은 구 E에 있는 F편의점 앞 도로까지 약 100m 구간에서 자동차운전면허 없이 혈중알코올농도 0.080%의 술에 취한 상태로 G 쏘나타 승용차를 운전하였다.

이로써 피고인은 자동차운전면허 없이 도로교통법 제44조 제1항을 2회 이상 위반하고 다시 위 조항을 위반하여 술에 취한 상태에서 자동차를 운전하였다.

[판결] 실형 6개월

---

43. 대구지방법원 2019. 10. 8. 선고 2019고단1372 판결 사문서위조, 위조사문서행사, 사서명위조, 위조사서명행사, 주민등록법위반, 도로교통법위반(음주운전), 도로교통법위반(무면허운전)

[범죄사실] 음주전력 없음, 0.095%, 운전거리 50m, 무면허, 사문서위조 및 동행사, 사서명 위조 및 동행사

피고인은 2015. 6. 24. 대구지방법원에서 아동·청소년성보호에 관한 법률위반(알선영업행위등)죄로 징역 3년에 집행유예 5년을 선고받고, 2015. 7. 2. 그 판결이 확정되어 현재 집행유예 기간 중이다.

1) 도로교통법위반(음주운전) 및 도로교통법위반(무면허운전)

피고인은 2018. 11. 3. 07:00경 대구 중구 동성로4길 6, 에이유(AU)클럽 앞 도로에서부터 같은 구에 있는 동성로 6길 66에 있는 노마드(NOMAD) 앞 도로까지 약 50m 구간에서 자동차운전면허를 받지 아니하고 혈중알코올농도 0.095%의 술에 취한 상태로 제네시스 승용차를 운전하였다.

2) 주민등록법위반

피고인은 2018. 11. 3. 07:25경 위 노마드(NOMAD) 앞 도로에서 피고인의 인적사항을 묻는 대구중부경찰서 동덕지구대 소속 순경 전○○에게 피고인의 형인 변○○의 주민등록번호를 불러주어 다른 사람의 주민등록번호를 부정하게 사용하였다.

3) 사서명위조 및 위조사서명행사

피고인은 위 제2항 일시, 장소에서 음주운전으로 단속되어 위 순경 전○○에게 피고인의 형인 '변○○'의 이름, 주민등록번호를 불러 주고, 위 순경 전○○으로부터 휴대용 정보단말기(PDA) 화면에 나타난 '변○○'의 인적사항이 기재된 음주운전단속결과통보의 운전자란에 서명할 것을 요구받자, 전자터치펜을 사용하여 임의로 '정'이라고 기재하고 동그라미를 쳐 변○○의 서명을 하고, 그 자리에서 위와 같이 위조한 서명을 그 위조된 사실을 모르는 위 순경 전○○에게 교부하였다. 이로써 피고인은 행사할 목적으로 타인의 서명을 위조하고 이를 행사하였다.

4) 사문서위조 및 위조사문서행사

피고인은 위 제2항 일시, 장소에서 위 순경 전○○으로부터 음주측정을 받자 행사할 목적으로 권한 없이 검은색 볼펜을 사용하여 주취운전자 정황진술보고서의 성명란에 피고인의 형의 이름인 '변○○'라고 기재한 뒤 그 이름 옆에 '변○○'이라는 취지의 서명한 다음, 그 위조된 사실을 모르는 위 순경 전○○에게 위조된 주취운전자 정황진술보고서를 마치 진정하게 성립된 것처럼 건네주었다.

이로써 피고인은 사실증명에 관한 사문서인 변○○ 명의의 주취운전자 정황진술보고서 1장을 위조하고 이를 행사하였다.

[판결] 실형 8개월

---

44. 울산지방법원 2019. 4. 17. 선고 2018고단3772 판결 도로교통법위반(음주운전), 도로교통법위반(무면허운전), 범인도피교사

[범죄사실] 음주운전전력 3회, 0.175%, 운전거리 1.7km, 무면허, 범인도피교사

피고인은 2012. 9. 14. 울산지방법원에서 도로교통법위반(음주운전)죄로 벌금 300만 원의 약식명령을 받고, 2012. 10. 22. 부산지방법원 동부지청에서 도로교통법위반(음주운전)죄 등으로 벌금 300만 원의 약식명령을 받고, 2016. 12. 1. 울산지방법원에서 도로 교통법위만(음주운전)죄 등으로 징역 1년에 집행유예 2년을 선고받는 등 2회 이상 음주운전 전력이 있는 사람이다.

1) 도로교통법위반(음주운전), 도로교통법위반(무면허운전)

피고인은 2018. 8. 4. 23:15경 양산시 ㅁㅁ로에 있는 ㅇㅇ아파트 앞 도로에서부
터 양산시 ㅁㅁ00로에 있는 △△ 앞 도로에 이르기까지 약 1.7㎞ 구간에서 자
동차운전면허를 받지 아니하고 혈중알코올농도 0.175%의 술에 취한 상태로 B
호 모닝 승용차를 운전하였다. 이로써 피고인은 술에 취한 상태에서의 운전 금
지 규정을 2회 이상 위반한 사람으로서 다시 술에 취한 상태에서 자동차를 운
전하였다.

2) 범인도피교사

피고인은 2018. 8. 5.경 알 수 없는 장소에서, 위 가항과 같이 음주운전을 한
사실이 적발되자 처벌받을 것이 두려워 친구인 C에게 "이번에 음주운전으로
적발되면 삼진아웃으로 실형을 살 것이다. 나 대신 운전하였다고 진술해달라"
는 취지로 말하여 C로 하여금 자신이 운전하였다고 허위로 진술할 것을 마음
먹게 하였다. 그리하여 피고인은 2018. 8. 23.경 양산경찰서 교통조사계 사무실
에서 담당 경찰관인 경사 D에게 C가 작성한 '2018. 8. 4. 23:15경 B호 모닝 승
용차를 운전한 사람은 C이고 A는 운전을 하지 않았다'라는 취지의 진술서 1장
을 제출하고, C는 경사 D의 운전 여부 확인을 위한 전화 질문에 '자신이 위 모
닝 승용차를 운전하였다'라고 허위로 진술하였다. 이로써 피고인은 C로 하여
금 벌금 이상의 형에 해당하는 죄를 범한 자를 도피하게 하도록 교사하였다.

[판결] 실형 10개월

---

45. 서울동부지방법원 2019. 4. 4. 선고 2018고단3489 판결 도로교통법위반(음주측정거부), 도로교통법위반(무면허운전)

[범죄사실] 음주측정거부, 무면허운전

1) 도로교통법위반(음주측정거부)

피고인은 2018. 8. 31. 05:19경 서울 광진구 OO 앞 도로 안전지대 인근에 80가 OOOO호 다마스밴 차량을 정차하고 운전석에서 잠을 자던 중, 서울 광진경찰서 자양4파출소 소속 경장 이O엽으로부터 피고인에게서 술 냄새가 나고 얼굴에 홍조를 띠고 차량의 기어가 이동되어 있는 등 술에 취한 상태에서 운전하였다고 인정할 만한 상당한 이유가 있어 같은 날 05:40경까지 약 20분간 4차례에 걸쳐 음주측정기에 입김을 불어 넣는 방법으로 음주측정에 응할 것을 요구받았다. 그럼에도 피고인은 음주측정기에 입김을 불어 넣기를 거부하는 방법으로 이를 회피하여 정당한 사유 없이 경찰공무원의 음주측정요구에 응하지 아니하였다.

2) 도로교통법위반(무면허운전)

피고인은 2018. 8. 31. 03:50경 서울 광진구 OO 도로에서부터 서울 광진구 OO 도로에 이르기까지 약 100m 구간에서 자동차운전면허를 받지 아니하고 80가 OOOO호 다마스밴 차량을 운전하였다.

[판결] 실형 1년

---

46. 창원지방법원 2019. 6. 27. 선고 2018고단1549 판결 도로교통법위반(음주운전)

[범죄사실] 음주전력 2회, 0.171%, 운전거리 100m

피고인은 2009. 2. 23. 창원지방법원에서 도로교통법위반(음주운전)죄로 벌금 200만 원의 약식명령을 받고, 2016. 9. 1. 같은 법원에서 도로교통법위반(음주운전)죄 등으로 징역 6월에 집행유예 2년을 선고받는 등 음주운전 금지규정을 2회 이상 위반한 전력이 있다.

피고인은 2018. 4. 15. 23:22경 창원시 진해구 석동에 있는 상호불상의 노래방 앞 도로에서부터 같은 구 진해대로 815 진해경찰서 인근 도로에 이르기까지 약 100m의 구간에서 혈중알코올농도 0.171%의 술에 취한 상태로 B K9 승용차를 운전하였다.

[판결] 실형 1년 6개월

---

47. 전주지방법원 2021. 4. 21. 선고 2020고단1404 도로교통법위반(무면허운전) 도로교통법위반(음주운전)

[범죄사실] 음주전력 3회, 0.258%, 운전거리 150m, 무면허

피고인은 2008. 9. 26. 수원지방법원에서 도로교통법위반(음주운전)죄로 벌금 150만 원의 약식명령을 받고, 2016. 7. 11. 전주지방법원에서 도로교통법위반(음주운전)죄로 벌금 500만 원을 약식명령을 받아 그 약식명령이 그 무렵 각 확정되었다.
피고인은 2018. 1. 9. 전주지방법원에서 도로교통법위반(음주운전)죄 등으로 징역 1년 및 집행유예 2년을 선고받은 전력이 있다

1) 2020고단1404
피고인은 위 [범죄전력]에도 불구하고 2020. 4. 17. 16:40경 전북 진안군 B에 있는 C 조합 앞 도로에서 D에 있는 E 앞 도로에 이르기까지 약 150m 구간에

서 혈중알코올농도 0.258%의 술에 취한 상태에서 (차량번호 1 생략) 액티언 화물차를 운전하여 도로교통법 제44조 제1항을 2회 이상 위반하였다.

2) 2020고단2653

피고인은 위 [범죄전력]에도 불구하고 2020. 10. 25. 10:40경 전북 진안군 F에 있는 G슈퍼 앞 도로에서부터 H에 있는 I슈퍼 앞 도로에 이르기까지 약 5km 구간에서 자동차 운전면허 없이 혈중알코올농도 0.16%의 술에 취한 상태로 (차량번호 1 생략) 액티언 화물차를 운전하여 도로교통법 제44조 제1항을 2회 이상 위반함과 동시에 자동차운전면허 없이 자동차를 운전하였다.

[판결] 징역 1년 6월

---

48. 인천지방법원 2021. 11. 3. 선고 2021고단3724 도로교통법위반(무면허운전) 도로교통법위반(음주운전)

[범죄사실] 음주전력 5회, 0.167%, 운전거리 50m , 무면허, 병합사건

피고인은 2008. 12. 3. 인천지방법원에서 도로교통법위반(음주운전)죄로 벌금 70만 원의 약식명령을 발령받고, 2010. 1. 19. 같은 법원에서 도로교통법위반(음주운전)죄로 벌금 200만 원의 약식명령을 발령받고, 2011. 7. 8. 같은 법원에서 도로교통법위반(음주운전)죄로 벌금 300만 원을 선고받고, 2011. 8. 26. 같은 법원에서 도로교통법위반(음주운전)죄로 벌금 200만 원을 선고받고, 2012. 12. 14. 같은 법원에서 도로교통법위반(음주운전)죄 등으로 징역 8월에 집행유예 2년을 선고받았다.

[2021고단3724]

피고인은 2021. 5. 3. 22:35경 혈중알코올농도 0.167%의 술에 취한 상태로 자동차운전면허를 받지 아니하고 인천 남동구 B 앞 도로에서부터 같은 구 C 앞 도로에 이르기까지 약 50m의 구간에서 (차량번호 1 생략) 그랜져 승용차를 운전하였다.

이로써 피고인은 음주운전 금지 규정을 2회 이상 위반하였다.

[2021고단4159]

피고인은 2020. 9. 27. 00:51경 고양시 일산서구 I 인근 노상에서부터 인천 미추홀구 경인로 270 도화IC 앞 도로에 이르기까지 약 30km 구간에서 혈중알코올농도 0.074%의 술에 취한 상태로 (차량번호 2 생략) 그랜저 승용차를 운전하였다.

이로써 피고인은 음주운전 금지 규정을 2회 이상 위반하였다.

[판결] 징역 2년, 집행유예 3년, 보호관찰, 160시간 사회봉사

49. 광주지방법원 2021. 4. 21. 선고 2020고단6191 도로교통법위반(음주운전)

[범죄사실] 음주전력 3회, 0.085%, 운전거리 700m,

피고인은 2011. 6. 7. 광주지방법원에서 도로교통법위반(음주운전)죄 등으로 벌금 300만 원의 약식명령을 받고, 2012. 11. 13. 광주지방법원 순천지원에서 도로교통법위반(음주운전)죄 등으로 벌금 500만 원의 약식명령을 받고, 2017. 11. 14. 광주지방법원에서 도로교통법위반(음주운전)죄로 징역 6월에 집행유예 2년을 선고받았다.

피고인은 2020. 10. 05. 23:05경 혈중알코올농도 0.085%의 술에 취한 상태로 광주 북구 B에 있는 C편의점 앞 도로에서부터 광주 북구 D에 있는 E 앞 도로까지 약 700m 구간에서 F 제네시스 차량을 운전하였다.

이로써 피고인은 도로교통법상의 음주운전 금지규정을 2회 이상 위반하였다.

[판결] 징역 1년 2월

---

50. 울산지방법원 2019. 9. 25. 선고 2019고단1343, 2019고단1764(병합) 판결 교통사고처리특례법위반(치상), 도로교통법위반(음주운전), 도로교통법위반(무면허운전), 도로교통법위반(음주운전), 도로교통법위반(무면허운전)

[범죄사실] 음주전력 없음, 0.101%, 운전거리 500m, 무면허, 병합사건, 피해자 전치 4주

1) [2019고단1343] 교통사고처리특례법위반(치상)

피고인은 B호 제네시스 승용차의 운전업무에 종사하는 사람이다.

피고인은 2019. 03. 15. 01:20경 혈중알코올농도 0.101%의 술에 취한 상태에서 자동차운전면허를 받지 아니하고 위 승용차를 운전하여 양산시 **길 00에 있는 ○○아파트 앞 교차로를 편도 1차로 도로 중 1차로를 따라 ㅁㅁ시장 쪽에서 △△병원 쪽으로 진행하게 되었다.

그곳은 교통정리가 행하여지지 않는 교차로이므로 운전업무에 종사하는 자로서는 속도를 줄이고 교차로 진입 차량이 있는지 여부를 확인하는 등 안전하게 운전하여 미연에 사고를 방지하여야 할 업무상 주의의무가 있었다.

그럼에도 불구하고 피고인은 술에 취하여 이를 게을리한 채, 피고인 승용차 진행방향의 좌측에서 우측으로 진행하며 교차로에 진입하던 피해자 C(52세) 운전의 D호 제네시스쿠페 승용차의 조수석 앞부분을 피고인 승용차의 운전석 앞부분으로 들이받았다.

이로써 피고인은 위와 같은 업무상과실로 피해자에게 약 4주간의 치료가 필요한 늑골 골절 등 상해를 입게 하였다.

2) 도로교통법위반(음주운전), 도로교통법위반(무면허운전)

피고인은 제1항 기재 일시경 양산시 **길 00에 있는 ☆☆여관 앞 도로에서부터 양산시 **길 00에 있는 ○○아파트 앞 교차로에 이르기까지 약 500m 구간에서 혈중알코올농도 0.101%의 술에 취한 상태에서 자동차운전면허를 받지아니하고 B호 제네시스 승용차를 운전하였다.

3) [2019고단1764]

피고인은 2019. 5. 7. 00:25경 양산시 **동 상호불상 식당에서 양산시 **동 ◇◇ 앞 도로까지 약 500m의 구간에서 혈중알코올 수치 0.102%의 술에 취한 상태로, 자동차운전면허가 없이 E호 그랜저 승용차를 운전하였다.

[판결] 실형 1년

---

51. 울산지방법원 2019. 8. 29. 선고 2019고단1775 판결 특정범죄가중처벌등에관한법률위반(도주치상), 특정범죄가중처벌등에관한법률위반(위험운전치상), 도로교통법위반(사고후미조치), 도로교통법위반(음주측정거부), 도로교통법위반

[범죄사실] 음주측정거부, 도주치상, 대물뺑소니, 피해자 전치2주

1) 특정범죄가중처벌등에관한법률위반(위험운전치상), 특정범죄가중처벌등에관

한법률위반(도주치상), 도로교통법위반(사고후미조치), 도로교통법위반

피고인은 B호 싼타페 승용차의 운전업무에 종사하는 사람이다. 피고인은 2019. 3. 7. 10:25경 위 차량을 운전하여 울산 울주군 **읍 **로에 있는 ○○터미널사거리를 편도 4차로의 도로 중 3차로로 진행하던 중 ##교 쪽에서 구 ㅁㅁ 시외버스터미널 쪽으로 좌회전을 하게 되었다. 그곳은 평소 통행량이 많고 신호등이 설치된 장소이므로 이러한 경우 자동차의 운전업무에 종사하는 사람에게는 전방을 잘 살피며 신호에 따라 안전하게 운전하여 사고를 미리 방지하여야 할 업무상 주의의무가 있었다.

그럼에도 불구하고 피고인은 술에 취하여 술 냄새가 나고, 혈색이 붉고, 보행이 비틀거리는 등 정상적인 운전이 곤란한 상태에서, 양방향 직진 신호가 점등되어 있는 것을 무시하고 3차로에서 그대로 좌회전을 시도한 과실로, 반대 차로에서 직진 신호에 따라 경주방면에서 ##교 방면으로 직진하는 피해자 C(33세)가 운전하던 D호 말리부 승용차의 운전석 문 쪽을 피고인이 운전하던 위 싼타페 승용차의 앞 범퍼 부분으로 들이받았다.

피고인은 위와 같이 음주의 영향으로 정상적인 운전이 곤란한 상태에서 위 싼타페 승용차를 운전하여 피해자 C에게 2주 이상의 치료가 필요한 두피의 표재성 손상 등의 상해를, 피해차량의 동승자인 피해자 E(여, 30세)에게 2주 이상의 치료가 필요한 경추의 염좌 및 긴장 등의 상해를 각각 입게 함과 동시에 피해차량을 수리비 4,035,596원이 들 정도로 손괴하고도 즉시 정차하여 피해자들을 구호하는 등 필요한 조치를 취하지 아니하였다.

2) 특정범죄가중처벌등에관한법률위반(위험운전치상), 도로교통법위반
피고인은 2019. 3. 7. 10:30경 제1항 기재와 같이 음주의 영향으로 정상적인 운

전이 곤란한 상태에서 사고현장을 벗어나 도주하기 위하여 위 싼타페 승용차를 운전하여 울산 울주군 **읍 **길 00에 있는 △△마트 앞 삼거리 도로를 읍성로 언양읍사무소 쪽에서 △△마트 앞쪽으로 우회전하게 되었다. 그곳은 좁은 도로로 우회전을 하는 구간이고 당시 피해자 F(44세)가 운전하는 G호 그랜저 승용차가 반대편 차로에서 우회전을 하기 위해 정차하고 있었으므로 이러한 경우 자동차의 운전업무에 종사하는 사람에게는 속도를 줄이고 전방을 잘 살피며 조향 및 제동장치를 정확하게 조작하여 사고를 미리 방지하여야 할 업무상 주의의무가 있었다.

그럼에도 불구하고 피고인은 술에 취하여 이를 게을리한 채 회전반경을 넓게 하여 우회전을 한 과실로 피고인이 운전하던 위 싼타페 승용차로 피해차량의 왼쪽 측면을 들이받았다. 결국 피고인은 음주의 영향으로 정상적인 운전이 곤란한 상태에서 위 싼타페 승용차를 운전하여 피해자 F에게 약 2주간의 치료가 필요한 경추부 염좌 등의 상해를 입게 함과 동시에 피해차량을 수리비 135,400원이 들 정도로 손괴하였다.

3) 도로교통법위반(음주측정거부)
피고인은 2019. 3. 7. 10:30경 울산시 울주군 **읍 **길 00에 있는 △△마트 앞 도로에서, 술을 마신 상태에서 B호 싼타페 승용차를 운전하던 중 교통사고 신고를 받고 출동한 언양파출소 교통안전계 소속 경위 H로부터 피고인에게서 술 냄새가 나고 비틀거리며 얼굴에 홍조를 띠는 등 술에 취한 상태에서 운전하였다고 인정할 만한 상당한 이유가 있어 2회에 걸쳐 음주측정기에 입김을 불어 넣는 방법으로 음주측정에 응할 것을 요구받았다.

그럼에도 피고인은 이를 회피하여 정당한 사유 없이 경찰공무원의 음주측정 요구에 응하지 아니하였다.

[판결] 실형 1년 2개월

52. 울산지방법원 2019. 8. 29. 선고 2019고단1709, 2197(병합) 판결 교통사고처리특례법위반(치상), 도로교통법위반(음주운전)

[범죄사실] 음주전력 없음, 병합사건, 0.231%(0.105%) 피해자 두 명(미합의)

1) 교통사고처리특례법위반(치상)

피고인은 B호 쏘렌토 차량의 운전업무에 종사하는 사람이다.

피고인은 2019. 3. 14. 22:40경 혈중알코올농도 0.231%의 술에 취한 상태에서 위 쏘렌토 차량을 운전하여 울산 남구에 있는 **교차로 직전 편도 5차로를 ##역 쪽에서 @@로터리 쪽으로 4차로를 따라 진행하던 중 위 교차로에 설치된 신호등의 정지신호에 따라 정차하다가 시속 약 5킬로미터로 직진하여 진행하게 되었다.

당시는 야간이고 그곳 전방에는 신호등이 설치된 사거리교차로가 있었으므로 자동차의 운전업무에 종사하는 사람에게는 전방과 좌우를 잘 살피고 제동 및 조향 장치를 정확하게 조작하면서 안전하게 운전하여야 할 업무상 주의의무가 있었다.

그럼에도 불구하고, 피고인은 이를 게을리한 채 위와 같이 술에 취한 상태에서 그대로 직진하여 진행한 과실로, 쏘렌토 차량의 진행방향 전방에서 **교차로에 설치된 신호등의 정지신호에 따라 정차 중인 피해자 C(56세) 운전의 D호 SM5 차량의 뒤 범퍼 부분을 쏘렌토 차량의 앞 범퍼 부분으로 들이받았다.

결국 피고인은 위와 같은 업무상 과실로 피해자에게 약 3주간의 치료가 필요한 경추의 염좌 및 긴장 등의 상해를 입게 하였다.

2) 도로교통법위반(음주운전)

피고인은 전항 기재 일시경 울산 남구 ○○국밥 식당 앞 도로부터 울산 남구 **사거리교차로 직전 도로에 이르기까지 약 200m 구간에서 혈중알코올농도 0.231%의 술에 취한 상태에서 위 쏘렌토 차량을 운전하였다.

3) 도로교통법위반(음주운전)

피고인은 2019. 5. 19. 20:10경 울산 중구 태화동 ㅁㅁ해장국 앞에서부터 같은 구 다운동 △△ 앞에 이르기까지 약 2km 구간에서 혈중알코올농도 0.105%의 술에 취한 상태로 E호 코나 승용차를 운전하였다.

4) 교통사고처리특례법위반(치상)

피고인은 E호 코나 승용차를 운전하는 업무에 종사하고 있다.

피고인은 위 항과 같은 일시경 울산 중구 다운동 △△ 앞 편도 2차로 도로의 2차로를 따라 %%동 쪽에서 &&입구 삼거리 방향으로 진행하였다. 그곳은 중앙선이 설치되어 있는 곳이므로 자동차의 운전업무에 종사하는 사람에게는 전방 주시를 철저히 하고 차선을 지켜 안전하게 운행하여야 할 업무상 주의의무가 있었다.

그럼에도 피고인은 이를 게을리한 채 위와 같이 술에 취하여 운전하다가 도로 연석을 충격하면서 중앙선을 침범하여, 때마침 반대편에서 마주 오던 피해자 F(34세) 운전의 G호 스포티지 승용차 앞부분을 위 코나 승용차 앞부분으로 들이받았다.

피고인은 위와 같은 업무상과실로 피해자에게 약 2주간의 치료를 요하는 열린

두 개 내 상처가 없는 진탕의 상해를 입게 하였다.

[판결] 실형 1년 6개월

53. 서울동부지방법원 2019. 8. 30. 선고 2019고단1422 판결 특정범죄가중처벌등에관한법률위반(도주치상), 도로교통법위반(음주운전)

[범죄사실] 음주전력 없음, 0.167%, 운전거리 3km, 피해자 중상, 도주치상

1) 도로교통법위반(음주운전)

피고인은 2019. 5. 2. 시간 불상경 서울 중구 신당동에 있는 중앙시장 건너편에서부터 같은 날 02:03경 서울 성동구 용답중앙25길 9-1 앞 도로에 이르기까지 약 3km 구간에서 혈중알코올농도 0.167%의 술에 취한 상태로 OO호 레이 승용차를 운전하였다.

2) 특정범죄가중처벌등에관한법률위반(도주치상)

피고인은 제1항 기재 승용차의 운전업무에 종사하는 사람이다.

피고인은 2019. 5. 2. 01:54경 혈중알코올농도 0.167%의 술에 취한 상태에서 위 승용차를 운전하여 서울 성동구 마장로 258 앞 도로를 도선사거리 쪽에서 마장역 삼거리 쪽으로 편도 2차로 중 2차로를 따라 시속 미상의 속도로 진행하게 되었다.

당시는 심야 시간으로 주변이 어두웠으므로 자동차의 운전업무에 종사하는 사람에게는 맑은 정신을 유지하고 전방주시를 철저히 하면서 운전하여 사고를 미연에 방지하여야 할 업무상의 주의의무가 있었다. 그럼에도 불구하고 피고인은 이를 게을리한 채 술에 취한 상태에서 자동차를 운전하고 전방 주시

를 소홀히 한 과실로 피고인 진행방향의 도로 가장자리에서 마주 보고 걸어오던 피해자 B(30세)를 피고인의 승용차 우측 앞 범퍼 부분으로 들이받았다. 결국 피고인은 위와 같은 업무상의 과실로 피해자에게 치료 일수 미상의 뇌출혈 등의 상해를 입게 하고도 즉시 정차하여 피해자를 구호하는 등 필요한 조치를 취하지 아니하고 그대로 도주하였다.

[판결] 실형 2년 6개월

54. 울산지방법원 2019. 6. 14. 선고 2019고단309 판결 특정범죄가중처벌등에관한법률위반(도주치상), 도로교통법위반(사고후미조치), 도로교통법위반(음주운전)

[범죄사실] 음주전력 2회, 0.177%, 도주치상, 대물뺑소니, 피해자 3주 부상

피고인은 2010. 12. 13. 울산지방법원에서 도로교통법위반(음주운전)죄로 벌금 200만 원의 약식명령, 2014. 1. 28. 같은 법원에서 같은 죄로 벌금 500만 원의 약식명령을 각각 발령받았다.

1. 도로교통법위반(음주운전)
피고인은 2019. 1. 6. 23:00경 울산 울주군 온양읍 ㅁㅁ리 소재 '○○○○' 앞 도로에서부터 같은 읍 ■■▇▆▇로 소재 '△△농장' 앞 도로에 이르기까지 약 2.5㎞ 구간에서 혈중알코올농도 0.177%의 술에 취한 상태로 B호 포터Ⅱ 화물차를 운전하였다.

이로써 피고인은 도로교통법 제44조 제1항을 2회 이상 위반한 사람으로서 다

시 술에 취한 상태에서 자동차를 운전하였다.

2. 특정범죄가중처벌등에관한법률위반(도주치상), 도로교통법위반(사고후미조치)

피고인은 B호 포터Ⅱ 화물차의 운전업무에 종사하는 사람이다.

피고인은 2019. 1. 6. 23:10경 위 1항 기재와 같이 술에 취한 상태로 위 화물차를 운전하여 울산 울주군 온양읍 ■■▤▤로 소재 '▩▩보호센터' 앞 도로를 온양 방면에서 XX초등학교 방면으로 진행하던 중 울산울주경찰서 교통안전계 소속 경위인 피해자 C 등이 음주단속을 하는 것을 보고 이를 피해 도망하였고, 위 C 등이 탑승한 순찰차의 추격을 받게 되었다.

당시 피해자 운전의 D호 순찰차가 피고인의 차량 후미에서, E호 순찰차가 피고인의 차량 앞에서, F호 순찰차가 피고인의 차량 좌측에서 피고인을 각각 추격하는 상황이었으므로, 이러한 경우 자동차의 운전업무에 종사하는 사람으로서는 순찰차의 지시에 따르고 전후·좌우 차량의 통행상황을 잘 살펴 안전하게 진행하여야 할 업무상 주의의무가 있었다.

그럼에도 불구하고 피고인은 위와 같이 술에 취한 상태로 도망하다가 차량 앞·뒤· 좌측으로 진로가 모두 막히게 되자 도주로를 찾는 과정에서 만연히 차량을 후진한 과실로 피고인 차량의 뒤 범퍼 부분으로 피해자 운전의 순찰차 앞 범퍼 부분과 보닛 부분을 들이받았다.

결국 피고인은 위와 같은 업무상과실로 피해자로 하여금 약 3주간의 치료가 필요한 우견관절 회전근개염 등의 상해를 입게 하고, 수리비 3,446,797원이 들도록 피해자 운전의 위 순찰차를 손괴하고도 즉시 정차하여 피해자를 구호하는 등 필요한 조치를 하지 아니하고 그대로 도주하였다.

[판결] 실형 1년 2개월

55. 창원지방법원 2019. 4. 30. 선고 2019고합19 판결 특정범죄가중처벌등에관한법률위반(위험운전치사), 도로교통법위반(음주운전)

[범죄사실] 음주전력 1회, 0.196, 피해자 사망(유족과 합의)

피고인은 2018. 6. 3. 04:26경 혈중알코올농도 0.196%의 술에 취한 상태에서 제네시스 승용차를 운전하여 사천시 동금동에 있는 신항만사거리를 노산아파트 방면에서 1호 광장 방면으로 좌회전하게 되었다.

그곳은 횡단보도가 설치된 교차로가 있고, 당시는 야간으로 시야 확보가 어려운 상태이므로, 이러한 경우 자동차의 운전업무에 종사하는 사람에게는 전방 및 좌우를 잘 살펴 보행자가 있는지 여부를 확인하는 등 진로의 안전을 확보하고 조향장치와 제동장치를 정확하게 조작하여 안전하게 운전함으로써 사고를 미연에 방지하여야 할 업무상 주의의무가 있었다.

그럼에도 피고인은 이를 게을리한 채 술에 만취하여 만연히 진행하다가 피고인 차량의 진행방향 왼쪽에서 오른쪽으로 횡단보도를 횡단하던 피해자(여, 82세)를 미처 발견하지 못하고, 피해자의 오른쪽 다리 부위를 피고인 차량의 앞 범퍼 부분으로 들이받아, 피해자가 바닥에 넘어지는 과정에서 턱뼈에 골절 등을 입게 되었다.1)

결국 피고인은 음주의 영향으로 정상적인 운전이 곤란한 상태에서 자동차를 운전하여 피해자로 하여금 2018. 6. 7. 05:20경 치료 중이던 창원시 의창구 창이대로 45에 있는 창원파티마병원에서 턱뼈 골절 등에 의한 패혈증으로 사망에 이르게 하였다.

[판결] 징역 2년, 집행유예 3년, 120시간 사회봉사

---

56. 대전지방법원 공주지원 2019. 2. 15. 선고 2018고단369, 2018고단479(병합) 판결 도로교통법위반(음주운전), 도로교통법위반(무면허운전), 특정범죄가중처벌등에관한법률위반(도주치상), 도로교통법위반(사고후미조치), 도로교통법위반, 도로교통법위반(무면허운전)방조

[범죄사실] 음주전력 2회, 0.173%, 운전거리 1km, 도주치상, 대물뺑소니, 피해자 8주 부상

피고인 A은 2012. 8. 29. 대전지방법원에서 도로교통법위반(음주운전)죄 등으로 징역 4월을 선고받고, 2016. 7. 8. 대전지방법원 공주지원에서 같은 죄 등으로 징역 8월을 선고받아 2017. 3. 6. 경북북부제2교도소에서 그 형의 집행을 종료하였다.

1) 『2018고단369』

피고인 A은 위와 같이 음주운전으로 2회 이상 처벌받은 전력이 있음에도 2017. 8. 2. 06:27경 공주시 C에 있는 D아파트 주차장에서부터 같은 동에 있는 공주의료원 응급실 앞 도로에 이르기까지 약 500m 구간에서 혈중알코올농도 0.157%의 술에 취한 상태로 자동차운전면허를 받지 아니하고 E 에쿠스 승용차를 운전하였다.

『2018고단479』

1) 피고인 A

가. 특정범죄가중처벌등에관한법률위반(도주치상), 도로교통법위반(사고후미조치)

피고인은 2018. 8. 31. 05:30경 자동차운전면허를 받지 아니하고 혈중알코올 농도 0.173%의 술에 취한 상태로 F 베라크루즈 승용차를 운전하여 대전 서구 한밭대로 J의 편도 5차로를 갑천대교 네거리 쪽에서 누리 네거리 쪽으로 제2 차로를 따라 직진하게 되었다.

당시는 야간인 데다가 비가 오고 있었고 그곳은 교통신호기에 의해 교통정리 가 이루어지는 교차로이므로, 자동차의 운전업무에 종사하는 사람에게는 속 도를 줄이고 전방을 잘 살피며 교통신호에 따라 안전하게 운전하여야 할 업 무상 주의의무가 있었다. 그럼에도 불구하고 피고인은 술에 취하여 이를 게을 리한 채 차량 정지신호임에도 그대로 직진한 과실로, 교통신호에 따라 좌회전 을 하고 있던 피해자 G(63세)가 운전하는 H 택시의 오른쪽 앞부분을 베라크 루즈 승용차의 오른쪽 앞부분으로 들이받았다. 결국 피고인은 위와 같은 업 무상과실로 피해자 G에게 약 3주간의 치료가 필요한 목뼈의 염좌 및 긴장 등 상해를, 택시에 탑승한 피해자 I(남, 21세)에게 약 8주간의 치료가 필요한 흉추 의 상세불명 부위의 골절 등 상해를 입게 하고 택시의 앞 범퍼 등을 수리비 8,288,872원이 들도록 손괴하였음에도, 즉시 정차하여 피해자들을 구조하는 등 필요한 조치를 하지 아니한 채 도주하였다.

나. 도로교통법위반(음주운전), 도로교통법위반(무면허운전)

피고인은 2018. 8. 31. 05:30경 대전 유성구에 있는 상호불상의 포장마차 앞 도 로에서부터 대전 서구 한밭대로 J에 이르기까지 약 1km 구간에서 자동차운전 면허를 받지 아니하고 혈중알코올농도 0.173%의 술에 취한 상태로 F 베라크 루즈 승용차를 운전하였다.

이로써 피고인은 자동차운전면허를 받지 아니하고 자동차를 운전함과 동시에 음주운전 금지 규정을 2회 이상 위반한 사람으로서 다시 술에 취한 상태에서 자동차를 운전하였다.

2. 피고인 B

피고인은 A이 제1의 나항 기재 일시 및 장소에서 자동차운전면허를 받지 아니하고 승용차를 운전함에 있어서, A에게 자동차운전면허가 없음을 알면서도 피고인 소유인 승용차를 빌려주어 운전하게 함으로써 A의 무면허운전을 용이하게 하여 이를 방조하였다.

[판결] **피고인 A 실형 6년, 피고인 B 벌금 200만 원**

---

57. 서울동부지방법원 2019. 1. 22. 선고 2018고단2457 판결 특정범죄가중처벌등에관한법률위반(도주치사), 특정범죄가중처벌등에관한법률위반(도주치상), 특정범죄가중처벌등에관한법률위반(위험운전치상), 도로교통법위반(음주운전), 도로교통법위반(사고후미조치)

[범죄사실] **음주전력 없음, 0.186%, 운전거리 215m, 피해자 2사망, 6명 부상, 차량피해 5대**

1. 특정범죄가중처벌등에관한법률위반(도주치사), 특정범죄가중처벌등에관한법률위반(도
주치상), 도로교통법위반(사고후미조치)

피고인은 B 싼타페 승용차를 운전하는 업무에 종사하는 사람이다.

피고인은 2018. 7. 12. 17:39경 혈중알코올농도 0.186%의 술에 취한 상태로 위

승용차를 운전하여 서울 광진구 앞 맞은편 이면도로를 ○○초등학교 방면에서 ○○마트 방면으로 진행하게 되었다. 자동차의 운전업무에 종사하는 사람으로서는 음주의 영향으로 정상적인 운전이 곤란한 상태에서는 자동차를 운전하여서는 아니 되며 그곳은 어린이보호구역 구간으로 제한속도 30km 이하로 운전하여야 할 업무상 주의의무가 있었다.

그럼에도 불구하고 피고인은 이를 게을리한 채 술에 취해 정상적인 운전이 곤란한 상태에서 위 승용차를 운전하여 전방 주시를 소홀히 한 업무상과실로 피고인의 진행방향 우측에 정차되어 있던 피해자 C 소유의 D 원동기장치자전거와 피해자 E 소유의 F 렉스턴 승용차를 피고인이 운전하던 승용차 우측 앞부분으로 들이받고, 계속 진행하여 전방에서 보행 중이던 피해자 G(59세)과 피해자 H(여, 48세)를 피고인이 운전하던 승용차 앞부분으로 들이받아 피해자 G와 H을 바닥에 넘어지게 한 다음 피해자 G와 H을 역과하여 진행하였다. 피고인은 계속하여 피고인의 진행방향 우측에 주차 중이던 피해자 I 소유의 J 싼타페 승용차를 피고인이 운전하던 승용차 우측 앞부분으로 들이받은 다음 역시 피고인의 진행방향 우측에 주차 중이던 피해자 K 소유의 L 모하비 승용차를 피고인이 운전하던 승용차 우측 부분으로 들이받았다. 피고인은 위와 같은 연속된 사고에도 불구하고 차량 속도를 전혀 줄이지 않고 시속 약 73.8km로 계속 진행하던 중 피고인의 진행방향 전방에서 선행하고 있던 피해자 M 소유의 N아반떼 승용차의 뒷 범퍼 부분을 피고인이 운전하던 승용차 앞범퍼 부분으로 들이받았다.

결국 피고인은 위와 같은 업무상과실로 보행 중이던 피해자 H은 뇌탈출로 인하여 피해자 G은 갈비뼈골절 등으로 인하여 현장에서 즉시 각각 사망하게 하고, 위 아반떼 승용차 운전자인 피해자 O(여, 42세)에게 약 3주간의 치료가 필요한 경추부 및 요추부 염좌 등의 상해를, 위 아반떼 승용차 뒷좌석에 동승 중이던 피해자 P(5세)에게 약 1주간의 치료가 필요한 좌측 측두부 다발성 좌상 등을 각각 입게 하고, 피해자 C 소유의 원동기장치자전거를 수리비 약 3,000,000원 상당이 들도록, 피해자 E 소유의 렉스턴 승용차를 폐차 처리하도록, 피해자 I 소유의 싼타페 승용차를 수리비 약 1,258,882원 상당이 들도록, 피해자 K 소유의 모하비 승용차를 수리비 약 1,200,000원 상당이 들도록, 피해자 M 소유의 아반떼 승용차를 폐차 처리하도록 각각 손괴하고도 필요한 조치를 취하지 아니하고 도주하였다.

2. 특정범죄가중처벌등에관한법률위반(위험운전치상)
피고인은 위 제1항 기재 일시·장소에서 위 제1항과 같이 음주의 영향으로 정상적인 운전이 곤란한 상태에서 위 제1항과 같은 사고를 발생시킨 후에도 시속 약 53.3km로 계속 진행하여 전방에 있던 롯데마트를 들이받아 롯데마트 유리벽 등을 깨고 내부까지 진입하였다. 피고인은 그로 인하여 롯데마트 유리벽이 깨져 유리 파편이 사방으로 튀게 하고 계산대가 부서지고 진열대에 놓여져 있던 상품이 바닥으로 떨어지게 하여 그곳에서 물품을 구입하고 있던 피해자 Q(여, 52세)에게 약 2주간의 치료가 필요한 우측 견갑부 좌상 등을, 피해자 R(여, 39세)에게 약 2주간의 치료가 필요한 다발성 타박상 등을 각각 입게 함과 동시에, 피해자 R의 자녀인 피해자 S(여, 5세)와 피해자 T(1세)이 위와 같이 유리 파편이 튀고 계산대가 부서지고 상품이 떨어지며 모친인 피해자 R이 상해를 입는 과정을 지켜보게 함으로써 피해자 S(여, 5세)와 피해자 T(1세)에게 치료 기간을 알 수 없는 정신적 충격 등의 상해를 각각 입게 하였다.

3. 도로교통법위반(음주운전)
피고인은 2018. 7. 12. 17:39경 혈중알코올농도 0.186%의 술에 취한 상태로 서울 광진구 앞 맞은편 이면도로에서부터 서울 광진구 OO마트에 이르기까지 약 215m 구간에서 위 B 싼타페 승용차를 운전하였다.

58. 인천지방법원 2021. 7. 14. 선고 2021고단1505 도로교통법위반(음주운전) 특정범죄가중처벌등에관한법률위반(위험운전치사)

[범죄사실] 음주전력 없음, 0.095%, 운전거리 10km, 동승자사망(미합의)

1) 도로교통법위반(음주운전)

피고인은 2020. 9. 23. 01:34경 인천 서구 B에 있는 'C' 식당 앞 도로부터 인천 서구 시천동 162-334 '경인아라뱃길검암공원' 앞 도로까지 약 5.2km 구간에서, 같은 날 02:24경 '경인아라뱃길검암공원' 앞 도로부터 인천 서구 D에 있는 'E식당' 앞 도로까지 약 4.8km 구간에서, 혈중알코올농도 0.095%인 술에 취한 상태로 (차량번호 1 생략) 그랜저 승용차를 운전하였다.

2. 특정범죄가중처벌에관한법률위반(위험운전치사)

피고인은 (차량번호 1 생략) 그랜저 승용차 운전업무에 종사하는 사람이다.

피고인은 2020. 9. 23. 02:36경 혈중알코올농도 0.095%인 술에 취한 상태에서 승용차를 운전하여 인천 서구 D에 있는 'E식당' 앞 2차로 도로를 공촌사거리 방면에서 경서삼거리 방면으로 1차로를 따라 시속 약 90km로 진행하였다.

당시 전방 2차로에는 F 소유인 (차량번호 2 생략) 트라고 화물차가 정차 중이었으므로, 피고인에게는 술에 취한 상태에서 운전을 하지 않고 전방 및 좌우를 잘 살펴 진로가 안전함을 확인하고 조향 및 제동장치를 정확하게 조작하는 등 안전하게 운전하여 사고를 미리 방지하여야 할 업무상 주의의무가 있었다.

그럼에도 피고인은 언행 상태가 어눌하고 혈색이 붉을 정도로 음주 영향으로 정상적인 운전이 곤란한 상태에서 조향 및 제동장치를 제대로 조작하지 못한 과실로, 피고인 차량 앞 범퍼 부분으로 위 트라고 화물차 뒤 범퍼 부분을 들이받았다.

결국 피고인은 음주 영향으로 정상적인 운전이 곤란한 상태에서 그랜저 승용차를 운전하여 피고인 차량 동승자인 피해자 G(여, 30세)를 그 자리에서 외상성 경추 손상 등으로 사망에 이르게 하였다.

[판결] 징역 3년

---

59. 의정부지방법원 2021. 7. 9. 선고 2021노644 도로교통법위반(음주운전) 특정범죄가중처벌등에관한법률위반(위험운전치사) 특정범죄가중처벌등에 관한법률위반(위험운전치상) 도로교통법위반(무면허운전)

[범죄사실] 음주운전전력 1회, 0.199%, 운전거리 20km, 피해자 1명 사망 1명 중상(합의)

피고인은 2020. 3. 20. 서울서부지방법원에서 특정범죄가중처벌 등에 관한 법률위반(위험운전치상)죄 등으로 벌금 1,000만 원의 약식명령을 받았다.

1) 특정범죄가중처벌등에관한법률위반(위험운전치사, 위험운전치상)
피고인은 (차량번호 1 생략) 크루즈 차량의 운전업무에 종사하는 사람이다.
피고인은 2020. 6. 13. 03:37경 경기 고양시 덕양구에 있는 제2자유로 서울 방향 강매IC 1.5km 전 도로를 혈중알코올농도 0.199%의 술에 취한 상태로 강매IC 쪽에서 능곡IC 쪽으로 역주행하게 되었다.
그곳은 중앙분리시설이 설치된 왕복 6차선의 자동차전용도로이므로 자동차의 운전업무에 종사하는 사람에게는 차량의 진행방향에 맞게 도로에 진입하여 안전하게 운전하여야 할 업무상 주의의무가 있었다.

그럼에도 불구하고 피고인은 이를 게을리한 채 술에 취하여 제2자유로 강매 IC에서 서울 방향 도로에 역주행 진입하여 주행한 과실로 위 도로를 정상적인 진행방향에 따라 주행하던 피해자 B(남, 74세)이 운전하는 (차량번호 2 생략) 포터 Ⅱ 트럭의 왼쪽 앞 범퍼 부분을 위 크루즈 차량의 왼쪽 앞 범퍼 부분으로 정면으로 들이받았다.

결국 피고인은 음주의 영향으로 정산적인 운전이 곤란한 상태에서 위 크루즈 차량을 운전하여 피해자 B으로 하여금 같은 날 04:40경 경기 고양시 일산서구 C에 있는 D병원에서 다발성 외상으로 사망에 이르게 하고, 위 트럭에 동승하고 있던 피해자 E(여, 68세)로 하여금 약 3개월간의 치료가 필요한 상세불명의 대퇴골 경부 부분의 골절 등 상해를 입게 하였다.

2) 도로교통법위반(음주운전, 무면허운전)
피고인은 위 제1항 기재 일시경 서울 은평구 응암동에 있는 상호불상의 음식점 앞 도로에서부터 경기 고양시 덕양구에 있는 제2자유로 서울 방향 강매IC 1.5km 전 도로에 이르기까지 약 20km의 구간에서 혈중알코올농도 0.199%의 술에 취한 상태로 자동차운전면허 없이 (차량번호 1 생략) 크루즈 차량을 운전하였다.

이로써 피고인은 술에 취한 상태에서의 운전금지의무를 2회 이상 위반하여 자동차운전면허 없이 차량을 운전하였다.

[판결] 징역 3년

---

60. 대전지방법원 홍성지원 2021. 7. 7. 선고 2021고단47 도로교통법위반(무면허운전) 도로교통법위반 특정범죄가중처벌등에관한법률위반(위험운전치

상) **도로교통법위반(음주운전) 특정범죄가중처벌등에관한법률위반(위험운 전치사)**

[범죄사실] 음주운전전력 1회, 0.211%, 피해자 1명사 망, 1명 중상(미합의), 무면허운전

피고인은 2017. 12. 13. 대전지방법원 홍성지원에서 도로교통법위반(음주운전)죄 등으로 징역 1년 6월, 집행유예 2년을 선고받았다.

피고인은 (차량번호 1 생략) BMW735LI 승용차의 운전업무에 종사하는 사람이다.

피고인은 2020. 11. 9. 12:50경 자동차운전면허를 받지 아니하고 혈중알코올농 도 0.211%의 술에 취하여 눈이 충혈되고 말을 더듬거리는 등의 상태에서, 위 승용차를 운전하여 충남 보령시 청라면 의평리 699-5에 있는 도로를 대천 시 내 방면에서 청라 방면으로 진행하게 되었다.

이러한 경우 자동차의 운전업무에 종사하는 사람에게는 음주의 영향으로 정 상적인 운전이 곤란한 상태에서는 자동차를 운전하여서는 아니 되고, 도로의 중앙 우측 부분을 통행하면서 제동 및 조향장치를 정확하게 조작하여 사고를 미연에 방지하여야 할 업무상 주의의무가 있었다.

그럼에도 불구하고 피고인은 술에 취하여 이를 게을리한 채 중앙선을 침범하 여 역주행을 한 과실로, 때마침 청라 방면에서 대천 시내 방면을 향하여 편도 2차로의 도로를 1차로를 통하여 정상 진행하는 피해자 B(남, 71세) 운전의 (차량 번호 2 생략) 포터II 화물차 전면부를 피고인 운전 승용차 전면부로 충격하였다.

이로써 피고인은 위와 같은 업무상과실로 위 피해자 B으로 하여금 2020. 11. 19. 11:37경 전북 익산시 C에 있는 D병원에서 치료를 받던 중 경추손상에 따 른 뇌부종으로 사망하게 하고, 위 피해자 운전 차에 동승한 피해자 E(남, 65세) 에게 약 8주간의 안정가료가 필요한 안와 내벽의 골절 등을 입게 함과 동시에 위 포터II 화물차를 프론트범퍼 커버 교환 등 합계 7,765,702원 상당의 수리비

가 들도록 손괴하고, 음주운전 금지 규정을 2회 이상 위반하고, 무면허 운전을 하였다.

[판결] 징역 4년

---

61. 수원지방법원 성남지원 2022. 2. 10. 선고 2021고단3336 도로교통법위반(음주측정거부)

[범죄사실] 음주운전전력 3회, 음주측정거부

피고인은 2008. 12. 30. 서울중앙지방법원에서 도로교통법위반(음주운전)죄로 벌금 200만 원의 약식명령을 발령받고, 2010. 8. 19. 서울남부지방법원에서 도로교통법위반(음주운전)죄 등으로 징역 8월에 집행유예 2년을 선고받았다.

피고인은 2021. 8. 11. 20:34경 성남시 분당구 B아파트 근처 도로에서부터 C에 있는 D은행 앞 도로에 이르기까지 약 700m 구간에서 술을 마신 상태로 (차량번호 1 생략) 그랜저 승용차를 운전한 후 시동이 걸린 채 정차한 위 승용차 운전석에서 잠을 자던 중 '차 한 대가 도로변에 서 있다, 운전자가 정신이 없어 보인다'라는 취지의 112신고를 받고 현장에 출동한 E파출소 소속 경사 F로부터 피고인이 횡설수설하고 약간 비틀거리며 걸으며 혈색이 붉고 음주감지기에 음주가 감지되는 등 피고인이 술에 취한 상태에서 운전을 하였다고 인정할 만한 상당한 이유가 있어 같은 날 20:34경부터 20:50경까지 사이에 총 4회에 걸쳐 음주측정기에 입김을 불어 넣는 방법으로 음주측정에 응할 것을 요구받았음에도 불구하고, 정당한 사유 없이 음주측정기에 입김을 불어 넣는 시늉만 하거나 음주측정기에 입을 대지 않는 방법으로 이를 회피하였다.

이로써 피고인은 도로교통법 제44조 제1항 또는 제2항을 2회 이상 위반하였다.

[판결] 징역 1년 2월

62. 창원지방법원 2022. 1. 21. 선고 2021고단3149 도로교통법위반(무면허운전) 도로교통법위반(음주측정거부)

[범죄사실] 음주운전 전력 2회, 무면허 운전, 음주측정거부

피고인은 2009. 11. 9. 창원지방법원에서 도로교통법위반(음주운전)죄로 벌금 150만 원의 약식명령을, 2020. 1. 20. 같은 법원에서 도로교통법위반(음주측정거부)죄 등으로 벌금 1,000만 원의 약식명령을 각각 발령받았다.

1)도로교통법위반(음주측정거부)
피고인은 2021. 9. 24. 23:30경 창원시 성산구 B에 있는 C 앞 도로에서, 피고인의 얼굴이 붉고 횡설수설하며 많이 비틀거리는 등으로 술에 취한 상태에서 운전하였다고 인정할 만한 상당한 이유가 있어 창원중부경찰서 D 소속 경찰공무원 경사 E로부터 음주측정기에 입김을 불어 넣는 방법의 호흡조사로 같은 날 음주측정을 요구받았음에도 3회에 걸쳐 음주측정 요구에 응하지 아니하였다. 이로써 피고인은 도로교통법 제44조 제1항 또는 제2항을 2회 이상 위반하였다.

2) 도로교통법위반(무면허운전)
피고인은 제1항 기재 일시경 자동차운전면허를 받지 아니하고 창원시 성산구 F에 있는 G 앞 도로에서부터 B에 있는 C 앞 도로까지 약 200m 구간에서 (차량번호 1 생략) G4 렉스턴 승용차를 운전하였다.

[판결] 징역 1년 2월, 집행유예 2년, 보호관찰, 사회봉사 40시간, 준법운전강

의 40시간

---

63. 인천지방법원 2022. 1. 20. 선고 2021고단6011 도로교통법위반(음주측정거부) 인천지방법원

[범죄사실] 음주운전전력 1회, 음주측정거부

피고인은 2014. 11. 28. 인천지방법원에서 도로교통법위반(음주운전)죄로 벌금 700만 원의 약식명령을 발령받은 사실이 있는 사람이다.

피고인은 2021. 7. 28. 13:25경 인천 동구 B에 있는 'C병원' 응급실 앞 주차장에서, '차를 빼주지 않아 시비가 있다'는 112신고를 받고 출동한 인천중부경찰서 소속 경찰관인 경위 D로부터 피고인에게서 술 냄새가 나고 얼굴에 홍조를 띠며 발음이 부정확하는 등 술에 취한 상태에서 운전하였다고 인정할 만한 상당한 이유가 있어 음주측정기에 입김을 불어 넣는 방법으로 음주측정을 요구받고도, 같은 날 13:35경 1차 거부를 한 것을 비롯하여, 같은 날 13:45경과 같은 날 14:15경에 이르기까지 총 3회에 걸쳐 이를 거부하는 등 정당한 사유 없이 음주측정 요구에 응하지 아니하였다.
이로써 피고인은 도로교통법 제44조 제1항 또는 제2항을 2회 이상 위반하였다.

[판결] 징역 1년, 집행유예 2년, 사회봉사 80시간, 준법운전강의 40시간

한 권에 담은 음주운전 사고 · 사건처리

64. 대구지방법원 서부지원 2022. 1. 19. 선고 2021고단2750 도로교통법위반(음주측정거부)

[범죄사실] 음주운전전력 1회, 음주측정거부

피고인은 2007. 10. 11. 대구지방법원 서부지원에서 도로교통법위반(음주운전)죄로 벌금 300만 원을 선고받은 전력이 있다.

피고인은 2021. 9. 11. 01:10경 대구 달서구 B아파트 지하주차장에서 술을 마신 상태로 (차량번호 1 생략) 쏘렌토 승용차를 운전하던 중, 음주운전 의심 신고를 받고 출동한 대구달서경찰서 C 소속 경위 D으로부터 피고인에게서 술 냄새가 나고 발음이 부정확하며 눈이 충혈되어 있는 등 술에 취한 상태에서 운전하였다고 인정할 만한 상당한 이유가 있어 약 16분간에 걸쳐 음주측정기에 입김을 불어넣는 방법으로 음주측정에 응할 것을 요구받았음에도, 정당한 사유없이 이를 회피하여 경찰공무원의 음주측정 요구에 응하지 아니하였다.
이로써 피고인은 음주운전 금지규정 또는 음주측정거부 금지규정을 2회 이상 위반하였다.

[판결] 징역 1년, 집행유예 3년, 준법운전강의 40시간

65. 대구지방법원 서부지원 2022. 1. 18. 선고 2021고단2293 도로교통법위반(음주측정거부)

[범죄사실] 음주운전전력 1회, 음주측정거부

피고인은 2018. 9. 5. 대구지방법원 서부지원에서 도로교통법위반(음주운전)죄로 벌금 300만 원의 약식명령을 발령받았다.

피고인은 2021. 7. 10. 04:37경 대구 달서구 B 소재 'C' 앞 도로에서부터 같은 시 서구 D에 있는 'E' 앞 도로에 이르기까지 약 2km의 구간에서 술에 취한 상태로 (차량번호 1 생략) BMW 승용차를 운전하였다.

피고인은 위 일시경 위 E 앞 노상에서, 술에 취한 상태로 위 승용차를 운전하였다는 의심 신고를 받고 출동한 대구서부경찰서 F지구대 2팀 경장 G로부터 피고인에게 술 냄새가 나고 얼굴에 홍조가 띠는 등 술에 취한 상태에서 운전하였다고 의심할 만한 상당한 이유가 있어 약 5분 간격으로 총 3회에 걸쳐 음주측정기에 입김을 불어 넣는 방법으로 음주측정에 응할 것을 요구받았음에도 불구하고 정당한 사유 없이 경찰공무원의 음주측정요구에 응하지 아니하였다.

이로써 피고인은 도로교통법상 음주운전 또는 음주측정거부 금지 규정을 2회 이상 위반하였다.

[판결] 징역 1년, 집행유예 2년, 사회봉사, 80시간, 준법운전강의 40시간

∥ 음주운전 면허구제 최신 재결례 모음

사 건 명	자동차운전면허 취소처분 취소청구(2021-12676)
재 결 일 자	2021. 10. 12.
재 결 결 과	일부인용 [면허취소 ▶ 110일 면허정지 감경]

이 유

1. 사건개요

청구인이 2021. 5. 10. 혈중알코올농도 0.097%의 술에 취한 상태에서 운전했다는 이유로 피청구인이 2021. 6. 3. 청구인의 운전면허를 취소(이하 '이 사건 처분'이라 한다)하였다.

2. 관계법령

도로교통법 제93조제1항제1호

도로교통법 시행규칙 제91조제1항, 별표 28 중 2. 취소처분 개별기준 일련번호란 2

3. 인정사실

청구인과 피청구인이 제출한 자료에 따르면 다음과 같은 사실을 인정할 수 있다.

가. 청구인은 이 사건 당시 화물운송업에 종사하던 사람으로 1993. 4. 16. 제2종 보통운전면허를, 1994. 4. 19. 제1종 보통운전면허를, 1995. 4. 7. 제1종 대형운전면허를 각각 취득한 이래 2회의 교통사고전력(1994. 6. 9. 안전운전의무 위반으로 물적 피해, 2000. 5. 14. 안전거리확보 불이행으로 물적 피해)과 1회의 교통법규위반전력(2017. 5. 24. 중앙선 침범)이 있다.

나. 청구인은 2021. 5. 10. 20:15경 술에 취한 상태에서 승용차를 운전하다가 A도 ○○시 ○○#길 ## 앞길에서 단속 경찰공무원에게 적발되어 같은 날 20:19경 음주측정을 한 결과 혈중알코올농도가 0.097%로 측정되었다.

4. 이 사건 처분의 위법·부당 여부

가. 관계법령의 내용

「도로교통법」 제93조제1항제1호, 같은 법 시행규칙 제91조제1항 및 별표 28 중 2. 취소처분 개별기준의 일련번호란 2에 따르면, 시·도경찰청장은 운전면허를 받은 사람이 술에 만취한 상태(혈중알코올농도 0.08% 이상)에서 운전한 경우에는 운전면허를 취소할 수 있다고 되어 있다.

나. 판단

위 인정사실에 따르면 청구인은 운전면허 취소기준치 이상에 해당하는 술에 취한 상태에서 자동차를 운전한 사실은 인정되나, 최근 20년 11개월 이상의 기간 동안 사고 없이 운전한 점, 음주운전으로 피해가 발생하지 않은 점, 이 사건 운전 동기, 운전면허와 직업·생계 관련성 등 제반 정상관계를 종합적으로 고려할 때 이 사건 처분은 다소 가혹하다.

5. 결론

그렇다면 청구인의 주장을 일부 인정할 수 있으므로 이 사건 처분을 감경하기로 하여 주문과 같이 재결한다.

사 건 명	자동차운전면허 취소처분 취소청구(2021-12167)
재 결 일 자	2021. 10. 5.
재 결 결 과	인용 [면허취소 ▶ 면허 구제 (취소의 취소)]

이 유

1. 사건개요

청구인이 2021. 5. 29. 혈중알코올농도 0.054%의 술에 취한 상태에서 운전하다가 사람을 다치게 했다는 이유로 피청구인이 2021. 6. 14. 청구인의 운전면허를 취소(이하 '이 사건 처분'이라 한다)하였다.

2. 관계법령

도로교통법 제44조제1항, 제93조제1항제1호·제4항, 제147조제3항

도로교통법 시행령 제86조제3항

도로교통법 시행규칙 제91조제1항, 제93조제1항제1호·제2항 및 별표 28 중 2.

취소처분 개별기준의 일련번호란 2

행정절차법 제21조제1항·제3항

3. 인정사실

청구인과 피청구인이 제출한 자료에 따르면 다음과 같은 사실을 인정할 수 있다.

가. 청구인은 이 사건 당시 재활용품 수거 및 판매업에 종사하던 사람으로 1980. 5. 15. 제1종 보통운전면허를 취득하여 1983. 8. 15. 운전면허가 취소되었고, 1983. 9. 23. 제1종 보통운전면허를 취득하여 1995. 9. 27. 운전면허가 취소된 후 1999. 10. 7. 제2종 보통운전면허를, 2016. 1. 22. 제1종 보통운전면허를 각각 취득하였다.

나. 청구인은 2021. 5. 29. 23:20경 술에 취한 상태에서 투싼 승용차를 운전하다가 A도 ○○군 ○○로#길 ## 앞길에서 신호 대기 중이던 K5 승용차를 충격하여 경상 1명의 인적 피해와 물적 피해가 있는 교통사고를 일으켰고, 위 사고를 조사하는 과정에서 음주운전한 사실이 적발되어 같은 날 23:37경 음주측정을 한 결과 청구인의 혈중알코올농도가 0.054%로 측정되었다.

다. ○○경찰서장이 2021. 6. 7. 발급한 이 사건 처분의 사전통지서에는 다음과 같은 내용이 기재되어 있다.

- 다음 -

○ 행정처분 내용 : 운전면허 취소
○ 행정처분 사유 : 2021. 5. 29. 음주인피교통사고
○ 출석요구일 : 2021. 6. 22.
○ 안내사항
- 청구인이 운전면허 취소대상이 된 사실에 대하여 확인하고자 하니, 2021. 6. 22.까지 ○○경찰서(교통관리계·민원실) 또는 가까운 경찰서로 운전면허 취소처분 사전통지서, 운전면허증 및 도장을 지참하여 출석
- 위 기한 내에 의견제출을 하지 않을 경우 의견이 없는 것으로 간주함

4. 이 사건 처분의 위법·부당 여부
가. 관계법령의 내용
1) 「도로교통법」 제44조제1항에 따르면 누구든지 술에 취한 상태에서는 자동차를 운전하여서는 아니 된다고 되어 있고, 같은 법 제93조제1항제1호, 같은 법 시행규칙 제91조제1항 및 별표 28 중 2. 취소처분 개별기준의 일련번호란 2에 따르면, 시·도경찰청장은 운전면허를 받은 사람이 술에 취한 상태의 기준

(혈중알코올농도 0.03% 이상)을 넘어서 운전을 하다가 교통사고로 사람을 죽게 하거나 다치게 한 경우에는 운전면허를 취소할 수 있다고 되어 있다.

2) 「도로교통법」 제93조제4항에 따르면 시·도경찰청장은 운전면허의 취소처분을 하고자 하는 때에는 행정안전부령이 정하는 바에 의하여 처분의 당사자에게 처분의 내용 및 의견제출의 기한 등을 미리 통지하여야 한다고 되어 있고, 같은 법 제147조제3항 및 같은 법 시행령 제86조제3항에 따르면 법 제93조제4항에 따른 운전면허 취소처분을 위한 사전통지에 대한 시·도경찰청장의 권한은 관할 경찰서장에게 위임되어 있다.

3) 「도로교통법 시행규칙」 제93조제1항제1호에는 시·도경찰청장 또는 경찰서장이 법 제93조에 따라 운전면허의 취소 또는 정지처분을 하려는 때에는, 별지 제81호 서식의 운전면허 정지·취소처분 사전통지서를 그 대상자에게 발송 또는 발급하여야 하되, 다만 그 대상자의 주소 등을 통상적인 방법으로 확인할 수 없거나 발송이 불가능한 경우에는 운전면허대장에 기재된 그 대상자의 주소지를 관할하는 경찰관서의 게시판에 14일간 이를 공고함으로써 통지를 대신할 수 있다고 되어 있고, 같은 조 제2항에는 제1항에 따라 통지를 받은 처분의 상대방 또는 그 대리인은 지정된 일시에 출석하거나 서면으로 이의를 제기할 수 있되, 이 경우 지정된 기일까지 이의를 제기하지 아니한 때에는 이의가 없는 것으로 본다고 되어 있다.

4) 「행정절차법」 제21조제1항에 따르면 행정청은 당사자에게 의무를 부과하거나 권익을 제한하는 처분을 하는 경우에는 미리 처분의 제목, 당사자의 성명 또는 명칭과 주소, 처분하고자 하는 원인이 되는 사실과 처분의 내용 및 법적 근거, 제3호에 대하여 의견을 제출할 수 있다는 뜻과 의견을 제출하지 아니하는 경우의 처리방법, 의견제출기관의 명칭과 주소, 의견제출기한 및 기타 필요한 사항 등을 당사자에게 통지하여 당사자에게 의견진술의 기회를 주도록 되어 있고, 같은 조 제3항에 따르

면 의견제출에 필요한 기간을 10일 이상으로 고려하여 정해야 한다고 되어 있다.

나. 판단

피청구인은 청구인에게 이 사건 처분에 대한 사전통지서를 발급하였고, 피의자 신문 과정 등을 통해 청구인에게 이미 의견진술의 기회를 제공하여 이 사건 처분이 적법·타당하게 이루어진 것이라는 취지로 주장하나, 도로교통법령에서 운전면허 취소처분의 대상자에 대한 사전통지 제도를 마련한 취지는 처분의 상대방에게 이의를 주장하고 그 주장을 뒷받침하는 자료를 제출할 수 있는 기회를 주기 위한 것으로서 단순히 취소처분이 있음을 사전에 알리는 것에 그치는 것이 아니라 사전통지 후에 제기된 상대방의 주장을 충분히 검토한 후에 당해 취소처분의 적법·타당성을 담보하기 위한 것이라고 할 것인바, 위 인정사실에 따르면 ○○경찰서장이 2021. 6. 7. 청구인에게 발급한 이 사건 처분의 사전통지서에 출석요구일이 '2021. 6. 22.'로 명시되어 있고, 상기 출석요구일까지 ○○경찰서 또는 가까운 경찰서로 이 사건 처분에 대한 사전통지서, 운전면허증 및 도장을 지참하여 출석할 것을 안내하는 내용과 함께 같은 기한 내에 의견을 제출하지 않을 경우 의견이 없는 것으로 간주한다는 내용이 기재되어 있어 이 사건 처분의 사전통지서에 명시된 출석요구일은 의견제출기한에 해당되는 것임이 분명함에도 불구하고, 피청구인은 의견제출기한이 지나기 전인 2021. 6. 14. 이 사건 처분을 실시하였는바, 이는 피청구인이 청구인에게 부여한 의견제출 기한을 지키지 않은 것이며, 처분의 당사자에게 의견제출의 기회를 주도록 규정하고 있는 「도로교통법」 제93조제4항과 같은 법 시행규칙 제93조제2항 및 「행정절차법」 제21조를 위반한 것이므로, 피청구인이 다시 적법한 절차를 거쳐 새로이 운전면허 취소처분을 할 수 있음은 별론으로 하더라도, 이 사건 처분은 위법·부당하다.

5. 결론

그렇다면 청구인의 주장을 인정할 수 있으므로 청구인의 청구를 받아들이기로 하여 주문과 같이 재결한다.

사 건 명	자동차운전면허 취소처분 취소청구(2021-5595)
재 결 일 자	2021. 6. 8.
재 결 결 과	일부인용 [면허취소 ▶ 110일 면허정지 감경]

이 유

1. 사건개요

청구인이 2021. 3. 18. 음주운전으로 벌점 100점을 받아 1년간 누산점수가 121점 이상이 되었다는 이유로 피청구인이 2021. 4. 8. 청구인의 운전면허를 취소(이하 '이 사건 처분'이라 한다)하였다.

2. 관계법령

도로교통법 제93조제2항

도로교통법 시행규칙 제91조제1항, 별표 28 중 1. 일반기준 다. (1)

3. 인정사실

청구인과 피청구인이 제출한 자료에 따르면 다음과 같은 사실을 인정할 수 있다.

가. 청구인은 이 사건 당시 대리운전을 하던 사람으로 2000. 3. 20. 제1종 보통운전면허를, 2006. 1. 25. 제1종 대형운전면허를, 2006. 1. 26. 제2종 소형운전면허를 각각 취득하였는바, 최초로 운전면허를 취득한 이래 교통사고전력은 없고, 이 사건 처분과 관련된 교통법규위반 외에 4회의 교통법규위반전력(2008. 11. 27., 2016. 4. 4. 각각 신호 또는 지시 위반, 2017. 7. 26. 끼어들기 금지 위반, 2020. 6. 11. 이륜자동차 등 인명보호장구 미착용)이 있다.

나. 청구인은 2020. 11. 4. A○○○경찰서 관내에서 중앙선 침범으로 벌점 30점

을 받았고, 2021. 3. 18. 23:50경 술에 취한 상태에서 승용차를 운전하다가 B
도 ○○시 ○○로 ## 앞길에서 단속 경찰공무원에게 적발되어 같은 날 23:55경
청구인의 혈중알코올농도가 0.040%로 측정되자, 음주운전으로 벌점 100점을
받아 청구인의 1년간 누산점수가 130점이 되었다.

4. 이 사건 처분의 위법·부당 여부

가. 관계법령의 내용

「도로교통법」 제93조제2항, 같은 법 시행규칙 제91조제1항 및 별표 28 중 1. 일
반기준 다.의 (1)에 따르면, 시·도경찰청장은 벌점 또는 연간 누산점수가 1년간
121점 이상, 2년간 201점 이상, 3년간 271점 이상에 도달한 때에는 그 운전면허
를 취소할 수 있다고 되어 있다.

나. 판단

위 인정사실에 따르면 이 사건 음주운전으로 인하여 청구인의 1년간 누산점수
가 130점이 되어 운전면허 취소기준치(121점) 이상에 해당하는 사실은 인정되
나, 이 사건 중앙선침범 및 음주운전으로 피해가 발생하지 않은 점, 청구인이
운전면허를 취득한 이래 약 20년 7개월 이상의 기간 동안 사고 없이 운전한 점
등을 고려할 때 이 사건 처분은 다소 가혹하다.

5. 결론

그렇다면 청구인의 주장을 일부 인정할 수 있으므로 이 사건 처분을 감경하기
로 하여 주문과 같이 재결한다.

한 권에 담은 음주운전 사고 · 사건처리

사 건 명	자동차운전면허 취소처분 취소청구 (2021-5008)
재 결 일 자	2021. 5. 4.
재 결 결 과	일부인용 [면허취소 ▶ 110일 면허정지 감경]

이 유

1. 사건개요

청구인이 2021. 3. 29. 혈중알코올농도 0.084%의 술에 취한 상태에서 운전했다는 이유로 피청구인이 2021. 4. 9. 청구인의 운전면허를 취소(이하 '이 사건 처분'이라 한다)하였다.

2. 관계법령

도로교통법 제93조제1항제1호

도로교통법 시행규칙 제91조제1항, 별표 28 중 2. 취소처분 개별기준 일련번호란 2

3. 인정사실

청구인과 피청구인이 제출한 자료에 따르면 다음과 같은 사실을 인정할 수 있다.

가. 청구인은 이 사건 당시 회사원이던 사람으로 1987. 9. 16. 제1종 보통운전면허를, 1993. 4. 23. 제1종 대형운전면허를 각각 취득하였는데, 최초 운전면허를 취득한 이래 교통사고전력 및 교통법규위반전력이 없다.

나. 청구인은 2021. 3. 29. 22:15경 술에 취한 상태에서 승용차를 운전하다가 A도 ○○시 ○○로 #### 앞길에서 단속 경찰공무원에게 적발되어 음주측정을 한 결과 혈중알코올농도가 0.084%로 측정되었다.

4. 이 사건 처분의 위법·부당 여부

가. 관계법령의 내용

「도로교통법」제93조제1항제1호, 같은 법 시행규칙 제91조제1항 및 별표 28 중 2. 취소처분 개별기준의 일련번호란 2에 따르면, 시·도경찰청장은 운전면허를 받은 사람이 술에 만취한 상태(혈중알코올농도 0.08% 이상)에서 운전한 경우에는 운전면허를 취소할 수 있다고 되어 있다.

나. 판단

위 인정사실에 따르면 청구인이 운전면허 취소기준치 이상에 해당하는 술에 취한 상태에서 운전한 사실은 인정되나, 운전면허를 취득한 이래 33년 6개월 이상의 기간 동안 사고 없이 운전한 점, 음주운전으로 피해가 발생하지 않은 점, 이 사건 운전 동기, 운전면허와 직업·생계 관련성 등 제반 정상관계를 종합적으로 고려할 때, 이 사건 처분은 다소 가혹하다.

5. 결론

그렇다면 청구인의 주장을 일부 인정할 수 있으므로 이 사건 처분을 감경하기로 하여 주문과 같이 재결한다.

한 권에 담은 음주운전 사고·사건처리

사 건 명	자동차운전면허 취소처분 취소청구(2021-4070)
재 결 일 자	2021. 5. 4.
재 결 결 과	일부인용 [면허취소 ▶ 110일 면허정지 감경]

이 유

1. 사건개요

청구인이 2021. 2. 19. 혈중알코올농도 0.086%의 술에 취한 상태에서 운전했다는 이유로 피청구인이 2021. 3. 11. 청구인의 운전면허를 취소(이하 '이 사건 처분'이라 한다)하였다.

2. 관계법령

도로교통법 제93조제1항제1호

도로교통법 시행규칙 제91조제1항, 별표 28 중 2. 취소처분 개별기준 일련번호란 2

3. 인정사실

청구인과 피청구인이 제출한 자료에 따르면 다음과 같은 사실을 인정할 수 있다.

가. 청구인은 이 사건 당시 재가복지센터 요양보호사이던 사람으로 2002. 4. 9. 제2종 보통운전면허를 취득한 이래 교통사고전력은 없고, 1회의 교통법규위반전력[2019. 7. 31. 통행 구분 위반(중앙선 침범)]이 있다.

나. 청구인은 2021. 2. 19. 21:32경 술에 취한 상태에서 승용차를 운전하다가 A도 ○○시 ○구 ○○로 ### ○○파출소 앞길에서 단속 경찰공무원에게 적발되어 음주측정을 한 결과 혈중알코올농도가 0.086%로 측정되었다.

4. 이 사건 처분의 위법·부당 여부

가. 관계법령의 내용

「도로교통법」제93조제1항제1호, 같은 법 시행규칙 제91조제1항 및 별표 28 중 2. 취소처분 개별기준의 일련번호란 2에 따르면, 시·도경찰청장은 운전면허를 받은 사람이 술에 만취한 상태(혈중알코올농도 0.08% 이상)에서 운전한 경우에는 운전면허를 취소할 수 있다고 되어 있다.

나. 판단

위 인정사실에 따르면 청구인이 운전면허 취소기준치 이상에 해당하는 술에 취한 상태에서 운전한 사실은 인정되나, 운전면허를 취득한 이래 18년 10개월 이상의 기간 동안 사고 없이 운전한 점, 음주운전으로 피해가 발생하지 않은 점, 이 사건 운전 동기, 운전면허와 직업·생계 관련성 등 제반 정상관계를 종합적으로 고려할 때 이 사건 처분은 다소 가혹하다.

5. 결론

그렇다면 청구인의 주장을 일부 인정할 수 있으므로 이 사건 처분을 감경하기로 하여 주문과 같이 재결한다.

사 건 명	자동차운전면허 취소처분 취소청구(2021-4234)
재 결 일 자	2021. 5. 4.
재 결 결 과	일부인용 [면허취소 ▶ 110일 면허정지 감경]

이 유

1. 사건개요

청구인이 2021. 2. 26. 혈중알코올농도 0.081%의 술에 취한 상태에서 운전했다는 이유로 피청구인이 2021. 3. 8. 청구인의 운전면허를 취소(이하 '이 사건 처분'이라 한다)하였다.

2. 관계법령

도로교통법 제93조제1항제1호

도로교통법 시행규칙 제91조제1항, 별표 28 중 2. 취소처분 개별기준 일련번호란 2

3. 인정사실

청구인과 피청구인이 제출한 자료에 따르면 다음과 같은 사실을 인정할 수 있다.

가. 청구인은 이 사건 당시 운전업무에 종사하던 사람으로 2005. 6. 22. 제1종 보통운전면허를 취득한 이래 교통사고전력은 없고, 3회의 교통법규위반전력 [2016. 6. 17. 방향전환 진로변경 시 신호 불이행, 2017. 8. 23. 통행구분 위반(중앙선 침범), 2018. 9. 5. 교차로 통행방법위반(좌회전)]이 있다.

나. 청구인은 2021. 2. 26. 22:20경 술에 취한 상태에서 승용차를 운전하다가 A도 ○○시 ○○○로 ### ○○카센터 앞길에서 단속 경찰공무원에게 적발되어 음주측정을 한 결과 혈중알코올농도가 0.081%로 측정되었다.

4. 이 사건 처분의 위법·부당 여부

가. 관계법령의 내용

「도로교통법」 제93조제1항제1호, 같은 법 시행규칙 제91조제1항 및 별표 28 중
2. 취소처분 개별기준의 일련번호란 2에 따르면, 시·도경찰청장은 운전면허를
받은 사람이 술에 만취한 상태(혈중알코올농도 0.08% 이상)에서 운전한 경우에는
운전면허를 취소할 수 있다고 되어 있다.

나. 판단

위 인정사실에 따르면 청구인이 운전면허 취소기준치 이상에 해당하는 술에
취한 상태에서 운전한 사실은 인정되나, 운전면허를 취득한 이래 15년 8개월
이상의 기간 동안 사고 없이 운전한 점, 음주운전으로 피해가 발생하지 않은
점, 이 사건 운전 동기, 운전면허와 직업·생계 관련성 등 제반 정상관계를 종
합적으로 고려할 때 이 사건 처분은 다소 가혹하다.

5. 결론

그렇다면 청구인의 주장을 일부 인정할 수 있으므로 이 사건 처분을 감경하기
로 하여 주문과 같이 재결한다.

한 권에 담은 음주운전 사고·사건처리

사 건 명	자동차운전면허 취소처분 취소청구(2021-4369)
재 결 일 자	2021. 5. 4.
재 결 결 과	일부인용 [면허취소 ▶ 110일 면허정지 감경]

이 유

1. 사건개요

청구인이 2021. 1. 14. 혈중알코올농도 0.089%의 술에 취한 상태에서 운전했다는 이유로 피청구인이 2021. 2. 23. 청구인의 운전면허를 취소(이하 '이 사건 처분'이라 한다)하였다.

2. 관계법령

도로교통법 제93조제1항제1호

도로교통법 시행규칙 제91조제1항, 별표 28 중 2. 취소처분 개별기준 일련번호란 2

3. 인정사실

청구인과 피청구인이 제출한 자료에 따르면 다음과 같은 사실을 인정할 수 있다.

가. 청구인은 이 사건 당시 요양보호사이던 사람으로 1995. 10. 19. 제2종 보통운전면허를, 2005. 10. 21. 제1종 보통운전면허를 각각 취득한 이래 교통사고전력과 교통법규위반전력은 없다.

나. 청구인은 2021. 1. 14. 17:50경 술에 취한 상태에서 모닝 승용차를 운전하다가 A도 ○○시 ○○길 # 앞길에서 단속 경찰공무원에게 적발되어 같은 날 18:20경 음주측정을 한 결과 혈중알코올농도가 0.089%로 측정되었다.

4. 이 사건 처분의 위법·부당 여부

가. 관계법령의 내용

「도로교통법」 제93조제1항제1호, 같은 법 시행규칙 제91조제1항 및 별표 28 중 2. 취소처분 개별기준의 일련번호란 2에 따르면, 시·도경찰청장은 운전면허를 받은 사람이 술에 만취한 상태(혈중알코올농도 0.08% 이상)에서 운전한 경우에는 운전면허를 취소할 수 있다고 되어 있다.

나. 판단

위 인정사실에 따르면 청구인이 운전면허 취소기준치 이상에 해당하는 술에 취한 상태에서 운전한 사실은 인정되나, 운전면허를 취득한 이래 25년 2개월 이상의 기간 동안 사고 없이 운전한 점, 음주운전으로 피해가 발생하지 않은 점, 이 사건 운전 동기, 운전면허와 직업·생계 관련성 등 제반 정상관계를 종합적으로 고려할 때 이 사건 처분은 다소 가혹하다.

5. 결론

그렇다면 청구인의 주장을 일부 인정할 수 있으므로 이 사건 처분을 감경하기로 하여 주문과 같이 재결한다.

사 건 명	자동차운전면허 취소처분 취소청구(2021-3313)
재 결 일 자	2021. 5. 4.
재 결 결 과	일부인용 [면허취소 ▶ 110일 면허정지 감경]

이 유

1. 사건개요

청구인이 2021. 2. 11. 혈중알코올농도 0.084%의 술에 취한 상태에서 운전했다는 이유로 피청구인이 2021. 2. 25. 청구인의 운전면허를 취소(이하 '이 사건 처분'이라 한다)하였다.

2. 관계법령

도로교통법 제93조제1항제1호

도로교통법 시행규칙 제91조제1항, 별표 28 중 2. 취소처분 개별기준 일련번호란 2

3. 인정사실

청구인과 피청구인이 제출한 자료에 따르면 다음과 같은 사실을 인정할 수 있다.

가. 청구인은 이 사건 당시 배달원이던 사람으로 1996. 11. 16. 제1종 보통운전면허를 취득한 이래 교통사고전력은 없고, 6회의 교통법규위반전력(1998. 10. 17. 지정차로 위반, 2003. 7. 4., 2016. 6. 8. 각 즉결심판 불응(범칙금 미납), 2017. 5. 1., 2017. 11. 2., 2020. 10. 19. 각 좌석안전띠 미착용)이 있다.

나. 청구인은 2021. 2. 11. 22:06경 술에 취한 상태에서 승용차를 운전하다가 A도 ○○시 ○○읍 ○○1길 ## 앞길에서 단속 경찰공무원에게 적발되어 음주측정을 한 결과 혈중알코올농도가 0.084%로 측정되었다.

4. 이 사건 처분의 위법·부당 여부

가. 관계법령의 내용

「도로교통법」제93조제1항제1호, 같은 법 시행규칙 제91조제1항 및 별표 28 중
2. 취소처분 개별기준의 일련번호란 2에 따르면, 시·도경찰청장은 운전면허를
받은 사람이 술에 만취한 상태(혈중알코올농도 0.08% 이상)에서 운전한 경우에는
운전면허를 취소할 수 있다고 되어 있다.

나. 판단

위 인정사실에 따르면 청구인이 운전면허 취소기준치 이상에 해당하는 술에
취한 상태에서 운전한 사실은 인정되나, 운전면허를 취득한 이래 24년 2개월
이상의 기간 동안 사고 없이 운전한 점, 음주운전으로 피해가 발생하지 않은
점, 이 사건 운전 동기, 운전면허와 직업·생계 관련성 등 제반 정상관계를 종
합적으로 고려할 때 이 사건 처분은 다소 가혹하다.

5. 결론

그렇다면 청구인의 주장을 일부 인정할 수 있으므로 이 사건 처분을 감경하기
로 하여 주문과 같이 재결한다.

사 건 명	자동차운전면허 정지처분 취소청구(2021-4499)
재 결 일 자	2021. 5. 4.
재 결 결 과	인용 [면허정지 ▶ 면허 구제 (정지의 취소)]

이 유

1. 사건개요

청구인이 2021. 2. 20. 혈중알코올농도 0.046%의 술에 취한 상태에서 운전했
다는 이유로 피청구인이 2021. 3. 11. 청구인에게 100일(2021. 4. 20. ~ 2021. 7. 28.)
의 운전면허 정지처분(이하 '이 사건 처분'이라 한다)을 하였다.

2. 관계법령

행정절차법 제21조제1항 및 제3항, 제22조제3항

도로교통법 제93조제1항제1호 및 제4항, 제147조제3항

도로교통법 시행령 제86조제3항

도로교통법 시행규칙 제91조제1항, 제93조제1항, 별표 28 중 1. 일반준 다. (2)
및 3. 정지처분 개별기준 가.의 일련번호란 2, 별지 81

3. 인정사실

청구인과 피청구인이 제출한 자료에 따르면 다음과 같은 사실을 인정할 수 있다.

가. 청구인은 이 사건 당시 택배기사이던 사람으로, 2007. 3. 22. 제1종 보통운
전면허를 취득하였다.

나. 청구인은 2021. 2. 20. 01:05경 술에 취한 상태에서 승용차를 운전하다가
A시 ◆구 ◆◆◆로 ## 앞길에서 단속 경찰공무원에게 적발되어 음주측정을

한 결과 혈중알코올농도가 0.046%로 측정되었다.

다. 피청구인이 제출한 자료에 따르면, 청구인은 2021. 3. 11. 10:59경 A○○경
찰서에 출석하여 피의자신문조서 및 진술서를 각각 작성하였고, 피청구인은
같은 날 청구인에게 운전면허 정지처분 사전통지서를 교부하지 않았으며, 피청
구인도 답변서에서 이를 인정하고 있다.

4. 이 사건 처분의 위법·부당 여부
가. 관계법령의 내용
「도로교통법」 제93조제1항제1호, 같은 법 시행규칙 제91조제1항 및 별표28 중
3. 정지처분 개별기준의 일련번호란 2에 따르면, 경찰서장은 운전면허를 받은
사람이 술에 만취한 상태(혈중알코올농도 0.03% 이상 0.08% 미만)에서 운전한 경우
에는 운전면허를 정지할 수 있다고 되어 있다.

「도로교통법」 제93조제4항에 따르면 시·도경찰청장이 같은 법 제93조에 따라
운전면허의 취소 또는 정지처분을 하고자 하는 때에는 행정안전부령으로 정
하는 바에 따라 처분의 당사자에게 처분 내용과 의견제출 기한 등을 통지하여
야 한다고 규정되어 있고, 같은 법 시행규칙 제93조제1항에 따르면 시·도경찰
청장 또는 경찰서장이 법 제93조에 따라 운전면허의 취소 또는 정지처분을 하
려는 때에는 같은 법 시행규칙 별지 81호서식에 따른 사전통지서를 그 대상자
에게 발송 또는 발급하여야 한다고 규정되어 있으며, 같은 법 제147조제3항 및
같은 법 시행령 제86조제3항에 따르면 위 제93조에 따른 운전면허효력 정지처
분에 대한 시·도경찰청장의 권한은 관할 경찰서장에게 위임되어 있다.

「행정절차법」 제21조제1항 및 제3항에 따르면 행정청은 당사자에게 의무를 과하거
나 권익을 제한하는 처분을 하는 경우에는 미리 처분의 제목, 당사자의 성명 또는

명칭과 주소, 처분하고자 하는 원인이 되는 사실과 처분의 내용 및 법적 근거, 제3호에 대하여 의견을 제출할 수 있다는 뜻과 의견을 제출하지 아니하는 경우의 처리방법, 의견제출기관의 명칭과 주소, 의견제출기한 및 기타 필요한 사항 등을 당사자에게 통지하여 당사자에게 의견진술의 기회를 주도록 하며, 의견제출기한은 의견제출에 필요한 상당한 기간을 고려하여 정하여야 한다고 규정되어 있고, 같은 법 제22조제3항에는 행정청이 당사자에게 의무을 부과하거나 권익을 제한하는 처분을 할 때 당사자 등에게 의견제출의 기회를 주어야 한다고 규정되어 있다.

나. 판단

피청구인은 이 사건 처분은 음주운전 단속에 따른 정당한 처분으로, 사익보다는 공익적인 측면을 고려할 때 국민의 생명과 재산을 보호하기 위해서 청구인의 청구는 기각되어야 한다고 주장하나, 「행정절차법」의 목적과 사전통지 및 의견제출 기회부여 절차를 두게 된 취지에 비추어 보면 사전통지 및 의견제출 기회부여 절차는 엄격하게 지켜져야 할 것인데, 위 인정사실에 따르면 이 사건 처분은 청구인의 운전면허효력을 정지하는 것으로서 피청구인은 이 사건 처분을 하기 전에 청구인에게 「행정절차법」 제21조제1항에 따라 처분의 사전통지를 하여야 하고, 청구인에게 「행정절차법」 제22조제3항에 따른 의견제출의 기회를 주어야 함에도 불구하고 피청구인이 2021. 3. 11. 대구서부경찰서에 출석한 청구인에게 이 사건 처분 사전통지서를 교부하지 않았는바, 이는 처분의 당사자에게 의견제출에 필요한 상당한 기간을 고려하여 의견제출의 기회를 주도록 규정하고 있는 「도로교통법」 제93조제4항 및 「행정절차법」 제21조를 위반한 것이므로, 피청구인이 다시 적법한 절차를 거쳐 새로이 운전면허 정지처분을 할 수 있는지 여부는 별론으로 하고, 이 사건 처분은 위법하다.

5. 결론

그렇다면 청구인의 주장을 인정할 수 있으므로 청구인의 청구를 받아들이기로 하여 주문과 같이 재결한다.

사 건 명	자동차운전면허 취소처분 취소청구(2021-3969)
재 결 일 자	2021. 5. 4.
재 결 결 과	일부인용 [면허취소 ▶ 110일 면허정지 감경]

이 유

1. 사건개요

청구인이 2021. 2. 5. 혈중알코올농도 0.086%의 술에 취한 상태에서 운전했다는 이유로 피청구인이 2021. 3. 8. 청구인의 운전면허를 취소(이하 '이 사건 처분'이라 한다)하였다.

2. 관계법령

도로교통법 제93조제1항제1호

도로교통법 시행규칙 제91조제1항, 별표 28 중 2. 취소처분 개별기준 일련번호란 2

3. 인정사실

청구인과 피청구인이 제출한 자료에 따르면 다음과 같은 사실을 인정할 수 있다.

가. 청구인은 이 사건 당시 운수업 종사자이던 사람으로 1996. 2. 2. 제1종 보통운전면허를 취득한 이래 1회의 교통사고전력(2001. 4. 2. 교차로 통행방법 위반으로 중상 1명, 경상 1명)이 있고, 4회의 교통법규위반전력(2000. 11. 19., 2014. 2. 14. 각 신호 또는 지시 위반, 2017. 4. 13. 좌석안전띠 미착용, 2020. 4. 22. 지방경찰청고시 운전자준수사항 위반)이 있다.

나. 청구인은 2021. 2. 5. 21:15경 술에 취한 상태에서 승용차를 운전하다가 A도 ○○시 ○○구 ○○로 #-# 앞길에서 단속 경찰공무원에게 적발되어 음주측

정을 한 결과 혈중알코올농도가 0.086%로 측정되었다.

4. 이 사건 처분의 위법·부당 여부

가. 관계법령의 내용

「도로교통법」제93조제1항제1호, 같은 법 시행규칙 제91조제1항 및 별표 28 중 2. 취소처분 개별기준의 일련번호란 2에 따르면, 시·도경찰청장은 운전면허를 받은 사람이 술에 만취한 상태(혈중알코올농도 0.08% 이상)에서 운전한 경우에는 운전면허를 취소할 수 있다고 되어 있다.

나. 판단

위 인정사실에 따르면 청구인이 운전면허 취소기준치 이상에 해당하는 술에 취한 상태에서 운전한 사실은 인정되나, 최근 19년 10개월 이상의 기간 동안 사고 없이 운전한 점, 음주운전으로 피해가 발생하지 않은 점, 이 사건 운전 동기, 운전면허와 직업·생계 관련성 등 제반 정상관계를 종합적으로 고려할 때 이 사건 처분은 다소 가혹하다.

5. 결론

그렇다면 청구인의 주장을 일부 인정할 수 있으므로 이 사건 처분을 감경하기로 하여 주문과 같이 재결한다.

사 건 명	자동차운전면허 취소처분 취소청구(2021-4193)
재 결 일 자	2021. 4. 23.
재 결 결 과	일부인용 [면허취소 ▶ 110일 면허정지 감경]

이 유

1. 사건개요

청구인이 2021. 2. 18. 혈중알코올농도 0.087%의 술에 취한 상태에서 운전했다는 이유로 피청구인이 2021. 3. 8. 청구인의 운전면허를 취소(이하 '이 사건 처분'이라 한다)하였다.

2. 관계법령

도로교통법 제93조제1항제1호

도로교통법 시행규칙 제91조제1항, 별표 28 중 2. 취소처분 개별기준 일련번호란 2

3. 인정사실

청구인과 피청구인이 제출한 자료에 따르면 다음과 같은 사실을 인정할 수 있다.

가. 청구인은 이 사건 당시 전기온수기 등 설치 수리직 회사원이던 사람으로 1995. 1. 20. 제2종 보통운전면허를, 1998. 9. 23. 제1종 보통운전면허를, 2014. 4. 11. 제2종 소형운전면허를 각각 취득하였는바, 최초로 운전면허를 취득한 이래 1회의 교통사고전력(1999. 4. 1. 유턴, 횡단, 후진 등 금지 위반으로 중상 1명)과 1회의 교통법규위반전력(2020. 12. 16. 끼어들기 금지 위반)이 있다.

나. 청구인은 2021. 2. 18. 21:15경 술에 취한 상태에서 승용차를 운전하다가 A시 ○○○구 ○○로 ## 앞길에서 단속 경찰공무원에게 적발되어 음주측정을

한 결과 혈중알코올농도가 0.087%로 측정되었다.

4. 이 사건 처분의 위법·부당 여부

가. 관계법령의 내용

「도로교통법」 제93조제1항제1호, 같은 법 시행규칙 제91조제1항 및 별표 28 중 2. 취소처분 개별기준의 일련번호란 2에 따르면, 시·도경찰청장은 운전면허를 받은 사람이 술에 만취한 상태(혈중알코올농도 0.08% 이상)에서 운전한 경우에는 운전면허를 취소할 수 있다고 되어 있다.

나. 판단

위 인정사실에 따르면 청구인이 운전면허 취소기준치 이상에 해당하는 술에 취한 상태에서 운전한 사실은 인정되나, 최근 21년 10개월 이상의 기간 동안 사고 없이 운전한 점, 음주운전으로 피해가 발생하지 않은 점, 이 사건 운전 동기, 운전면허와 직업·생계 관련성 등 제반 정상관계를 종합적으로 고려할 때 이 사건 처분은 다소 가혹하다.

5. 결론

그렇다면 청구인의 주장을 일부 인정할 수 있으므로 이 사건 처분을 감경하기로 하여 주문과 같이 재결한다.

사 건 명	자동차운전면허 취소처분 취소청구(2021-4591)
재 결 일 자	2021. 4. 23.
재 결 결 과	일부인용 [면허취소 ▶ 110일 면허정지 감경]

이 유

1. 사건개요

청구인이 2021. 2. 9. 혈중알코올농도 0.088%의 술에 취한 상태에서 운전했다는 이유로 피청구인이 2021. 3. 3. 청구인의 운전면허를 취소(이하 '이 사건 처분'이라 한다)하였다.

2. 관계법령

도로교통법 제93조제1항제1호

도로교통법 시행규칙 제91조제1항, 별표 28 중 2. 취소처분 개별기준 일련번호란 2

3. 인정사실

청구인과 피청구인이 제출한 자료에 따르면 다음과 같은 사실을 인정할 수 있다.

가. 청구인은 이 사건 당시 계약직 산불감시원이던 사람으로 1986. 11. 5. 제1종 보통운전면허를 취득하여 1990. 8. 13. 적성검사 미필로 운전면허가 취소된 후, 1991. 1. 30. 제1종 보통운전면허를, 2005. 5. 23. 제1종 대형운전면허와 제1종 구난차운전면허를, 2017. 9. 7. 제1종 대형견인차운전면허를 각각 취득한 이래 교통사고전력과 교통법규위반전력은 없다.

나. 청구인은 2021. 2. 9. 23:40경 술에 취한 상태에서 코란도스포츠 화물차를 운전하다가 A도 ○○군 ○○로 ####에 있는 @@@번 지방도에서 단속 경찰

공무원에게 적발되어 다음 날 00:57경 음주측정을 한 결과 혈중알코올농도가 0.088%로 측정되었다.

4. 이 사건 처분의 위법·부당 여부

가. 관계법령의 내용

「도로교통법」 제93조제1항제1호, 같은 법 시행규칙 제91조제1항 및 별표 28 중 2. 취소처분 개별기준의 일련번호란 2에 따르면, 시·도경찰청장은 운전면허를 받은 사람이 술에 만취한 상태(혈중알코올농도 0.08% 이상)에서 운전한 경우에는 운전면허를 취소할 수 있다고 되어 있다.

나. 판단

위 인정사실에 따르면 청구인이 운전면허 취소기준치 이상에 해당하는 술에 취한 상태에서 운전한 사실은 인정되나, 운전면허를 취득한 이래 33년 9개월 이상의 기간 동안 사고 없이 운전한 점, 음주운전으로 피해가 발생하지 않은 점, 이 사건 운전 동기, 운전면허와 직업·생계 관련성 등 제반 정상관계를 종합적으로 고려할 때 이 사건 처분은 다소 가혹하다.

5. 결론

그렇다면 청구인의 주장을 일부 인정할 수 있으므로 이 사건 처분을 감경하기로 하여 주문과 같이 재결한다.

사 건 명	자동차운전면허 취소처분 취소청구(2021-4605)
재 결 일 자	2021. 4. 23.
재 결 결 과	일부인용 [면허취소 ▶ 110일 면허정지 감경]

이 유

1. 사건개요

청구인이 2021. 2. 1. 혈중알코올농도 0.080%의 술에 취한 상태에서 운전했다
는 이유로 피청구인이 2021. 2. 22. 청구인의 운전면허를 취소(이하 '이 사건 처분'
이라 한다)하였다.

2. 관계법령

도로교통법 제93조제1항제1호

도로교통법 시행규칙 제91조제1항, 별표 28 중 2. 취소처분 개별기준 일련번호란 2

3. 인정사실

청구인과 피청구인이 제출한 자료에 따르면 다음과 같은 사실을 인정할 수 있다.

가. 청구인은 이 사건 당시 택배업에 종사하던 사람으로 2010. 12. 1. 제1종
보통운전면허를 취득한 이래 교통사고전력은 없고, 2회의 교통법규위반전력
(2016. 6. 22. 및 2020. 1. 19. 각 끼어들기 금지위반)이 있다.

나. 청구인은 2021. 2. 1. 21:24경 술에 취한 상태에서 승용차를 운전하다가 A
시 ○○구 ○○○로 ### 앞길에서 단속 경찰공무원에게 적발되어 음주측정을
한 결과 혈중알코올농도가 0.080%로 측정되었다.

한 권에 담은 음주운전 사고 · 사건처리

4. 이 사건 처분의 위법·부당 여부

가. 관계법령의 내용

「도로교통법」 제93조제1항제1호, 같은 법 시행규칙 제91조제1항 및 별표 28 중 2. 취소처분 개별기준의 일련번호란 2에 따르면, 시·도경찰청장은 운전면허를 받은 사람이 술에 만취한 상태(혈중알코올농도 0.08% 이상)에서 운전한 경우에는 운전면허를 취소할 수 있다고 되어 있다.

나. 판단

위 인정사실에 따르면 청구인이 운전면허 취소기준치 이상에 해당하는 술에 취한 상태에서 운전한 사실은 인정되나, 운전면허를 취득한 이래 10년 2개월 이상의 기간 동안 사고 없이 운전한 점, 음주운전으로 피해가 발생하지 않은 점, 이 사건 운전 동기, 운전면허와 직업·생계 관련성 등 제반 정상관계를 종합적으로 고려할 때, 이 사건 처분은 다소 가혹하다.

5. 결론

그렇다면 청구인의 주장을 일부 인정할 수 있으므로 이 사건 처분을 감경하기로 하여 주문과 같이 재결한다.

사 건 명	자동차운전면허 취소처분 취소청구(2021-4214)
재 결 일 자	2021. 4. 23.
재 결 결 과	일부인용 [면허취소 ▶ 110일 면허정지 감경]

이 유

1. 사건개요

청구인이 2021. 2. 20. 혈중알코올농도 0.080%의 술에 취한 상태에서 운전했다는 이유로 피청구인이 2021. 3. 10. 청구인의 운전면허를 취소(이하 '이 사건 처분'이라 한다)하였다.

2. 관계법령

도로교통법 제93조제1항제1호

도로교통법 시행규칙 제91조제1항, 별표 28 중 2. 취소처분 개별기준 일련번호란 2

3. 인정사실

청구인과 피청구인이 제출한 자료에 따르면 다음과 같은 사실을 인정할 수 있다.

가. 청구인은 이 사건 당시 회사원(자동차 출동기사)이던 사람으로 2002. 8. 3. 제1종 보통운전면허를 취득한 이래 교통사고전력과 교통법규위반전력이 없다.

나. 청구인은 2021. 2. 20. 23:38경 술에 취한 상태에서 승용차를 운전하다가 A시 ○○구 ○○로##길 ## 앞길에서 단속 경찰공무원에게 적발되어 음주측정을 한 결과 혈중알코올농도가 0.080%로 측정되었다.

4. 이 사건 처분의 위법·부당 여부

가. 관계법령의 내용

「도로교통법」 제93조제1항제1호, 같은 법 시행규칙 제91조제1항 및 별표 28 중 2. 취소처분 개별기준의 일련번호란 2에 따르면, 시·도경찰청장은 운전면허를 받은 사람이 술에 만취한 상태(혈중알코올농도 0.08% 이상)에서 운전한 경우에는 운전면허를 취소할 수 있다고 되어 있다.

나. 판단

위 인정사실에 따르면 청구인이 운전면허 취소기준치 이상에 해당하는 술에 취한 상태에서 운전한 사실은 인정되나, 운전면허를 취득한 이래 18년 6개월 이상의 기간 동안 사고 없이 운전한 점, 음주운전으로 피해가 발생하지 않은 점, 이 사건 운전 동기, 운전면허와 직업·생계 관련성 등 제반 정상관계를 종합적으로 고려할 때 이 사건 처분은 다소 가혹하다.

5. 결론

그렇다면 청구인의 주장을 일부 인정할 수 있으므로 이 사건 처분을 감경하기로 하여 주문과 같이 재결한다.

사 건 명	자동차운전면허 취소처분 취소청구(2021-3596)
재 결 일 자	2021. 4. 20.
재 결 결 과	일부인용 [면허취소 ▶ 110일 면허정지 감경]

이 유

1. 사건개요

청구인이 2021. 1. 1. 혈중알코올농도 0.098%의 술에 취한 상태에서 운전했다는 이유로 피청구인이 2021. 2. 1. 청구인의 운전면허를 취소(이하 '이 사건 처분'이라 한다)하였다.

2. 관계법령

도로교통법 제93조제1항제1호

도로교통법 시행규칙 제91조제1항, 별표 28 중 2. 취소처분 개별기준 일련번호란 2

3. 인정사실

청구인과 피청구인이 제출한 자료에 따르면 다음과 같은 사실을 인정할 수 있다.

가. 청구인은 이 사건 당시 환경미화원이던 사람으로 1998. 3. 5. 제2종 원동기장치자전거운전면허를, 2004. 9. 25. 제2종 보통운전면허를 각각 취득한 이래 교통사고전력 및 교통법규위반전력은 없다.

나. 청구인은 2021. 1. 1. 20:31경 술에 취한 상태에서 쏘나타 승용차를 운전하다가 A도 ○○시 ○○로 ####에 있는 ○○공공하수처리시설 앞길에서 단속 경찰공무원에게 적발되어 음주측정을 한 결과 혈중알코올농도가 0.098%로 측정되었다.

4. 이 사건 처분의 위법·부당 여부

가. 관계법령의 내용

「도로교통법」 제93조제1항제1호, 같은 법 시행규칙 제91조제1항 및 별표 28 중 2. 취소처분 개별기준의 일련번호란 2에 따르면, 시·도경찰청장은 운전면허를 받은 사람이 술에 만취한 상태(혈중알코올농도 0.08% 이상)에서 운전한 경우에는 운전면허를 취소할 수 있다고 되어 있다.

나. 판단

위 인정사실에 따르면 청구인은 운전면허 취소기준치 이상에 해당하는 술에 취한 상태에서 자동차를 운전한 사실은 인정되나, 자동차 운전면허를 취득한 이래 16년 3개월 이상의 기간 동안 사고 없이 운전한 점, 음주운전으로 피해가 발생하지 않은 점, 이 사건 운전 동기, 운전면허와 직업·생계 관련성 등 제반 정상관계를 종합적으로 고려할 때 이 사건 처분은 다소 가혹하다.

5. 결론

그렇다면 청구인의 주장을 일부 인정할 수 있으므로 이 사건 처분을 감경하기로 하여 주문과 같이 재결한다.

사 건 명	자동차운전면허 취소처분 취소청구(2021-4271)
재 결 일 자	2021. 4. 20.
재 결 결 과	일부인용 [면허취소 ▶ 110일 면허정지 감경]

이 유

1. 사건개요

청구인이 2021. 2. 19. 혈중알코올농도 0.084%의 술에 취한 상태에서 운전했다는 이유로 피청구인이 2021. 3. 5. 청구인의 운전면허를 취소(이하 '이 사건 처분'이라 한다)하였다.

2. 관계법령

도로교통법 제93조제1항제1호

도로교통법 시행규칙 제91조제1항, 별표 28 중 2. 취소처분 개별기준 일련번호란 2

3. 인정사실

청구인과 피청구인이 제출한 자료에 따르면 다음과 같은 사실을 인정할 수 있다.

가. 청구인은 이 사건 당시 운전직에 종사하던 사람으로 2009. 8. 31. 제1종 보통운전면허를 취득한 이래 교통사고전력 및 교통법규위반전력이 없다.

나. 청구인은 2021. 2. 19. 03:11경 술에 취한 상태에서 승용차를 운전하다가 A도 ○○시 ○○구 ○○로 ## 앞길에서 단속 경찰공무원에게 적발되어 음주측정을 한 결과 혈중알코올농도가 0.084%로 측정되었다.

4. 이 사건 처분의 위법·부당 여부

가. 관계법령의 내용

「도로교통법」 제93조제1항제1호, 같은 법 시행규칙 제91조제1항 및 별표 28 중 2. 취소처분 개별기준의 일련번호란 2에 따르면, 시·도경찰청장은 운전면허를 받은 사람이 술에 만취한 상태(혈중알코올농도 0.08% 이상)에서 운전한 경우에는 운전면허를 취소할 수 있다고 되어 있다.

나. 판단

위 인정사실에 따르면 청구인이 운전면허 취소기준치 이상에 해당하는 술에 취한 상태에서 운전한 사실은 인정되나, 운전면허를 취득한 이래 11년 5개월 이상의 기간 동안 사고 없이 운전한 점, 음주운전으로 피해가 발생하지 않은 점, 이 사건 운전 동기, 운전면허와 직업·생계 관련성 등 제반 정상관계를 종합적으로 고려할 때, 이 사건 처분은 다소 가혹하다.

5. 결론

그렇다면 청구인의 주장을 일부 인정할 수 있으므로 이 사건 처분을 감경하기로 하여 주문과 같이 재결한다.

사 건 명	자동차운전면허 취소처분 취소청구(2021-3164)
재 결 일 자	2021. 4. 13.
재 결 결 과	일부인용 [면허취소 ▶ 110일 면허정지 감경]

이 유

1. 사건개요

청구인이 2021. 1. 8. 혈중알코올농도 0.081%의 술에 취한 상태에서 운전했다는 이유로 피청구인이 2021. 1. 27. 청구인의 운전면허를 취소(이하 '이 사건 처분'이라 한다)하였다.

2. 관계법령

도로교통법 제93조제1항제1호

도로교통법 시행규칙 제91조제1항, 별표 28 중 2. 취소처분 개별기준 일련번호란 2

3. 인정사실

청구인과 피청구인이 제출한 자료에 따르면 다음과 같은 사실을 인정할 수 있다.

가. 청구인은 이 사건 당시 육류배달 업무에 종사하던 사람으로 1996. 12. 11. 제2종 원동기장치자전거운전면허를, 2002. 10. 29. 제1종 보통운전면허를 각각 취득하였는데, 최초 운전면허를 취득한 이래 교통사고전력 및 교통법규위반전력이 없다.

나. 청구인은 2021. 1. 8. 20:50경 술에 취한 상태에서 소형 화물차를 운전하다가 A도 ○○군 ○○○면 ○○#길 ##에 있는 ○○○갈비 앞길에서 단속 경찰공무원에게 적발되어 음주측정을 한 결과 혈중알코올농도가 0.081%로 측정되었다.

4. 이 사건 처분의 위법·부당 여부

가. 관계법령의 내용

「도로교통법」제93조제1항제1호, 같은 법 시행규칙 제91조제1항 및 별표 28 중 2. 취소처분 개별기준의 일련번호란 2에 따르면, 시·도경찰청장은 운전면허를 받은 사람이 술에 만취한 상태(혈중알코올농도 0.08% 이상)에서 운전한 경우에는 운전면허를 취소할 수 있다고 되어 있다.

나. 판단

위 인정사실에 따르면 청구인이 운전면허 취소기준치 이상에 해당하는 술에 취한 상태에서 운전한 사실은 인정되나, 운전면허를 취득한 이래 18년 2개월 이상의 기간 동안 사고 없이 운전한 점, 음주운전으로 피해가 발생하지 않은 점, 이 사건 운전 동기, 운전면허와 직업·생계 관련성 등 제반 정상관계를 종합적으로 고려할 때, 이 사건 처분은 다소 가혹하다.

5. 결론

그렇다면 청구인의 주장을 일부 인정할 수 있으므로 이 사건 처분을 감경하기로 하여 주문과 같이 재결한다.

사 건 명	자동차운전면허 취소처분 취소청구(2021-2588)
재 결 일 자	2021. 4. 13.
재 결 결 과	일부인용 [면허취소 ▶ 110일 면허정지 감경]

이 유

1. 사건개요

청구인이 2021. 1. 7. 혈중알코올농도 0.081%의 술에 취한 상태에서 운전했다는 이유로 피청구인이 2021. 1. 14. 청구인의 운전면허를 취소(이하 '이 사건 처분'이라 한다)하였다.

2. 관계법령

도로교통법 제93조제1항제1호

도로교통법 시행규칙 제91조제1항, 별표 28 중 2. 취소처분 개별기준 일련번호란 2

3. 인정사실

청구인과 피청구인이 제출한 자료에 따르면 다음과 같은 사실을 인정할 수 있다.

가. 청구인은 이 사건 당시 노점상이던 사람으로 1985. 9. 7. 제1종 보통운전면허를 취득하여 1989. 8. 9. 적성검사미필로 운전면허가 취소된 후 1989. 8. 29. 제1종 보통운전면허를, 2006. 9. 22. 제1종 대형운전면허를, 2009. 5. 18. 제1종 대형견인차운전면허를 각각 취득하였는데, 최초 운전면허를 취득한 이래 교통사고전력은 없고, 1회의 교통법규위반전력[2004. 2. 11. 즉결심판불응(범칙금미납)]이 있다.

나. 청구인은 2021. 1. 7. 22:59경 술에 취한 상태에서 화물차를 운전하다가 A

시 ○○구 ○○로 ###에 있는 ○○○○클래스 ○○○아파트 앞길에서 단속 경찰공무원에게 적발되어 음주측정을 한 결과 혈중알코올농도가 0.081%로 측정되었다.

4. 이 사건 처분의 위법·부당 여부

가. 관계법령의 내용

「도로교통법」제93조제1항제1호, 같은 법 시행규칙 제91조제1항 및 별표 28 중 2. 취소처분 개별기준의 일련번호란 2에 따르면, 시·도경찰청장은 운전면허를 받은 사람이 술에 만취한 상태(혈중알코올농도 0.08% 이상)에서 운전한 경우에는 운전면허를 취소할 수 있다고 되어 있다.

나. 판단

위 인정사실에 따르면 청구인이 운전면허 취소기준치 이상에 해당하는 술에 취한 상태에서 운전한 사실은 인정되나, 운전면허를 취득한 이래 35년 3개월 이상의 기간 동안 사고 없이 운전한 점, 음주운전으로 피해가 발생하지 않은 점, 이 사건 운전 동기, 운전면허와 직업·생계 관련성 등 제반 정상관계를 종합적으로 고려할 때, 이 사건 처분은 다소 가혹하다.

5. 결론

그렇다면 청구인의 주장을 일부 인정할 수 있으므로 이 사건 처분을 감경하기로 하여 주문과 같이 재결한다.

사 건 명	자동차운전면허 취소처분 취소청구(2021-2733)
재 결 일 자	2021. 4. 13.
재 결 결 과	일부인용 [면허취소 ▶ 110일 면허정지 감경]

이 유

1. 사건개요

청구인이 2021. 1. 21. 혈중알코올농도 0.082%의 술에 취한 상태에서 운전했다는 이유로 피청구인이 2021. 2. 8. 청구인의 운전면허를 취소(이하 '이 사건 처분'이라 한다)하였다.

2. 관계법령

도로교통법 제93조제1항제1호

도로교통법 시행규칙 제91조제1항, 별표 28 중 2. 취소처분 개별기준 일련번호란 2

3. 인정사실

청구인과 피청구인이 제출한 자료에 따르면 다음과 같은 사실을 인정할 수 있다.

가. 청구인은 이 사건 당시 일용직 근로자이던 사람으로 2008. 1. 30. 제2종 원동기장치자전거운전면허를, 2009. 2. 23. 제1종 보통운전면허를, 2015. 11. 16. 제1종 대형운전면허를, 2015. 11. 24. 제1종 대형견인차운전면허를 각각 취득한바, 최초 운전면허를 취득한 이래 교통사고전력과 교통법규위반전력이 없다.

나. 청구인은 2021. 1. 21. 15:45경 술에 취한 상태에서 화물차를 운전하다가 A도 ○○시 ○○로 ### 앞길에서 단속 경찰공무원에게 적발되어 음주측정을 한 결과 혈중알코올농도가 0.082%로 측정되었다.

4. 이 사건 처분의 위법·부당 여부

가. 관계법령의 내용

「도로교통법」제93조제1항제1호, 같은 법 시행규칙 제91조제1항 및 별표 28 중 2. 취소처분 개별기준의 일련번호란 2에 따르면, 시·도경찰청장은 운전면허를 받은 사람이 술에 만취한 상태(혈중알코올농도 0.08% 이상)에서 운전한 경우에는 운전면허를 취소할 수 있다고 되어 있다.

나. 판단

위 인정사실에 따르면 청구인이 운전면허 취소기준치 이상에 해당하는 술에 취한 상태에서 운전한 사실은 인정되나, 운전면허를 취득한 이래 11년 10개월 이상의 기간 동안 사고 없이 운전한 점, 음주운전으로 피해가 발생하지 않은 점, 이 사건 운전 동기, 운전면허와 직업·생계 관련성 등 제반 정상관계를 종합적으로 고려할 때 이 사건 처분은 다소 가혹하다.

5. 결론

그렇다면 청구인의 주장을 일부 인정할 수 있으므로 이 사건 처분을 감경하기로 하여 주문과 같이 재결한다.

사 건 명	자동차운전면허 취소처분 취소청구(2021-2278)
재 결 일 자	2021. 4. 13.
재 결 결 과	일부인용 [면허취소 ▶ 110일 면허정지 감경]

이 유

1. 사건개요

청구인이 2020. 12. 5. 혈중알코올농도 0.084%의 술에 취한 상태에서 운전했다는 이유로 피청구인이 2021. 1. 12. 청구인의 운전면허를 취소(이하 '이 사건 처분'이라 한다)하였다.

2. 관계법령

도로교통법 제93조제1항제1호

도로교통법 시행규칙 제91조제1항, 별표 28 중 2. 취소처분 개별기준 일련번호란 2

3. 인정사실

청구인과 피청구인이 제출한 자료에 따르면 다음과 같은 사실을 인정할 수 있다.

가. 청구인은 이 사건 당시 택배기사이던 사람으로 1996. 8. 17. 제1종 보통운전면허를 취득한 이래 교통사고전력은 없고, 1회의 교통법규위반전력(2016. 10. 7. 교차로 통행방법위반)이 있다.

나. 청구인은 2020. 12. 5. 23:35경 술에 취한 상태에서 소형 화물차를 운전하다가 A시 ○○○구 ○○로 소재 ○○○교차로 방향 ○○#터널 약 300미터 못 미친 지점에서 단속 경찰공무원에게 적발되어 음주측정을 한 결과 혈중알코올농도가 0.084%로 측정되었다.

4. 이 사건 처분의 위법·부당 여부

가. 관계법령의 내용

「도로교통법」 제93조제1항제1호, 같은 법 시행규칙 제91조제1항 및 별표 28 중 2. 취소처분 개별기준의 일련번호란 2에 따르면, 시·도경찰청장은 운전면허를 받은 사람이 술에 만취한 상태(혈중알코올농도 0.08% 이상)에서 운전한 경우에는 운전면허를 취소할 수 있다고 되어 있다.

나. 판단

위 인정사실에 따르면 청구인이 운전면허 취소기준치 이상에 해당하는 술에 취한 상태에서 운전한 사실은 인정되나, 운전면허를 취득한 이래 24년 3개월 이상의 기간 동안 사고 없이 운전한 점, 음주운전으로 피해가 발생하지 않은 점, 이 사건 운전 동기, 운전면허와 직업·생계 관련성 등 제반 정상관계를 종합적으로 고려할 때 이 사건 처분은 다소 가혹하다.

5. 결론

그렇다면 청구인의 주장을 일부 인정할 수 있으므로 이 사건 처분을 감경하기로 하여 주문과 같이 재결한다.

사 건 명	자동차운전면허 취소처분 취소청구(2021-2821)
재 결 일 자	2021. 4. 6.
재 결 결 과	일부인용 [면허취소 ▶ 110일 면허정지 감경]

이 유

1. 사건개요

청구인이 2021. 1. 12. 혈중알코올농도 0.081%의 술에 취한 상태에서 운전했다는 이유로 피청구인이 2021. 2. 9. 청구인의 운전면허를 취소(이하 '이 사건 처분'이라 한다)하였다.

2. 관계법령

도로교통법 제93조제1항제1호

도로교통법 시행규칙 제91조제1항, 별표 28 중 2. 취소처분 개별기준 일련번호란 2

3. 인정사실

청구인과 피청구인이 제출한 자료에 따르면 다음과 같은 사실을 인정할 수 있다.

가. 청구인은 이 사건 당시 일용직 근로자이던 사람으로 1991. 6. 15. 제1종 보통운전면허를 취득한 이래 교통사고전력 및 교통법규위반전력이 없다.

나. 청구인은 2021. 1. 12. 21:50경 술에 취한 상태에서 승용차를 운전하다가 A시 ○구 ○○로 ## 앞길에서 단속 경찰공무원에게 적발되어 음주측정을 한 결과 혈중알코올농도가 0.081%로 측정되었다.

4. 이 사건 처분의 위법·부당 여부

가. 관계법령의 내용

「도로교통법」제93조제1항제1호, 같은 법 시행규칙 제91조제1항 및 별표 28 중 2. 취소처분 개별기준의 일련번호란 2에 따르면, 시·도경찰청장은 운전면허를 받은 사람이 술에 만취한 상태(혈중알코올농도 0.08% 이상)에서 운전한 경우에는 운전면허를 취소할 수 있다고 되어 있다.

나. 판단

위 인정사실에 따르면 청구인이 운전면허 취소기준치 이상에 해당하는 술에 취한 상태에서 운전한 사실은 인정되나, 운전면허를 취득한 이래 29년 6개월 이상의 기간 동안 사고 없이 운전한 점, 음주운전으로 피해가 발생하지 않은 점, 이 사건 운전 동기, 운전면허와 직업·생계 관련성 등 제반 정상관계를 종합적으로 고려할 때, 이 사건 처분은 다소 가혹하다.

5. 결론

그렇다면 청구인의 주장을 일부 인정할 수 있으므로 이 사건 처분을 감경하기로 하여 주문과 같이 재결한다.

사 건 명	자동차운전면허 취소처분 취소청구(2021-2841)
재 결 일 자	2021. 4. 6.
재 결 결 과	일부인용 [면허취소 ▶ 110일 면허정지 감경]

이 유

1. 사건개요

청구인이 2021. 1. 13. 혈중알코올농도 0.089%의 술에 취한 상태에서 운전했다는 이유로 피청구인이 2021. 2. 16. 청구인의 운전면허를 취소(이하 '이 사건 처분'이라 한다)하였다.

2. 관계법령

도로교통법 제93조제1항제1호

도로교통법 시행규칙 제91조제1항, 별표 28 중 2. 취소처분 개별기준 일련번호란 2

3. 인정사실

청구인과 피청구인이 제출한 자료에 따르면 다음과 같은 사실을 인정할 수 있다.

가. 청구인은 이 사건 당시 환경미화원이던 사람으로 2001. 9. 25. 제1종 보통운전면허를, 2020. 10. 27. 제1종 대형운전면허를 각각 취득하였는데, 최초 운전면허를 취득한 이래 교통사고전력은 없고, 1회의 교통법규위반전력(2017. 10. 19. 방향전환 진로변경시 신호 불이행)이 있다.

나. 청구인은 2021. 1. 13. 21:46경 술에 취한 상태에서 승용차를 운전하다가 A시 ○구 ○○로 #에 있는 ○○설렁탕 앞길에서 단속 경찰공무원에게 적발되어 음주측정을 한 결과 혈중알코올농도가 0.089%로 측정되었다.

4. 이 사건 처분의 위법·부당 여부

가. 관계법령의 내용

「도로교통법」 제93조제1항제1호, 같은 법 시행규칙 제91조제1항 및 별표 28 중 2. 취소처분 개별기준의 일련번호란 2에 따르면, 시·도경찰청장은 운전면허를 받은 사람이 술에 만취한 상태(혈중알코올농도 0.08% 이상)에서 운전한 경우에는 운전면허를 취소할 수 있다고 되어 있다.

나. 판단

위 인정사실에 따르면 청구인이 운전면허 취소기준치 이상에 해당하는 술에 취한 상태에서 운전한 사실은 인정되나, 운전면허를 취득한 이래 19년 3개월 이상의 기간 동안 사고 없이 운전한 점, 음주운전으로 피해가 발생하지 않은 점, 이 사건 운전 동기, 운전면허와 직업·생계 관련성 등 제반 정상관계를 종합적으로 고려할 때, 이 사건 처분은 다소 가혹하다.

5. 결론

그렇다면 청구인의 주장을 일부 인정할 수 있으므로 이 사건 처분을 감경하기로 하여 주문과 같이 재결한다.

사 건 명	자동차운전면허 취소처분 취소청구(2021-2982)
재 결 일 자	2021. 4. 6.
재 결 결 과	일부인용 [면허취소 ▶ 110일 면허정지 감경]

이 유

1. 사건개요

청구인이 2021. 1. 16. 혈중알코올농도 0.085%의 술에 취한 상태에서 운전했다는 이유로 피청구인이 2021. 2. 2. 청구인의 운전면허를 취소(이하 '이 사건 처분'이라 한다)하였다.

2. 관계법령

도로교통법 제93조제1항제1호

도로교통법 시행규칙 제91조제1항, 별표 28 중 2. 취소처분 개별기준 일련번호란 2

3. 인정사실

청구인과 피청구인이 제출한 자료에 따르면 다음과 같은 사실을 인정할 수 있다.

가. 청구인은 이 사건 당시 건설현장 근로자(형틀 목수)이던 사람으로 1988. 12. 27. 제2종 보통운전면허를, 1994. 4. 25. 제1종 보통운전면허를 각각 취득하였는바, 최초로 운전면허를 취득한 이래 1회의 교통사고전력(2004. 8. 26. 안전운전의무 위반으로 경상 1명)과 2회의 교통법규위반전력(1998. 5. 8., 2016. 10. 26. 각각 신호 또는 지시 위반)이 있다.

나. 청구인은 2021. 1. 16. 00:20경 술에 취한 상태에서 승용차를 운전하다가 A시 ○○구 ○○동 ##-# 앞길에서 단속 경찰공무원에게 적발되어 음주측정을

한 결과 혈중알코올농도가 0.085%로 측정되었다.

4. 이 사건 처분의 위법·부당 여부

가. 관계법령의 내용

「도로교통법」 제93조제1항제1호, 같은 법 시행규칙 제91조제1항 및 별표 28 중 2. 취소처분 개별기준의 일련번호란 2에 따르면, 시·도경찰청장은 운전면허를 받은 사람이 술에 만취한 상태(혈중알코올농도 0.08% 이상)에서 운전한 경우에는 운전면허를 취소할 수 있다고 되어 있다.

나. 판단

위 인정사실에 따르면 청구인이 운전면허 취소기준치 이상에 해당하는 술에 취한 상태에서 운전한 사실은 인정되나, 최근 16년 4개월 이상의 기간 동안 사고 없이 운전한 점, 음주운전으로 피해가 발생하지 않은 점, 이 사건 운전 동기, 운전면허와 직업·생계 관련성 등 제반 정상관계를 종합적으로 고려할 때 이 사건 처분은 다소 가혹하다.

5. 결론

그렇다면 청구인의 주장을 일부 인정할 수 있으므로 이 사건 처분을 감경하기로 하여 주문과 같이 재결한다.

사 건 명	자동차운전면허 취소처분 취소청구(2021-2404)
재 결 일 자	2021. 3. 23.
재 결 결 과	일부인용 [면허취소 ▶ 110일 면허정지 감경]

이 유

1. 사건개요

청구인이 2021. 1. 3. 혈중알코올농도 0.096%의 술에 취한 상태에서 운전했다는 이유로 피청구인이 2021. 1. 27. 청구인의 운전면허를 취소(이하 '이 사건 처분'이라 한다)하였다.

2. 관계법령

도로교통법 제93조제1항제1호
도로교통법 시행규칙 제91조제1항, 별표 28 중 2. 취소처분 개별기준 일련번호란 2

3. 인정사실

청구인과 피청구인이 제출한 자료에 따르면 다음과 같은 사실을 인정할 수 있다.

가. 청구인은 이 사건 당시 사진촬영업종에 종사하던 사람으로 2000. 11. 21. 제1종 보통운전면허를 취득한 이래 교통사고전력은 없고, 2회의 교통법규위반전력[2002. 11. 1. 앞지르기 금지장소 위반, 2003. 2. 15. 즉결심판 불응(범칙금 미납)]이 있다.

나. 청구인은 2021. 1. 3. 02:14경 술에 취한 상태에서 승용차를 운전하다가 A도 ○○시 ○○구 ○○○○○로 45 앞길에서 단속 경찰공무원에게 적발되어 음주측정을 한 결과 혈중알코올농도가 0.096%로 측정되었다.

4. 이 사건 처분의 위법·부당 여부

가. 관계법령의 내용

「도로교통법」 제93조제1항제1호, 같은 법 시행규칙 제91조제1항 및 별표 28 중 2. 취소처분 개별기준의 일련번호란 2에 따르면, 시·도경찰청장은 운전면허를 받은 사람이 술에 만취한 상태(혈중알코올농도 0.08% 이상)에서 운전한 경우에는 운전면허를 취소할 수 있다고 되어 있다.

나. 판단

위 인정사실에 따르면 청구인은 운전면허 취소기준치 이상에 해당하는 술에 취한 상태에서 자동차를 운전한 사실은 인정되나, 운전면허를 취득한 이래 20년 1개월 이상의 기간 동안 사고 없이 운전한 점, 음주운전으로 피해가 발생하지 않은 점, 이 사건 운전 동기, 운전면허와 직업·생계 관련성 등 제반 정상관계를 종합적으로 고려할 때 이 사건 처분은 다소 가혹하다.

5. 결론

그렇다면 청구인의 주장을 일부 인정할 수 있으므로 이 사건 처분을 감경하기로 하여 주문과 같이 재결한다.

사 건 명	자동차운전면허 취소처분 취소청구(2021-2417)
재 결 일 자	2021. 3. 16.
재 결 결 과	일부인용 [면허취소 ▶ 110일 면허정지 감경]

이 유

1. 사건개요

청구인이 2021. 1. 9. 혈중알코올농도 0.083%의 술에 취한 상태에서 운전했다는 이유로 피청구인이 2021. 2. 5. 청구인의 운전면허를 취소(이하 '이 사건 처분'이라 한다)하였다.

2. 관계법령

도로교통법 제93조제1항제1호

도로교통법 시행규칙 제91조제1항, 별표 28 중 2. 취소처분 개별기준 일련번호란 2

3. 인정사실

청구인과 피청구인이 제출한 자료에 따르면 다음과 같은 사실을 인정할 수 있다.

가. 청구인은 이 사건 당시 보험설계사이던 사람으로 1992. 6. 20. 제1종 보통 운전면허를, 2006. 12. 6. 제1종 대형운전면허를 각각 취득하였는바, 최초로 운전면허를 취득한 이래 교통사고전력은 없고, 4회의 교통법규위반전력[2016. 5. 31. 끼어들기 금지 위반, 2016. 7. 8. 신호 또는 지시 위반, 2017. 5. 2. 속도 위반(20km/h 이하), 2020. 5. 15. 주정차금지 위반]이 있다.

나. 청구인은 2021. 1. 9. 04:44경 술에 취한 상태에서 승용차를 운전하다가 A도 ○○○시 ○○로###번길 ##-# 앞길에서 단속 경찰공무원에게 적발되어 음

주측정을 한 결과 혈중알코올농도가 0.083%로 측정되었다.

4. 이 사건 처분의 위법·부당 여부

가. 관계법령의 내용

「도로교통법」 제93조제1항제1호, 같은 법 시행규칙 제91조제1항 및 별표 28 중 2. 취소처분 개별기준의 일련번호란 2에 따르면, 시·도경찰청장은 운전면허를 받은 사람이 술에 만취한 상태(혈중알코올농도 0.08% 이상)에서 운전한 경우에는 운전면허를 취소할 수 있다고 되어 있다.

나. 판단

위 인정사실에 따르면 청구인이 운전면허 취소기준치 이상에 해당하는 술에 취한 상태에서 운전한 사실은 인정되나, 운전면허를 취득한 이래 28년 6개월 이상의 기간 동안 사고 없이 운전한 점, 음주운전으로 피해가 발생하지 않은 점, 이 사건 운전 동기, 운전면허와 직업·생계 관련성 등 제반 정상관계를 종합적으로 고려할 때 이 사건 처분은 다소 가혹하다.

5. 결론

그렇다면 청구인의 주장을 일부 인정할 수 있으므로 이 사건 처분을 감경하기로 하여 주문과 같이 재결한다.

사 건 명	자동차운전면허 정지처분 취소청구(2021-1861)
재 결 일 자	2021. 3. 16.
재 결 결 과	인용 [면허정지 ▶ 면허 구제 (정지의 취소)]

이 유

1. 사건개요

청구인이 2020. 11. 14. 보복운전으로 형사입건된 때에 해당되어 벌점 100점을 받아 처분벌점이 40점 이상이 되었다는 이유로 피청구인이 2021. 1. 15. 청구인에게 100일(2021. 2. 24. ~ 2021. 6. 3.)의 운전면허 정지처분(이하 '이 사건 처분'이라 한다)을 하였다.

2. 관계법령

도로교통법 제44조제1항, 제93조제1항제10호의2·제19호 및 제4항, 제147조제3항
도로교통법 시행령 제86조제3항
도로교통법 시행규칙 제91조제1항, 별표 28 중 1. 일반기준 다. (2) 및 3. 정지처분 개별기준 가. 2의2
행정절차법 제21조제1항

3. 인정사실

청구인과 피청구인이 제출한 자료에 따르면 다음과 같은 사실을 인정할 수 있다.

가. 청구인은 이 사건 당시 회사원이던 사람으로 1993. 12. 5. 제2종 보통운전면허를, 2009. 5. 9. 제1종 보통운전면허를 각각 취득하였다.

나. 청구인은 2020. 11. 14. 14:53경 A시 ○○○구 ○○○○로 소재 ○○○구청

사거리에서 코나 승용차를 운전하던 중 다른 사람이 운전하던 스파크 승용차가 양보하지 않는다는 등의 이유로 스파크 승용차의 우측 전방에서 좌측 전방으로 2회 밀어붙여 보복운전으로 형사입건된 때에 해당되어 벌점 100점을 받았고, 피청구인은 2021. 1. 15. 청구인에게 이 사건 처분을 하였다.

다. 청구인이 2021. 1. 15. ○○○경찰서에 방문하여 교부 받은 운전면허 정지처분 사전통지서에 다음과 같은 내용이 기재되어 있다.

- 다음 -

○ 출석요구일 : 2021. 1. 30.까지
- 귀하가 아래와 같이 운전면허 정지 대상이 된 사실에 대하여 확인하고자 하오니 2021. 1. 30.까지 ○○○경찰서(교통관리계·민원실) 또는 가까운 경찰서로 운전면허 정지처분 사전통지서, 운전면허증을 지참하시고 출석해 주시기 바랍니다.
○ 행정처분 내용 : 운전면허 정지 100일간
○ 행정처분 사유 : 2020. 11. 14. 보복운전으로 형사입건 된 때
※ 위 기한 내에 의견제출을 하지 않을 경우 의견이 없는 것으로 간주합니다.

4. 이 사건 처분의 위법·부당 여부

가. 관계법령의 내용

「도로교통법」 제93조제1항제10호의2·제19호, 같은 법 시행규칙 제91조제1항, 별표 28 중 1. 일반기준 다.의 (2) 및 3. 정지처분 개별기준 가.의 2의2에 따르면, 자동차 등을 이용하여 「형법」 제258조의2(특수상해)·제261조(특수폭행)·제284조(특수협박) 또는 제369조(특수손괴)를 위반하는 행위(보복운전)을 하여 입건된 때에는 벌점 100점이 부여되고, 관할 경찰서장은 운전면허를 받은 사람이 이

법이나 이 법에 따른 명령 또는 처분을 위반하여 벌점이 40점 이상이 되는 경우 운전면허를 정지할 수 있는데, 원칙적으로 벌점 1점을 1일로 계산하여 집행하도록 되어 있다.

「도로교통법」 제93조제4항에 따르면 시·도경찰청장은 운전면허의 정지처분을 하고자 하는 때에는 행정안전부령이 정하는 바에 의하여 처분의 당사자에게 처분의 내용 및 의견제출의 기한 등을 미리 통지하여야 한다고 규정되어 있고, 같은 법 제147조제3항 및 같은 법 시행령 제86조제3항에 따르면 위 제93조제4항에 따른 운전면허 정지처분과 그에 따른 사전 통지에 대한 시·도경찰청장의 권한은 관할 경찰서장에게 위임되어 있다.

「도로교통법 시행규칙」 제93조제2항에 따르면 운전면허 정지처분 사전통지서를 받은 처분의 상대방 또는 그 대리인은 지정된 일시에 출석하거나 서면으로 이의를 제기할 수 있고, 처분의 상대방 또는 그 대리인이 지정된 기일까지 이의를 제기하지 아니한 때에는 이의가 없는 것으로 본다고 규정되어 있다.

「행정절차법」 제21조제1항에 따르면 행정청은 당사자에게 의무를 부과하거나 권익을 제한하는 처분을 하는 경우에는 미리 처분의 제목, 당사자의 성명 또는 명칭과 주소, 처분하고자 하는 원인이 되는 사실과 처분의 내용 및 법적 근거, 제3호에 대하여 의견을 제출할 수 있다는 뜻과 의견을 제출하지 아니하는 경우의 처리방법, 의견제출기관의 명칭과 주소, 의견제출기한 및 기타 필요한 사항 등을 당사자에게 통지하여 당사자에게 의견진술의 기회를 주도록 되어 있고, 같은 조제3항에 따르면 의견제출에 필요한 기간을 10일 이상으로 고려하여 정해야 한다고 되어 있다.

한 권에 담은 음주운전 사고 · 사건처리

나. 판단

도로교통법령에서 운전면허 정지처분의 대상자에 대한 사전통지 제도를 마련한 취지는 처분의 상대방에게 이의를 주장하고 그 주장을 뒷받침하는 자료를 제출할 수 있는 기회를 주기 위한 것으로서 단순히 정지처분이 있음을 사전에 알리는 것에 그치는 것이 아니라 사전통지 후에 제기된 상대방의 주장을 충분히 검토한 후에 당해 정지처분의 적법·타당성을 담보하기 위한 것이라고 할 것인바, 위 인정사실에 따르면 피청구인이 2021. 1. 15. 청구인에게 교부한 이 사건 처분의 사전통지서에 출석요구일이 '2021. 1. 30.'로 명시되어 있고, 상기 출석요구일까지 관할경찰서에 방문하여 의견제출을 하지 않을 경우 의견이 없는 것으로 간주한다는 내용이 기재되어 있음에도, 피청구인은 청구인에게 사전통지서를 교부한 날과 같은 날인 2021. 1. 15. 이 사건 처분을 하였는바, 이는 피청구인이 청구인에게 부여한 의견제출 기한을 지키지 않은 것이며, 처분의 당사자에게 의견제출의 기회를 주도록 규정하고 있는 「도로교통법」 제93조제4항과 같은 법 시행규칙 제93조제2항 및 「행정절차법」 제21조를 위반한 것이므로, 피청구인이 다시 적법한 절차를 거쳐 새로이 운전면허 취소처분을 할 수 있는지 여부는 별론으로 하더라도, 이 사건 처분은 위법·부당하다.

5. 결론

그렇다면 청구인의 주장을 인정할 수 있으므로 청구인의 청구를 받아들이기로 하여 주문과 같이 재결한다.

사 건 명	자동차운전면허 취소처분 취소청구(2021-2405)
재 결 일 자	2021. 3. 16.
재 결 결 과	일부인용 [면허취소 ▶ 110일 면허정지 감경]

이 유

1. 사건개요

청구인이 2021. 1. 22. 혈중알코올농도 0.080%의 술에 취한 상태에서 운전했다는 이유로 피청구인이 2021. 2. 1. 청구인의 운전면허를 취소(이하 '이 사건 처분'이라 한다)하였다.

2. 관계법령

도로교통법 제93조제1항제1호

도로교통법 시행규칙 제91조제1항, 별표 28 중 2. 취소처분 개별기준 일련번호란 2

3. 인정사실

청구인과 피청구인이 제출한 자료에 따르면 다음과 같은 사실을 인정할 수 있다.

가. 청구인은 이 사건 당시 일용직 용접공이던 사람으로 2007. 12. 21. 제2종 원동기장치자전거운전면허를, 2008. 7. 7. 제2종 보통운전면허를 각각 취득하였는바, 최초로 운전면허를 취득한 이래 교통사고전력과 교통법규위반전력이 없다.

나. 청구인은 2021. 1. 22. 21:20경 술에 취한 상태에서 승용차를 운전하다가 A도 ○○시 ○○#로 # 앞길에서 단속 경찰공무원에게 적발되어 음주측정을 한 결과 혈중알코올농도가 0.080%로 측정되었다.

4. 이 사건 처분의 위법·부당 여부

가. 관계법령의 내용

「도로교통법」 제93조제1항제1호, 같은 법 시행규칙 제91조제1항 및 별표 28 중 2. 취소처분 개별기준의 일련번호란 2에 따르면, 시·도경찰청장은 운전면허를 받은 사람이 술에 만취한 상태(혈중알코올농도 0.08% 이상)에서 운전한 경우에는 운전면허를 취소할 수 있다고 되어 있다.

나. 판단

위 인정사실에 따르면 청구인이 운전면허 취소기준치 이상에 해당하는 술에 취한 상태에서 운전한 사실은 인정되나, 운전면허를 취득한 이래 12년 6개월 이상의 기간 동안 사고 없이 운전한 점, 음주운전으로 피해가 발생하지 않은 점, 이 사건 운전 동기, 운전면허와 직업·생계 관련성 등 제반 정상관계를 종합적으로 고려할 때 이 사건 처분은 다소 가혹하다.

5. 결론

그렇다면 청구인의 주장을 일부 인정할 수 있으므로 이 사건 처분을 감경하기로 하여 주문과 같이 재결한다.

사 건 명	자동차운전면허 취소처분 취소청구(2021-2388)
재 결 일 자	2021. 3. 16.
재 결 결 과	일부인용 [면허취소 ▶ 110일 면허정지 감경]

이 유

1. 사건개요

청구인이 2020. 11. 3. 혈중알코올농도 0.085%의 술에 취한 상태에서 운전했다는 이유로 피청구인이 2020. 11. 13. 청구인의 운전면허를 취소(이하 '이 사건 처분'이라 한다)하였다.

2. 관계법령

도로교통법 제93조제1항제1호

도로교통법 시행규칙 제91조제1항, 별표 28 중 2. 취소처분 개별기준 일련번호란 2

3. 인정사실

청구인과 피청구인이 제출한 자료에 따르면 다음과 같은 사실을 인정할 수 있다.

가. 청구인은 이 사건 당시 건설 관련 업종에 종사하던 사람으로 1994. 2. 3. 제2종 원동기장치자전거운전면허를, 2000. 2. 11. 제1종 보통운전면허를 각각 취득한 이래 교통사고전력은 없고, 2회의 교통법규위반전력(2019. 7. 8. 끼어들기 금지 위반, 2020. 9. 4. 진로변경 위반)이 있다.

나. 청구인은 2020. 11. 3. 23:10경 술에 취한 상태에서 승용차를 운전하다가 A시 ○○구 ○○로$$길 ### 앞길에서 단속 경찰공무원에게 적발되어 음주측정을 한 결과 혈중알코올농도가 0.085%로 측정되었다.

한 권에 담은 음주운전 사고 · 사건처리

4. 이 사건 처분의 위법·부당 여부

가. 관계법령의 내용

「도로교통법」 제93조제1항제1호, 같은 법 시행규칙 제91조제1항 및 별표 28 중 2. 취소처분 개별기준의 일련번호란 2에 따르면, 시·도경찰청장은 운전면허를 받은 사람이 술에 만취한 상태(혈중알코올농도 0.08% 이상)에서 운전한 경우에는 운전면허를 취소할 수 있다고 되어 있다.

나. 판단

위 인정사실에 따르면 청구인이 운전면허 취소기준치 이상에 해당하는 술에 취한 상태에서 운전한 사실은 인정되나, 운전면허를 취득한 이래 20년 8개월 이상의 기간 동안 사고 없이 운전한 점, 음주운전으로 피해가 발생하지 않은 점, 이 사건 운전 동기, 운전면허와 직업·생계 관련성 등 제반 정상관계를 종합적으로 고려할 때 이 사건 처분은 다소 가혹하다.

5. 결론

그렇다면 청구인의 주장을 일부 인정할 수 있으므로 이 사건 처분을 감경하기로 하여 주문과 같이 재결한다.

사 건 명	자동차운전면허 취소처분 취소청구(2021-1454)
재 결 일 자	2021. 3. 9.
재 결 결 과	일부인용 [면허취소 ▶ 110일 면허정지 감경]

<h1 style="text-align:center">이 유</h1>

1. 사건개요

청구인이 2020. 11. 12. 혈중알코올농도 0.082%의 술에 취한 상태에서 운전했
다는 이유로 피청구인이 2020. 12. 3. 청구인의 운전면허를 취소(이하 '이 사건 처
분'이라 한다)하였다.

2. 관계법령

도로교통법 제93조제1항제1호

도로교통법 시행규칙 제91조제1항, 별표 28 중 2. 취소처분 개별기준 일련번호란 2

3. 인정사실

청구인과 피청구인이 제출한 자료에 따르면 다음과 같은 사실을 인정할 수 있다.

가. 청구인은 이 사건 당시 에어컨 설치기사이던 사람으로 2003. 2. 5. 제1종
보통운전면허를 취득한 이래 교통사고전력은 없고, 1회의 교통법규위반전력
(2017. 8. 25. 운전 중 휴대전화사용 금지 위반)이 있다.

나. 청구인은 2020. 11. 12. 03:15경 술에 취한 상태에서 아반떼 승용차를 운전
하다가 A도 ○○시 ○○동 산 ##-#번지 앞길에서 단속 경찰공무원에게 적발되
어 음주측정을 한 결과 혈중알코올농도가 0.082%로 측정되었다.

4. 이 사건 처분의 위법·부당 여부

가. 관계법령의 내용

「도로교통법」 제93조제1항제1호, 같은 법 시행규칙 제91조제1항 및 별표 28 중 2. 취소처분 개별기준의 일련번호란 2에 따르면, 시·도경찰청장은 운전면허를 받은 사람이 술에 만취한 상태(혈중알코올농도 0.08% 이상)에서 운전한 경우에는 운전면허를 취소할 수 있다고 되어 있다.

나. 판단

위 인정사실에 따르면 청구인이 운전면허 취소기준치 이상에 해당하는 술에 취한 상태에서 운전한 사실은 인정되나, 운전면허를 취득한 이래 17년 9개월 이상의 기간 동안 사고 없이 운전한 점, 음주운전으로 피해가 발생하지 않은 점, 이 사건 운전 동기, 운전면허와 직업·생계 관련성 등 제반 정상관계를 종합적으로 고려할 때 이 사건 처분은 다소 가혹하다.

5. 결론

그렇다면 청구인의 주장을 일부 인정할 수 있으므로 이 사건 처분을 감경하기로 하여 주문과 같이 재결한다.

사 건 명	자동차운전면허 취소처분 취소청구(2020-23105)
재 결 일 자	2021. 3. 9.
재 결 결 과	일부인용 [면허취소 ▶ 110일 면허정지 감경]

이 유

1. 사건개요

청구인이 2020. 11. 27. 혈중알코올농도 0.091%의 술에 취한 상태에서 운전했다는 이유로 피청구인이 2020. 12. 16. 청구인의 운전면허를 취소(이하 '이 사건 처분'이라 한다)하였다.

2. 관계법령

도로교통법 제93조제1항제1호

도로교통법 시행규칙 제91조제1항, 별표 28 중 2. 취소처분 개별기준 일련번호란 2

3. 인정사실

청구인과 피청구인이 제출한 자료에 따르면 다음과 같은 사실을 인정할 수 있다.

가. 청구인은 이 사건 당시 대리운전기사이던 사람으로 2000. 4. 4. 제1종 보통 운전면허를 취득한 이래 교통사고전력은 없고, 6회의 교통법규위반전력[2011. 1. 10. 통행구분 위반, 2011. 2. 17. 신호 또는 지시 위반, 2016. 3. 13., 2017. 11. 1. 및 2018. 8. 20. 각 좌석안전띠미착용, 2020. 9. 5. 운전자(도로를 통행하고 있는 차마에서 밖으로 물건을 던지는 행위)]이 있다.

나. 청구인은 2020. 11. 27. 00:37경 술에 취한 상태에서 SM5 승용차를 운전하다가 A시 ○○군 ○○로 ####에 있는 ○○조경 앞길에서 단속 경찰공무원에게

한 권에 담은 음주운전 사고 · 사건처리

적발되어 음주측정을 한 결과 혈중알코올농도가 0.091%로 측정되었다.

4. 이 사건 처분의 위법·부당 여부

가. 관계법령의 내용

「도로교통법」 제93조제1항제1호, 같은 법 시행규칙 제91조제1항 및 별표 28 중 2. 취소처분 개별기준의 일련번호란 2에 따르면, 시·도경찰청장은 운전면허를 받은 사람이 술에 만취한 상태(혈중알코올농도 0.08% 이상)에서 운전한 경우에는 운전면허를 취소할 수 있다고 되어 있다.

나. 판단

위 인정사실에 따르면 청구인은 운전면허 취소기준치 이상에 해당하는 술에 취한 상태에서 자동차를 운전한 사실은 인정되나, 운전면허를 취득한 이래 20년 7개월 이상의 기간 동안 사고 없이 운전한 점, 음주운전으로 피해가 발생하지 않은 점, 이 사건 운전 동기, 운전면허와 직업·생계 관련성 등 제반 정상관계를 종합적으로 고려할 때 이 사건 처분은 다소 가혹하다.

5. 결론

그렇다면 청구인의 주장을 일부 인정할 수 있으므로 이 사건 처분을 감경하기로 하여 주문과 같이 재결한다.

사 건 명	자동차운전면허 취소처분 취소청구(2021-1728)
재 결 일 자	2021. 3. 9.
재 결 결 과	일부인용 [면허취소 ▶ 110일 면허정지 감경]

이 유

1. 사건개요

청구인이 2020. 10. 23. 혈중알코올농도 0.081%의 술에 취한 상태에서 운전했다는 이유로 피청구인이 2020. 12. 2. 청구인의 운전면허를 취소(이하 '이 사건 처분'이라 한다)하였다.

2. 관계법령

도로교통법 제93조제1항제1호

도로교통법 시행규칙 제91조제1항, 별표 28 중 2. 취소처분 개별기준 일련번호란 2

3. 인정사실

청구인과 피청구인이 제출한 자료에 따르면 다음과 같은 사실을 인정할 수 있다.

가. 청구인은 이 사건 당시 자영업자이던 사람으로 1989. 5. 29. 제2종 보통운전면허를 취득한 이래 교통사고전력은 없고, 4회의 교통법규위반전력2000. 3. 3. 중앙선 침범, 2001. 9. 28. 신호 또는 지시 위반, 2011. 11. 16., 2013. 3. 23. 각 범칙금 미납)이 있다.

나. 청구인은 2020. 10. 23. 20:18경 술에 취한 상태에서 승용차를 운전하다가 A도 ○○시 ○○구 ○○대로 ### 앞길에서 단속 경찰공무원에게 적발되어 음주측정을 한 결과 혈중알코올농도가 0.081%로 측정되었다.

한 권에 담은 음주운전 사고 · 사건처리

4. 이 사건 처분의 위법·부당 여부

가. 관계법령의 내용

「도로교통법」 제93조제1항제1호, 같은 법 시행규칙 제91조제1항 및 별표 28 중 2. 취소처분 개별기준의 일련번호란 2에 따르면, 시·도경찰청장은 운전면허를 받은 사람이 술에 만취한 상태(혈중알코올농도 0.08% 이상)에서 운전한 경우에는 운전면허를 취소할 수 있다고 되어 있다.

나. 판단

위 인정사실에 따르면 청구인이 운전면허 취소기준치 이상에 해당하는 술에 취한 상태에서 운전한 사실은 인정되나, 운전면허를 취득한 이래 31년 4개월 이상의 기간 동안 사고 없이 운전한 점, 음주운전으로 피해가 발생하지 않은 점, 이 사건 운전 동기, 운전면허와 직업·생계 관련성 등 제반 정상관계를 종합적으로 고려할 때 이 사건 처분은 다소 가혹하다.

5. 결론

그렇다면 청구인의 주장을 일부 인정할 수 있으므로 이 사건 처분을 감경하기로 하여 주문과 같이 재결한다.

사 건 명	자동차운전면허 취소처분 취소청구(2021-1519)
재 결 일 자	2021. 3. 9.
재 결 결 과	일부인용 [면허취소 ▶ 110일 면허정지 감경]

이 유

1. 사건개요

청구인이 2020. 11. 6. 혈중알코올농도 0.089%의 술에 취한 상태에서 운전했다는 이유로 피청구인이 2020. 12. 17. 청구인의 운전면허를 취소(이하 '이 사건 처분'이라 한다)하였다.

2. 관계법령

도로교통법 제93조제1항제1호

도로교통법 시행규칙 제91조제1항, 별표 28 중 2. 취소처분 개별기준 일련번호란 2

3. 인정사실

청구인과 피청구인이 제출한 자료에 따르면 다음과 같은 사실을 인정할 수 있다.

가. 청구인은 이 사건 당시 요양병원 직원이던 사람으로 1999. 10. 1. 제1종 보통운전면허를 취득한 이래 교통사고전력과 교통법규위반전력은 없다.

나. 청구인은 2020. 11. 6. 01:50경 술에 취한 상태에서 BMW 승용차를 운전하다가 A도 ○○시 ○○○로 ### 앞길에서 단속 경찰공무원에게 적발되어 같은 날 01:52경 음주측정을 한 결과 혈중알코올농도가 0.058%로 측정되자, 이에 불복하고 채혈측정을 요구하여 같은 날 02:15경 혈액을 채취하여 국립과학수사연구원에 감정을 의뢰한 결과 청구인의 혈중알코올농도가 0.089%로 측정되었다.

4. 이 사건 처분의 위법·부당 여부

가. 관계법령의 내용

「도로교통법」제93조제1항제1호, 같은 법 시행규칙 제91조제1항 및 별표 28 중 2. 취소처분 개별기준의 일련번호란 2에 따르면, 시·도경찰청장은 운전면허를 받은 사람이 술에 만취한 상태(혈중알코올농도 0.08% 이상)에서 운전한 경우에는 운전면허를 취소할 수 있다고 되어 있다.

나. 판단

위 인정사실에 따르면 청구인이 운전면허 취소기준치 이상에 해당하는 술에 취한 상태에서 운전한 사실은 인정되나, 운전면허를 취득한 이래 21년 1개월 이상의 기간 동안 사고 없이 운전한 점, 음주운전으로 피해가 발생하지 않은 점, 이 사건 운전 동기, 운전면허와 직업·생계 관련성 등 제반 정상관계를 종합적으로 고려할 때 이 사건 처분은 다소 가혹하다.

5. 결론

그렇다면 청구인의 주장을 일부 인정할 수 있으므로 이 사건 처분을 감경하기로 하여 주문과 같이 재결한다.

사 건 명	자동차운전면허 취소처분 취소청구(2020-22844)
재 결 일 자	2021. 3. 9.
재 결 결 과	일부인용 [면허취소 ▶ 110일 면허정지 감경]

이 유

1. 사건개요

청구인이 2020. 10. 22. 중앙선 침범으로 벌점 30점을 받아 1년간 누산점수가 121점 이상이 되었다는 이유로 피청구인이 2020. 11. 19. 청구인의 운전면허를 취소(이하 '이 사건 처분'이라 한다)하였다.

2. 관계법령

도로교통법 제93조제2항

도로교통법 시행규칙 제91조제1항, 별표 28 중 1. 일반기준 다. (1)

3. 인정사실

청구인과 피청구인이 제출한 자료에 따르면 다음과 같은 사실을 인정할 수 있다.

가. 청구인은 이 사건 당시 부동산 중개업 종사자이던 사람으로 2012. 12. 7. 제1종 보통운전면허를 취득한 이래 교통사고전력은 없고, 이 사건 처분과 관련된 교통법규위반전력 외에 1회의 교통법규위반전력(2016. 6. 3. 신호 또는 지시 위반)이 있다.

나. 청구인은 2020. 7. 2. 음주운전으로 적발(혈중알코올농도 0.062%)되어 벌점 100점을 받고, 2020. 10. 22. 15:38경 A○○경찰서 관내에서 통행구분 위반(중앙선 침범)으로 적발되어 벌점 30점을 받아 청구인의 1년간 누산점수가 130점이 되었다.

한 권에 담은 음주운전 사고 · 사건처리

4. 이 사건 처분의 위법·부당 여부

가. 관계법령의 내용

「도로교통법」 제93조제2항, 같은 법 시행규칙 제91조제1항 및 별표 28 중 1. 일반기준 다.의 ⑴에 따르면, 시·도경찰청장은 벌점 또는 연간 누산점수가 1년간 121점 이상, 2년간 201점 이상, 3년간 271점 이상에 도달한 때에는 그 운전면허를 취소할 수 있다고 되어 있다.

나. 판단

위 인정사실에 따르면 이 사건 음주운전 및 중앙선 침범으로 인하여 청구인의 1년간 누산벌점이 130점이 되어 운전면허 취소 기준치 이상에 해당하는 사실은 인정되나, 이 사건 음주운전 및 중앙선 침범으로 피해가 발생하지 않은 점, 청구인이 운전면허를 취득한 이래 약 7년 6개월 이상의 기간 동안 사고 없이 운전한 점 등을 고려할 때 이 사건 처분은 다소 가혹하다.

5. 결론

그렇다면 청구인의 주장을 일부 인정할 수 있으므로 이 사건 처분을 감경하기로 하여 주문과 같이 재결한다.

사 건 명	자동차운전면허 취소처분 취소청구(2021-743)
재 결 일 자	2021. 2. 26.
재 결 결 과	일부인용 [면허취소 ▶ 110일 면허정지 감경]

이 유

1. 사건개요

청구인이 2020. 12. 5. 혈중알코올농도 0.089%의 술에 취한 상태에서 운전했다는 이유로 피청구인이 2021. 1. 4. 청구인의 운전면허를 취소(이하 '이 사건 처분'이라 한다)하였다.

2. 관계법령

도로교통법 제93조제1항제1호

도로교통법 시행규칙 제91조제1항, 별표 28 중 2. 취소처분 개별기준 일련번호란 2

3. 인정사실

청구인과 피청구인이 제출한 자료에 따르면 다음과 같은 사실을 인정할 수 있다.

가. 청구인은 이 사건 당시 운전직 회사원이던 사람으로 1992. 3. 13. 제2종 원동기장치자전거운전면허를, 1996. 9. 12. 제2종 보통운전면허를, 1997. 3. 15. 제1종 보통운전면허를, 2002. 9. 18. 제1종 대형운전면허를 각 취득하였는데, 최초 운전면허를 취득한 이래 1회의 교통사고전력(2003. 3. 8. 중앙선 침범으로 경상 2명)과 3회의 교통법규위반전력(2016. 5. 30. 및 2019. 3. 14. 각 신호 또는 지시 위반, 2019. 8. 22. 좌석안전띠미착용)이 있다.

나. 청구인은 2020. 12. 5. 23:11경 술에 취한 상태에서 승용차를 운전하다가

A도 ○○시 ○○로 ###에 있는 ○○아파트 #동 앞 공영주차장에서 신고를 받고 출동한 경찰공무원에게 적발되어 음주측정을 한 결과 혈중알코올농도가 0.089%로 측정되었다.

4. 이 사건 처분의 위법·부당 여부

가. 관계법령의 내용

「도로교통법」 제93조제1항제1호, 같은 법 시행규칙 제91조제1항 및 별표 28 중 2. 취소처분 개별기준의 일련번호란 2에 따르면, 시·도경찰청장은 운전면허를 받은 사람이 술에 만취한 상태(혈중알코올농도 0.08% 이상)에서 운전한 경우에는 운전면허를 취소할 수 있다고 되어 있다.

나. 판단

위 인정사실에 따르면 청구인이 운전면허 취소기준치 이상에 해당하는 술에 취한 상태에서 운전한 사실은 인정되나, 최근 17년 8개월 이상의 기간 동안 사고 없이 운전한 점, 음주운전으로 피해가 발생하지 않은 점, 이 사건 운전 동기, 운전면허와 직업·생계 관련성 등 제반 정상관계를 종합적으로 고려할 때, 이 사건 처분은 다소 가혹하다.

5. 결론

그렇다면 청구인의 주장을 일부 인정할 수 있으므로 이 사건 처분을 감경하기로 하여 주문과 같이 재결한다.

사 건 명	자동차운전면허 취소처분 취소청구(2021-1122)
재 결 일 자	2021. 2. 26.
재 결 결 과	일부인용 [면허취소 ▶ 110일 면허정지 감경]

이 유

1. 사건개요

청구인이 2020. 10. 5. 혈중알코올농도 0.088%의 술에 취한 상태에서 운전했다는 이유로 피청구인이 2020. 10. 27. 청구인의 운전면허를 취소(이하 '이 사건 처분'이라 한다)하였다.

2. 관계법령

도로교통법 제93조제1항제1호

도로교통법 시행규칙 제91조제1항, 별표 28 중 2. 취소처분 개별기준 일련번호란 2

3. 인정사실

청구인과 피청구인이 제출한 자료에 따르면 다음과 같은 사실을 인정할 수 있다.

가. 청구인은 이 사건 당시 배송기사이던 사람으로 2006. 11. 20. 제2종 보통운전면허를, 2016. 10. 31. 제1종 보통운전면허를 각 취득한바, 최초 운전면허를 취득한 이래 교통사고전력과 교통법규위반전력이 없다.

나. 청구인은 2020. 10. 5. 22:55경 술에 취한 상태에서 승용차를 운전하다가 A도 ○○시 ○○구 ○○○로###번길 ## 앞길에서 단속 경찰공무원에게 적발되어 음주측정을 한 결과 혈중알코올농도가 0.088%로 측정되었다.

4. 이 사건 처분의 위법·부당 여부

가. 관계법령의 내용

「도로교통법」 제93조제1항제1호, 같은 법 시행규칙 제91조제1항 및 별표 28 중 2. 취소처분 개별기준의 일련번호란 2에 따르면, 시·도경찰청장은 운전면허를 받은 사람이 술에 만취한 상태(혈중알코올농도 0.08% 이상)에서 운전한 경우에는 운전면허를 취소할 수 있다고 되어 있다.

나. 판단

위 인정사실에 따르면 청구인이 운전면허 취소기준치 이상에 해당하는 술에 취한 상태에서 운전한 사실은 인정되나, 운전면허를 취득한 이래 13년 10개월 이상의 기간 동안 사고 없이 운전한 점, 음주운전으로 피해가 발생하지 않은 점, 이 사건 운전 동기, 운전면허와 직업·생계 관련성 등 제반 정상관계를 종합적으로 고려할 때 이 사건 처분은 다소 가혹하다.

5. 결론

그렇다면 청구인의 주장을 일부 인정할 수 있으므로 이 사건 처분을 감경하기로 하여 주문과 같이 재결한다.

사 건 명	자동차운전면허 취소처분 취소청구(2021-924)
재 결 일 자	2021. 2. 23.
재 결 결 과	일부인용 [면허취소 ▶ 110일 면허정지 감경]

이 유

1. 사건개요

청구인이 2020. 12. 7. 혈중알코올농도 0.082%의 술에 취한 상태에서 운전했다는 이유로 피청구인이 2020. 12. 28. 청구인의 운전면허를 취소(이하 '이 사건 처분'이라 한다)하였다.

2. 관계법령

도로교통법 제93조제1항제1호

도로교통법 시행규칙 제91조제1항, 별표 28 중 2. 취소처분 개별기준 일련번호란 2

3. 인정사실

청구인과 피청구인이 제출한 자료에 따르면 다음과 같은 사실을 인정할 수 있다.

가. 청구인은 이 사건 당시 자동차 정비사이던 사람으로 2007. 5. 3. 제2종 원동기장치자전거운전면허를, 2009. 4. 29. 제1종 보통운전면허를, 2019. 7. 2. 제2종 소형운전면허를 각각 취득한 이래 교통사고전력과 교통법규위반전력은 없다.

나. 청구인은 2020. 12. 7. 21:35경 술에 취한 상태에서 투싼 승용차를 운전하다가 A시 ○구 ○○동 ###-##번지에 있는 ○○○○프라자 앞길에서 단속 경찰공무원에게 적발되어 음주측정을 한 결과 혈중알코올농도가 0.082%로 측정되었다.

4. 이 사건 처분의 위법·부당 여부

가. 관계법령의 내용

「도로교통법」 제93조제1항제1호, 같은 법 시행규칙 제91조제1항 및 별표 28 중 2. 취소처분 개별기준의 일련번호란 2에 따르면, 시·도경찰청장은 운전면허를 받은 사람이 술에 만취한 상태(혈중알코올농도 0.08% 이상)에서 운전한 경우에는 운전면허를 취소할 수 있다고 되어 있다.

나. 판단

위 인정사실에 따르면 청구인이 운전면허 취소기준치 이상에 해당하는 술에 취한 상태에서 운전한 사실은 인정되나, 운전면허를 취득한 이래 11년 7개월 이상의 기간 동안 사고 없이 운전한 점, 음주운전으로 피해가 발생하지 않은 점, 이 사건 운전 동기, 운전면허와 직업·생계 관련성 등 제반 정상관계를 종합적으로 고려할 때, 이 사건 처분은 다소 가혹하다.

5. 결론

그렇다면 청구인의 주장을 일부 인정할 수 있으므로 이 사건 처분을 감경하기로 하여 주문과 같이 재결한다.

사 건 명	자동차운전면허 취소처분 취소청구(2021-286)
재 결 일 자	2021. 2. 23.
재 결 결 과	일부인용 [면허취소 ▶ 110일 면허정지 감경]

이 유

1. 사건개요

청구인이 2020. 11. 9. 혈중알코올농도 0.082%의 술에 취한 상태에서 운전했다는 이유로 피청구인이 2020. 11. 30. 청구인의 운전면허를 취소(이하 '이 사건 처분'이라 한다)하였다.

2. 관계법령

도로교통법 제93조제1항제1호

도로교통법 시행규칙 제91조제1항, 별표 28 중 2. 취소처분 개별기준 일련번호란 2

3. 인정사실

청구인과 피청구인이 제출한 자료에 따르면 다음과 같은 사실을 인정할 수 있다.

가. 청구인은 이 사건 당시 운수업 종사자이던 사람으로 1998. 6. 12. 제1종 보통운전면허를, 2002. 2. 19. 제1종 대형운전면허를, 2004. 2. 16. 제1종 대형견인차운전면허를 각 취득한바, 최초 운전면허를 취득한 이래 교통사고전력은 없고, 4회의 교통법규위반전력(2006. 11. 17. 지정차로 위반, 2008. 1. 5. 중앙선 침범, 2012. 11. 22. 신호 또는 지시 위반, 2017. 6. 13. 끼어들기 금지위반)이 있다.

나. 청구인은 2020. 11. 9. 21:17경 술에 취한 상태에서 승용차를 운전하다가 A도 ○○시 ○○로 ###-# 앞길에서 단속 경찰공무원에게 적발되어 음주측정을

한 결과 혈중알코올농도가 0.082%로 측정되었다.

4. 이 사건 처분의 위법·부당 여부

가. 관계법령의 내용

「도로교통법」 제93조제1항제1호, 같은 법 시행규칙 제91조제1항 및 별표 28 중 2. 취소처분 개별기준의 일련번호란 2에 따르면, 시·도경찰청장은 운전면허를 받은 사람이 술에 만취한 상태(혈중알코올농도 0.08% 이상)에서 운전한 경우에는 운전면허를 취소할 수 있다고 되어 있다.

나. 판단

위 인정사실에 따르면 청구인이 운전면허 취소기준치 이상에 해당하는 술에 취한 상태에서 운전한 사실은 인정되나, 운전면허를 취득한 이래 22년 4개월 이상의 기간 동안 사고 없이 운전한 점, 음주운전으로 피해가 발생하지 않은 점, 이 사건 운전 동기, 운전면허와 직업·생계 관련성 등 제반 정상관계를 종합적으로 고려할 때 이 사건 처분은 다소 가혹하다.

5. 결론

그렇다면 청구인의 주장을 일부 인정할 수 있으므로 이 사건 처분을 감경하기로 하여 주문과 같이 재결한다.

사 건 명	자동차운전면허 취소처분 취소청구(2020-21968)
재 결 일 자	2021. 2. 2.
재 결 결 과	일부인용 [면허취소 ▶ 110일 면허정지 감경]

이 유

1. 사건개요

청구인이 2020. 9. 11. 혈중알코올농도 0.097%의 술에 취한 상태에서 운전했다는 이유로 피청구인이 2020. 9. 29. 청구인의 운전면허를 취소(이하 '이 사건 처분'이라 한다)하였다.

2. 관계법령

도로교통법 제93조제1항제1호

도로교통법 시행규칙 제91조제1항, 별표 28 중 2. 취소처분 개별기준 일련번호란 2

3. 인정사실

청구인과 피청구인이 제출한 자료에 따르면 다음과 같은 사실을 인정할 수 있다.

가. 청구인은 이 사건 당시 덤프트럭 운전기사이던 사람으로 1981. 4. 16. 제1종 보통운전면허를, 1984. 9. 24. 제1종 대형운전면허를 각 취득하였는데, 최초 운전면허를 취득한 이래 2회의 교통사고전력(1989. 2. 21. 안전운전의무위반으로 중상 1명, 1989. 12. 16. 중앙선 침범으로 중상 1명)과 3회의 교통법규위반전력(1999. 4. 25. 중앙선 침범, 2001. 2. 5. 보·차도 구분 도로에서 보도통행, 2002. 4. 21. 신호 또는 지시 위반)이 있다.

나. 청구인은 2020. 9. 11. 21:27경 술에 취한 상태에서 코란도스포츠 화물차를 운전하다가 A도 ○○시 ○○구 ○○○길 ##-## 앞길에서 단속 경찰공무원

에게 적발되어 음주측정을 한 결과 혈중알코올농도가 0.097%로 측정되었다.

4. 이 사건 처분의 위법·부당 여부

가. 관계법령의 내용

「도로교통법」 제93조제1항제1호, 같은 법 시행규칙 제91조제1항 및 별표 28 중 2. 취소처분 개별기준의 일련번호란 2에 따르면, 시·도경찰청장은 운전면허를 받은 사람이 술에 만취한 상태(혈중알코올농도 0.08% 이상)에서 운전한 경우에는 운전면허를 취소할 수 있다고 되어 있다.

나. 판단

위 인정사실에 따르면 청구인은 운전면허 취소기준치 이상에 해당하는 술에 취한 상태에서 자동차를 운전한 사실은 인정되나, 최근 30년 8개월 이상의 기간 동안 사고 없이 운전한 점, 음주운전으로 피해가 발생하지 않은 점, 이 사건 운전 동기, 운전면허와 직업·생계 관련성 등 제반 정상관계를 종합적으로 고려할 때, 이 사건 처분은 다소 가혹하다.

5. 결론

그렇다면 청구인의 주장을 일부 인정할 수 있으므로 이 사건 처분을 감경하기로 하여 주문과 같이 재결한다.

사 건 명	자동차운전면허 취소처분 취소청구(2020-21534)
재 결 일 자	2021. 2. 2.
재 결 결 과	일부인용 [면허취소 ▶ 110일 면허정지 감경]

이 유

1. 사건개요

청구인이 2020. 9. 8. 혈중알코올농도 0.090%의 술에 취한 상태에서 운전했다는 이유로 피청구인이 2020. 10. 8. 청구인의 운전면허를 취소(이하 '이 사건 처분'이라 한다)하였다.

2. 관계법령

도로교통법 제93조제1항제1호

도로교통법 시행규칙 제91조제1항, 별표 28 중 2. 취소처분 개별기준 일련번호란 2

3. 인정사실

청구인과 피청구인이 제출한 자료에 따르면 다음과 같은 사실을 인정할 수 있다.

가. 청구인은 이 사건 당시 고물수집업에 종사하던 사람으로 1994. 4. 15. 제1종 보통운전면허를 취득한 이래 교통사고전력은 없고, 3회의 교통법규위반전력(2013. 5. 9. 범칙금미납, 2017. 12. 12. 및 2019. 5. 30. 각 좌석안전띠미착용)이 있다.

나. 청구인은 2020. 9. 8. 04:05경 술에 취한 상태에서 카니발 승합차를 운전하다가 A도 ○○시 ○○읍 ○○리 ### 앞길에서 단속 경찰공무원에게 적발되어 음주측정을 한 결과 혈중알코올농도가 0.090%로 측정되었다.

다. 적발 당시 작성된 주취운전자 정황진술보고서에 따르면, 적발 일시는 '2020. 9. 8. 04:05'으로, 측정 일시는 '2020. 9. 8. 04:32'으로, 측정결과는 '0.090%'로, 측정전 조치 중 입행굼 여부는 'ㅇ'로, 운전자 의견진술란에는 '위 기재사항이 사실임을 확인하고, 주취운전으로 면허가 취소됨을 고지받았으며, 측정결과를 인정하고 혈액채취는 고지 받았으나 원하지 않음'으로 기재되어 있으며, 그 아래 청구인이 서명한 것으로 확인된다.

4. 이 사건 처분의 위법·부당 여부

가. 관계법령의 내용

「도로교통법」 제93조제1항제1호, 같은 법 시행규칙 제91조제1항 및 별표 28 중 2. 취소처분 개별기준의 일련번호란 2에 따르면, 시·도경찰청장은 운전면허를 받은 사람이 술에 만취한 상태(혈중알코올농도 0.08% 이상)에서 운전한 경우에는 운전면허를 취소할 수 있다고 되어 있다.

나. 판단

청구인은 측정 당시 입을 헹구지 않았고, 불대를 교체하지 않고 사용하였다는 취지로 주장하나, 적발 당시 청구인이 서명한 주취운전자 정황진술보고서에 청구인은 입을 헹구고 측정하였고, 측정결과를 인정하고 혈액채취는 고지받았으나 원하지 않는다고 기재되어 있는 점, 이 사건 음주측정시 청구인이 불대사용에 대해 이의를 제기한 바 없었고 피청구인이 불대를 교체하지 않고 사용하였다는 사실을 입증할 만한 객관적인 자료도 없는 점 등에 비추어 볼 때, 이에 대한 청구인의 주장은 받아들일 수 없다.

다만, 위 인정사실에 따르면 청구인은 운전면허 취소기준치 이상에 해당하는 술에 취한 상태에서 자동차를 운전한 사실은 인정되나, 운전면허를 취득한 이래 26년 4개월 이상의 기간 동안 사고 없이 운전한 점, 음주운전으로 피해가 발생하지 않은 점, 이 사건 운전 동기, 운전면허와 직업·생계 관련성 등 제반 정상관계를 종합적으로 고려할 때 이 사건 처분은 다소 가혹하다.

5. 결론

그렇다면 청구인의 주장을 일부 인정할 수 있으므로 이 사건 처분을 감경하기로 하여 주문과 같이 재결한다.

사 건 명	자동차운전면허 취소처분 취소청구(2020-22789)
재 결 일 자	2021. 2. 2.
재 결 결 과	일부인용 [면허취소 ▶ 110일 면허정지 감경]

이 유

1. 사건개요

청구인이 2020. 11. 21. 혈중알코올농도 0.085%의 술에 취한 상태에서 운전했다는 이유로 피청구인이 2020. 11. 30. 청구인의 운전면허를 취소(이하 '이 사건 처분'이라 한다)하였다.

2. 관계법령

도로교통법 제93조제1항제1호

도로교통법 시행규칙 제91조제1항, 별표 28 중 2. 취소처분 개별기준 일련번호란 2

3. 인정사실

청구인과 피청구인이 제출한 자료에 따르면 다음과 같은 사실을 인정할 수 있다.

가. 청구인은 이 사건 당시 배달업무에 종사하던 사람으로 2010. 5. 6. 제1종 보통운전면허를 취득한 이래 교통사고전력은 없고, 2회의 교통법규위반전력(2015. 6. 11. 신호 또는 지시 위반, 2020. 3. 2. 이륜자동차 등 인명보호장구 미착용)이 있다.

나. 청구인은 2020. 11. 21. 03:14경 술에 취한 상태에서 원동기장치자전거를 운전하다가 A도 ○○시 ○○로##번길 # 앞길에서 신고를 받고 출동한 경찰공무원에게 적발되어 음주측정을 한 결과 혈중알코올농도가 0.085%로 측정되었다.

4. 이 사건 처분의 위법·부당 여부

가. 관계법령의 내용

「도로교통법」 제93조제1항제1호, 같은 법 시행규칙 제91조제1항 및 별표 28 중 2. 취소처분 개별기준의 일련번호란 2에 따르면, 시·도경찰청장은 운전면허를 받은 사람이 술에 만취한 상태(혈중알코올농도 0.08% 이상)에서 운전한 경우에는 운전면허를 취소할 수 있다고 되어 있다.

나. 판단

위 인정사실에 따르면 청구인이 운전면허 취소기준치 이상에 해당하는 술에 취한 상태에서 운전한 사실은 인정되나, 운전면허를 취득한 이래 10년 6개월 이상의 기간 동안 사고 없이 운전한 점, 음주운전으로 피해가 발생하지 않은 점, 이 사건 운전 동기, 운전면허와 직업·생계 관련성 등 제반 정상관계를 종합적으로 고려할 때, 이 사건 처분은 다소 가혹하다.

5. 결론

그렇다면 청구인의 주장을 일부 인정할 수 있으므로 이 사건 처분을 감경하기로 하여 주문과 같이 재결한다.

| 한 권에 담은 | **음주운전**
사고·사건처리

초판 1쇄 발행   2022. 5. 25.

지은이 이희범
펴낸이 김병호
펴낸곳 주식회사 바른북스

편집진행 임윤영
디자인 양헌경

등록   2019년 4월 3일 제2019-000040호
주소   서울시 성동구 연무장5길 9-16, 301호 (성수동2가, 블루스톤타워)
대표전화 070-7857-9719 | **경영지원** 02-3409-9719 | **팩스**   070-7610-9820

•바른북스는 여러분의 다양한 아이디어와 원고 투고를 설레는 마음으로 기다리고 있습니다.

이메일 barunbooks21@naver.com | **원고투고** barunbooks21@naver.com
홈페이지 www.barunbooks.com | **공식 블로그** blog.naver.com/barunbooks7
공식 포스트 post.naver.com/barunbooks7 | **페이스북** facebook.com/barunbooks7

ⓒ 이희범, 2022
ISBN 979-11-6545-742-6 93360